백점

BOOK 1 개념북

사회 **5·2**

구성과 특징

BOOK ① 개념북

검정 교과서를 통합한 개념 학습

2023년부터 초등 5~6학년 사회 교과서가 국정 교과서에서 **11종 검정 교과서**로 바뀌었습니다.

'백점 사회'는 **검정 교과서의 개념과 자료를 통합적으로 학습**할 수 있도록 구성하였습니다. 단원별 검정 교과서 학습 내용을 확인하고 **개념 학습, 문제 학습, 마무리 학습**으로 이어지는 3단계 학습을 통해 검정 교과서의 통합 개념을 익혀 보세요.

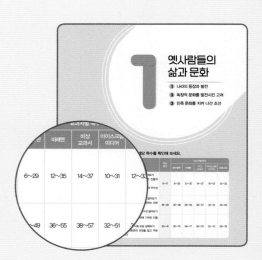

---

1 개념 학습 ➡ 2 문제 학습 ➡

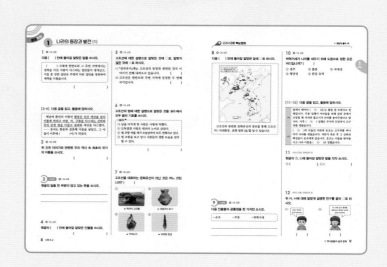

학습한 개념을 **문제**로 파악합니다.

교과서 공통 핵심 문제로 여러 출판사의 공통 개념을 익힐 수 있습니다.

교과서별 문제를 풀면서 다양한 교과서의 개념을 학습할 수 있습니다.

검정 교과서의 내용을 통합한 **핵심 개념**을 익힐 수 있습니다.

교과서 통합 대표 자료를 통해 다양한 자료를 학습할 수 있습니다.

QR코드를 통해 개념 이해를 돕는 **개념 강의**가 제공됩니다.

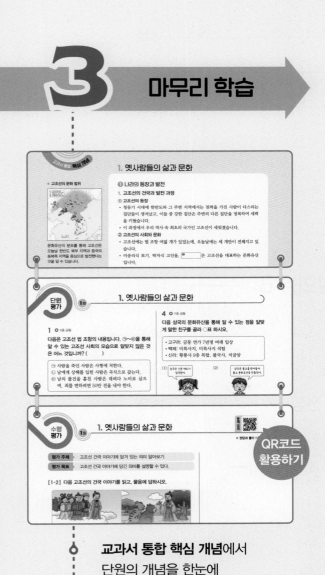

3 마무리 학습

교과서 **통합 핵심 개념**에서
단원의 개념을 한눈에
정리할 수 있습니다.

단원 평가와 **수행 평가**를 통해
단원을 최종 마무리할 수 있습니다.

BOOK ❷ 평가북

학교 시험에 딱 맞춘 평가 대비

묻고 답하기 / 중단원 평가

묻고 답하기를 통해 핵심 개념을 다시 익히고, 중단원
평가를 통해 자신의 실력을 확인할 수 있습니다.

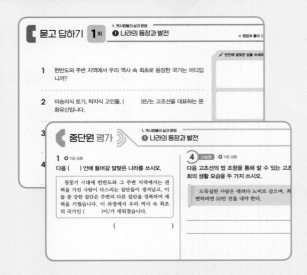

대단원 평가 / 수행 평가

대단원 평가와 수행 평가를 통해 학교 시험에 대비할
수 있습니다.

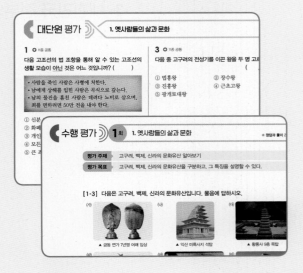

차례

1 옛사람들의 삶과 문화

1 나라의 등장과 발전

2 독창적 문화를 발전시킨 고려

3 민족 문화를 지켜 나간 조선

▶ 단원별 학습 내용과 교과서별 해당 쪽수를 확인해 보세요.

1 # 나라의 등장과 발전 (1)

개념
강의

1 고조선의 건국과 발전 과정

① **고조선의 등장:** 청동기 시대에 한반도와 그 주변 지역에서는 권력을 가진 사람이 다스리는 집단들이 생겨났고, 이들 중 강한 집단은 주변의 다른 집단을 정복하여 세력을 키웠습니다. 이 과정에서 우리 역사 속 최초의 국가인 고조선이 세워졌습니다.

② **고조선의 건국 이야기** 🞦┐ 고려 시대에 일연이 기록한 역사서인 『삼국유사』에서 고조선의 건국 이야기가 전해져요.

옛날에 환인의 아들인 **1** 환웅은 인간 세상을 널리 이롭게 하려고 바람, 비, 구름을 다스리는 신하와 무리 삼천 명을 이끌고 내려와 세상을 다스렸다.

2 어느 날 곰과 호랑이가 환웅을 찾아와 사람이 되게 해 달라고 빌었다. 환웅은 쑥과 마늘을 주면서 이것을 먹고 100일 동안 햇빛을 보지 않으면 사람이 될 것이라고 하였다.

곰과 호랑이는 동굴로 들어가 이를 지키려고 했으나 호랑이는 중간에 포기하였다. 하지만 곰은 환웅이 말한 것을 잘 지켜 여자로 변해 웅녀가 되었다.

◀ 단군왕검

3 웅녀는 환웅과 결혼해 아들을 낳았고, 그 아들이 이후에 단군왕검이 되었다. 단군왕검은 평양성을 수도로 정하고, 나라 이름을 조선이라 하였다. ┌ 고조선의 원래 이름은 조선인데, 훗날 세운 조선과 구분하기 위해 고조선이라고 불러요.

③ **고조선의 사회와 문화**

- 고조선에는 법 조항 여덟 개가 있었는데, 오늘날에는 세 개만이 전해지고 있습니다. 자료 1
- 미송리식 토기, 탁자식 고인돌, 비파형 동검은 고조선을 대표하는 문화유산입니다. 🞦 자료 2

2 고구려, 백제, 신라의 성립

① **고구려, 백제, 신라의 등장:** 고조선이 한의 침입으로 멸망한 이후 한반도와 그 주변 지역에 철기 문화를 바탕으로 여러 나라가 생겨났습니다. 그 중 고구려, 백제, 신라가 큰 나라로 성장해 나갔습니다.

② **고구려, 백제, 신라의 건국** 자료 3

고구려	부여에서 내려온 주몽이 압록강 근처 졸본에 세웠음.
백제	고구려의 왕자인 온조가 고구려에서 내려와 한강 지역에 세웠음.
신라	박혁거세가 지금의 경주 지역을 중심으로 세웠음.

🞦 **고조선의 건국 이야기가 담고 있는 뜻**

1 당시 사람들이 농업을 중요하게 생각했음을 알 수 있습니다.

2 곰을 믿는 부족과 호랑이를 믿는 부족이 환웅 부족과 함께하고 싶어 했다는 것을 알 수 있습니다.

3 곰을 믿는 부족이 환웅 부족과 한 세력이 되었다는 것을 알 수 있습니다.

🞦 **고조선을 대표하는 문화유산**

▲ 미송리식 토기

▲ 탁자식 고인돌

▲ 비파형 동검

용어 사전

- **청동기 시대** 구리와 주석을 섞어 만든 도구를 사용하던 시대.
- **정복** 다른 나라나 민족을 무력으로 쳐서 복종시키는 것.
- **비파형 동검** 칼날이 비파라는 악기와 닮은 동검.

자료 1 고조선의 8조법을 통해 알 수 있는 생활 모습

법 조항의 내용		알 수 있는 생활 모습
사람을 죽인 사람은 사형에 처한다.	→	큰 죄는 법으로 엄격하게 다스렸음.
남을 다치게 한 사람은 곡식으로 갚는다.		개인의 재산을 인정했음.
도둑질한 사람은 데려다 노비로 삼으며, 죄를 면하려면 50만 전을 내야 한다.		신분 제도가 있었고, 화폐의 개념이 있었음.

자료 2 고조선의 문화 범위

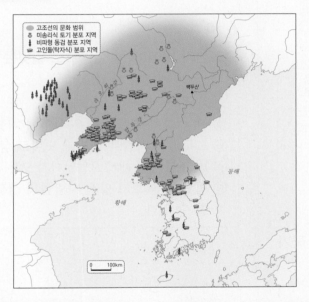

▶ 문화유산의 분포를 통해 고조선은 오늘날 한반도 북부 지역과 중국의 동북쪽 지역을 중심으로 발전했다는 것을 알 수 있습니다.

자료 3 고구려, 백제, 신라의 건국 이야기

고구려

알에서 태어난 주몽은 활을 잘 쏘았다고 전해집니다. 주몽 일행이 어려움을 피해 살던 곳에서 도망칠 때 자라와 물고기가 다리를 놓아주었다고 합니다. 이후 주몽 일행은 무사히 도망쳐서 고구려를 세웠습니다.

백제

주몽의 아들인 비류와 온조는 고구려를 떠나 각각 나라를 세웠습니다. 비류가 죽은 후 그 신하와 백성들이 온조에게 갔습니다. 온조는 이들을 받아들이고 나라 이름을 백제로 정했습니다.

신라

신라를 세운 박혁거세는 큰 알에서 태어났다고 전해집니다. 이를 신기하게 여긴 사람들은 박혁거세가 성장하자 임금으로 모셨고, 박혁거세는 이후 신라를 세웠습니다.

● 정답과 풀이 1쪽

1
(구석기 , 청동기) 시대에 한반도와 주변 지역에서는 권력을 가진 사람이 다스리는 집단들이 생겨났습니다.

2
(환인 , 환웅)은 인간 세상을 널리 이롭게 하려고 바람, 비, 구름을 다스리는 신하와 무리 삼천 명을 이끌고 내려와 세상을 다스렸습니다.

3
고조선의 법 조항 여덟 개는 오늘날 모두 전해지고 있습니다.
(○ , ×)

4
부여에서 내려온 주몽이 압록강 근처 졸본에 고구려를 세웠습니다.
(○ , ×)

5
신라를 세운 (   )은/는 큰 알에서 태어났다고 전해집니다.

1 나라의 등장과 발전 (1)

1 ⊕ 11종 공통

다음 (　　) 안에 들어갈 알맞은 말을 쓰시오.

> (　　　) 시대에 한반도와 그 주변 지역에서는 권력을 가진 사람이 다스리는 집단들이 생겨났고, 이들 중 강한 집단은 주변의 다른 집단을 정복하여 세력을 키웠습니다.

(　　　　　　　　)

[2-4] 다음 글을 읽고, 물음에 답하시오.

> 옛날에 환인의 아들인 환웅은 인간 세상을 널리 이롭게 하려고 바람, 비, 구름을 다스리는 신하와 무리 삼천 명을 이끌고 내려와 세상을 다스렸다. …… 웅녀는 환웅과 결혼해 아들을 낳았고, 그 아들이 이후에 (　　　)이/가 되었다.

2 ⊕ 11종 공통

위 건국 이야기와 관련된 우리 역사 속 최초의 국가의 이름을 쓰시오.

(　　　　　　　　)

3 서술형 ⊕ 11종 공통

윗글의 밑줄 친 부분이 담고 있는 뜻을 쓰시오.

_____

_____

4 ⊕ 11종 공통

윗글의 (　　) 안에 들어갈 알맞은 인물을 쓰시오.

(　　　　　　　　)

5 ⊕ 11종 공통

고조선에 대한 설명으로 알맞은 것에 ○표, 알맞지 않은 것에 ×표 하시오.

(1) 『삼국유사』에는 고조선의 등장과 관련된 건국 이야기가 전해 내려오고 있습니다. (　　　)

(2) 고조선은 한반도와 주변 지역에 등장한 두 번째 국가입니다. (　　　)

6 ⊕ 11종 공통

고조선의 법에 대한 설명으로 알맞은 것을 보기 에서 모두 골라 기호를 쓰시오.

> **보기**
> ㉠ 남을 다치게 한 사람은 사형에 처했다.
> ㉡ 도둑질한 사람은 데려다 노비로 삼았다.
> ㉢ 법 조항 여덟 개가 오늘날까지 모두 전해지고 있다.
> ㉣ 법 조항을 보고 당시 사람들의 생활 모습을 짐작할 수 있다.

(　　　　　　　　)

7 ⊕ 11종 공통

고조선을 대표하는 문화유산이 <u>아닌</u> 것은 어느 것입니까? (　　　)

①
▲ 탁자식 고인돌

②
▲ 미송리식 토기

③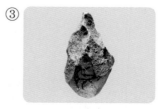
▲ 주먹도끼

④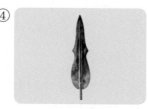
▲ 비파형 동검

8 ➕ 11종 공통

다음 (　　) 안에 들어갈 알맞은 말에 ○표 하시오.

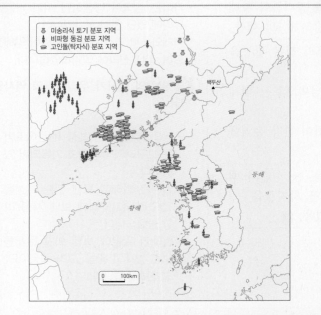

고조선과 관련된 문화유산의 분포를 통해 고조선의 (자연환경 , 문화 범위)을/를 알 수 있습니다.

9 서술형 ➕ 11종 공통

다음 인물들의 공통점을 한 가지만 쓰시오.

• 온조　　　• 주몽　　　• 박혁거세

_____

_____

10 ➕ 11종 공통

박혁거세가 나라를 세우기 위해 도읍으로 정한 곳은 어디입니까? (　　　　)

① 경주　　　② 졸본　　　③ 국내성
④ 평양성　　⑤ 한강 유역

[11-12] 다음 글을 읽고, 물음에 답하시오.

(가)	알에서 태어난 (㉠)은/는 활을 잘 쏘았다고 전해집니다. 주몽 일행이 어려움을 피해 살던 곳에서 도망칠 때 자라와 물고기가 다리를 놓아주었다고 합니다. 이후 (㉠) 일행은 무사히 도망쳐서 고구려를 세웠습니다.
(나)	(㉠)의 아들인 비류와 온조는 고구려를 떠나 각각 나라를 세웠습니다. 비류가 죽은 후 그 신하와 백성들이 온조에게 갔습니다. 온조는 이들을 받아들이고 나라 이름을 (㉡)로 정했습니다.

11 아이스크림, 천재교육 외

윗글의 ㉠, ㉡에 들어갈 알맞은 말을 각각 쓰시오.

㉠ (　　　　　　　　), ㉡ (　　　　　　　　)

12 아이스크림, 천재교육 외

위 (가), (나)에 대해 알맞게 설명한 친구를 골라 ○표 하시오.

(1)
(나)는 신라의 건국 이야기야.

(2)
(가), (나)는 철기 문화를 바탕으로 생겨난 나라의 건국 이야기야.

(　　　)　　　　(　　　)

1 나라의 등장과 발전 (2)

1 삼국의 발전 과정 → 고구려, 백제, 신라 모두 전성기에 영역을 크게 넓혔고, 한강 유역을 차지했다는 공통점이 있어요.

백제의 전성기(4세기) 자료 1	• 백제는 삼국 중에 가장 먼저 근초고왕 때 전성기를 맞았음. • 근초고왕: 남쪽 지역으로 영토를 넓히고 고구려를 공격하여 황해도 일부 지역을 차지하였으며 중국, 일본과도 활발하게 교류했음.
고구려의 전성기(5세기) 자료 2	• 고구려는 국내성(지안)으로 수도를 옮기고 꾸준히 정복 활동을 벌여 광개토대왕과 장수왕 때 전성기를 맞았음. • 광개토대왕: 서쪽으로는 요동 지역을 차지하고 남쪽으로는 백제를 공격해 한강 북쪽을 차지했음. • 장수왕: 평양성으로 수도를 옮기고 백제를 공격하여 한강 유역을 차지했음.
신라의 전성기(6세기) 자료 3	→ 신라는 6세기 초 법흥왕 때 불교를 인정하여 왕권을 강화하고 금관 가야를 정복했어요. 진흥왕: 백제 연합군과 함께 한강 유역을 빼앗았음. → 신라와 백제가 전쟁을 벌였고, 신라가 승리하여 한강 유역을 차지했음. → 진흥왕은 대가야를 흡수하고 가야 연맹을 소멸시켰음. ✛

✛ 가야 연맹

• 가야는 삼국이 경쟁하던 시기 낙동강 유역에 있던 연맹 국가입니다.
• 백제와 신라의 압력으로 세력이 약해졌으며, 끝내 신라에 멸망하였습니다.

✛ 발해의 역사가 우리나라의 역사인 까닭

• 당의 역사서에 발해를 세운 대조영은 고구려의 후예라고 기록되어 있습니다.
• 일본은 발해에 보낸 일본 사신을 '견고려사(고구려에 보낸 사신)'라고 불렀습니다.
• 발해가 일본에 보낸 외교 문서를 보면 발해의 왕을 '고려 국왕'이라고 칭하였습니다.

2 신라의 삼국 통일

1 신라와 당의 연합	• 신라의 김춘추(태종 무열왕)는 당과 동맹을 맺고 왕위에 오른 후 백제를 멸망시켰음. • 무열왕에 이어 왕이 된 문무왕은 당과 함께 고구려를 멸망시켰음.
2 신라와 당의 전쟁	• 백제와 고구려가 멸망하자 당은 동맹을 깨고 한반도 전체를 차지하려고 했음. • 신라는 당을 상대로 전쟁을 벌여 승리했음(매소성, 기벌포 전투).
3 신라의 삼국 통일	문무왕 때 신라는 삼국 통일을 이루었음.

└ 김유신은 삼국 통일에 큰 공을 세웠어요.

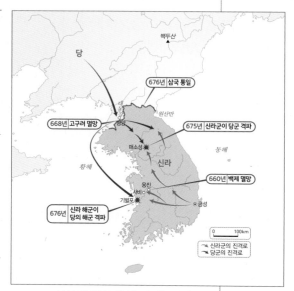
▲ 신라의 삼국 통일 과정(7세기)

3 발해의 성립과 발전 과정 ✛

성립	고구려의 유민인 대조영이 고구려 유민들과 말갈족을 이끌고 동모산 지역에 발해를 세웠음. → 스스로를 '고왕'이라고 불렀어요.
발전	• 군사적, 문화적으로 힘이 강력한 나라로 발전해 고구려의 옛 땅을 대부분 차지하였음. • 당은 '바다 동쪽의 크게 번영한 나라'라는 뜻에서 발해를 '해동성국'이라고 불렀음.

▲ 발해의 세력 확장(9세기)

용어 사전

● **전성기** 어느 집단의 힘이 가장 강하던 시기.
● **요동** 중국의 랴오허강(요하)을 기준으로 하여 동쪽 지역을 요동이라고 함.
● **당** 618년 이연이 세운 뒤 290년 간 이어진 중국의 나라.
● **동맹** 둘 이상의 개인이나 단체, 또는 국가가 서로의 이익이나 목적을 위하여 동일하게 행동하기로 맹세하여 맺는 약속.

● 정답과 풀이 2쪽

자료 1 백제의 세력 확장(4세기)

▲ 칠지도
백제에서 만든 칼로, 백제가 일본 왕에게 주었다는 내용이 새겨져 있습니다.

▲ 서울 풍납동 토성
백제의 수도로 여겨지는 곳입니다.

자료 2 고구려의 세력 확장(5세기)

▲ 광개토대왕릉비
장수왕이 아버지 광개토대왕의 업적을 기리기 위해서 세웠습니다.

▲ 충주 고구려비
고구려가 충주 지역까지 영토를 넓힌 것을 보여 줍니다.

'광개토대왕'이 새겨진 청동 그릇 ▶
새겨진 글자를 통해 신라가 고구려의 영향을 받았음을 알 수 있습니다.

자료 3 신라의 세력 확장(6세기)

→ 신라 진흥왕 때 함흥 일대에 진출하였으나, 다시 고구려에 빼앗겼어요.

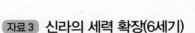

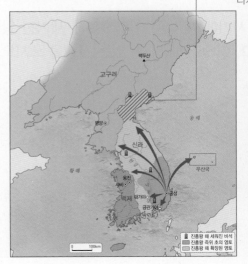

▲ 서울 북한산 신라 진흥왕 순수비
진흥왕은 정복한 지역 곳곳에 네 개의 순수비를 세웠습니다.

1
백제는 삼국 중에 가장 먼저 근초고왕 때 전성기를 맞았습니다.

(○ , ×)

2
고구려의 (장수왕 , 광개토대왕)은 평양성으로 수도를 옮기고 백제를 공격하여 한강 유역을 차지했습니다.

3
신라의 (   )은/는 백제와의 전쟁에서 승리하여 한강 유역을 차지했습니다.

4
태종 무열왕의 뒤를 이은 문무왕 때 신라는 (   )을/를 이루었습니다.

5
당은 '바다 동쪽의 크게 번영한 나라'라는 뜻에서 신라를 '해동성국'이라고 불렀습니다.

(○ , ×)

1 나라의 등장과 발전 (2)

1 ➕ 11종 공통

백제의 근초고왕이 한 일이 <u>아닌</u> 것은 어느 것입니까? (　　　)

① 남쪽 지역으로 영토를 넓혔다.
② 서쪽으로 요동 지역을 차지했다.
③ 주변 나라들과 활발하게 교류했다.
④ 고구려를 공격해 북쪽으로 진출했다.
⑤ 고구려가 남쪽으로 세력을 확장하는 것을 막았다.

2 ➕ 11종 공통

고구려의 발전 과정에 대한 설명으로 알맞지 <u>않은</u> 것은 어느 것입니까? (　　　)

① 5세기에 전성기를 맞았다.
② 장수왕은 한강 유역을 차지했다.
③ 장수왕은 평양성으로 수도를 옮겼다.
④ 광개토대왕은 광개토대왕릉비를 세웠다.
⑤ 광개토대왕은 서쪽으로는 요동 지역을 차지하고 남쪽으로는 한강 북쪽을 차지했다.

3 ➕ 11종 공통

다음 (　　　) 안에 들어갈 신라의 전성기를 이끈 왕을 쓰시오.

> (　　　)은/는 백제 연합군과 함께 고구려가 차지했던 한강 유역을 빼앗았습니다. 이후 한강 유역을 놓고 신라와 백제가 전쟁을 벌였고, 그 결과 신라가 승리하여 한강 유역을 차지했습니다.

(　　　　　　　)

[4-6] 다음 지도를 보고, 물음에 답하시오.

㉠

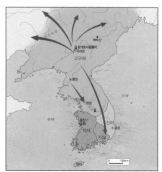

▲ 고구려의 세력 확장

㉡

▲ 신라의 세력 확장

㉢

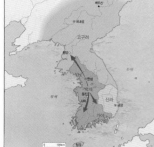

▲ 백제의 세력 확장

4 ➕ 11종 공통

위 ㉠~㉢을 삼국의 전성기에 알맞게 순서대로 기호를 쓰시오.

(　　　) → (　　　) → (　　　)

5 서술형 동아출판, 천재교육 외

위의 ㉠ 시기에 제작된 다음 그릇에 새겨진 왕의 이름을 쓰고, 이를 통해 알 수 있는 사실을 쓰시오.

_____

_____

6 ⊕ 11종 공통

앞의 ⓒ 시기에 일어난 일을 알맞게 설명한 친구를 골라 이름을 쓰시오.

> • 정현: 신라는 대가야를 흡수하고 가야 연맹을 소멸시켰어.
> • 혜진: 평양성으로 수도를 옮기고 백제를 공격하여 한강 유역을 차지했어.

( )

7 ⊕ 11종 공통

다음 ( ) 안에 들어갈 알맞은 사람은 누구입니까? ( )

> 신라의 ( )은/는 당과 동맹을 맺고 왕위에 오른 후 백제를 멸망시켰습니다.

① 김춘추 ② 대조영 ③ 양만춘
④ 을지문덕 ⑤ 연개소문

8 ⊕ 11종 공통

다음 ⊙~② 을 신라의 삼국 통일 과정에 알맞게 순서대로 기호를 쓰시오.

> ⊙ 문무왕은 당과 함께 고구려를 멸망시켰다.
> ⓒ 신라는 당과 동맹을 맺고 백제를 멸망시켰다.
> ⓒ 백제와 고구려가 멸망하자 당은 동맹을 깨고 한반도 전체를 차지하려고 했다.
> ② 신라는 당을 상대로 전쟁을 벌여 승리했고 신라가 삼국 통일을 이루었다.

( ) → ( ) → ( ) → ( )

9 ⊕ 11종 공통

삼국 통일을 이룬 신라의 왕은 누구입니까? ( )

① 무열왕 ② 문무왕 ③ 진흥왕
④ 법흥왕 ⑤ 선덕 여왕

10 ⊕ 11종 공통

다음 ⊙, ⓒ에 들어갈 알맞은 말을 쓰시오.

> (⊙)은/는 고구려의 유민으로 당이 정치적으로 어지러운 틈을 타 고구려 유민들과 말갈족을 이끌고 스스로를 고왕이라고 칭하며 (ⓒ) 지역에 발해를 세웠습니다.

⊙ ( ), ⓒ ( )

11 ⊕ 11종 공통

다음 ( ) 안에 들어갈 알맞은 말을 쓰시오.

> 당은 '바다 동쪽의 크게 번영한 나라'라는 뜻에서 발해를 '( )'이라고 불렀습니다.

( )

12 서술형 ⊕ 11종 공통

발해의 역사가 우리나라의 역사인 까닭을 한 가지만 쓰시오.

_____

_____

1 나라의 등장과 발전 (3)

1 삼국 시대의 문화 + → 삼국은 왕실 주도로 불교를 받아들여 왕의 권위를 높이고 백성의 마음을 하나로 모으고자 했어요.

① 고구려의 문화유산 [자료 1]

고분	고구려 사람들은 무덤 안에 돌을 쌓아 방을 만들고, 벽과 천장에 벽화를 많이 남겼음.
금동 연가 7년명 여래 입상	고구려 땅이 아닌 곳에서 발견된 것으로, 현재 남아 있는 불상 가운데 삼국 시대를 대표하는 금동불

② 백제의 문화유산 [자료 2]

→ 무령왕과 왕비의 무덤이에요.

무령왕릉	무령왕릉은 벽돌을 쌓아 만든 무덤으로, 그 안에서는 백제의 문화유산 외에 중국, 일본과 관련된 유물이 함께 발견되었음.
미륵사	• 미륵사: 백제 무왕 때 지은 절로, 백제에서 규모가 가장 컸다고 전해지며 지금은 건물터와 익산 미륵사지 석탑만 남아 있음. • 익산 미륵사지 석탑: 우리나라에 남아 있는 석탑 중에서 가장 크고 오래되었으며, 우리나라 석탑의 초기 모습을 보여 주는 탑

③ 신라의 문화유산

고분	경주에 있는 고분에서 금으로 만든 장신구, 도기, 유리병 등 신라의 문화와 대외 관계를 보여 주는 문화유산이 많이 남아 있음. +
황룡사 9층 목탑	선덕 여왕이 불교의 힘을 빌려서 다른 나라의 침입을 막고 나라의 힘을 모으려고 목탑을 만들었음.
첨성대	하늘의 해와 달, 별 등을 관찰하는 시설로 알려져 있음.

▲ 첨성대

2 통일 신라와 발해의 문화

① 통일 신라의 문화유산

석굴암의 지붕은 여러 개의 돌을 둥글게 쌓아 올려 기둥을 세우지 않고도 튼튼하게 유지될 수 있어요.

석굴암	• 화강암을 쌓아 올려 동굴처럼 만든 인공 절 • 석굴암 내부에는 본존불과 함께 불교와 관련된 다양한 조각이 있으며, 건축 기술의 우수성과 예술적 가치를 높게 평가받아 유네스코 세계 유산으로 지정되었음.
불국사 [자료 3]	• 신라 사람들이 부처의 나라를 이루려는 마음을 담아 지은 절 • 불국사 3층 석탑, 다보탑, 청운교와 백운교 등의 불교 유산이 있음.

▲ 석굴암 본존불

② 발해의 문화유산

• 발해는 고구려의 문화를 바탕으로 당과 말갈 등의 문화를 받아들여 독자적인 문화를 이루었습니다. +
• 발해의 수도였던 상경과 그 주변 지역에서 불교와 관련된 문화유산이 많이 발견되는 것으로 보아, 발해에서 불교문화가 발달했음을 알 수 있습니다.

▲ 상경성 발해 석등

+ 가야의 문화유산

▲ 판갑옷과 투구   ▲ 덩이쇠

가야 지역은 질 좋은 철이 많이 생산되어 철을 이용해 칼과 창, 갑옷 등을 만들었으며, 다른 나라와 활발히 교류하였습니다.

+ 신라 고분에서 발견된 유물

▲ 봉수형 유리병   ▲ 신라 금관

• 봉수형 유리병은 서역에서 만들어져 신라에 들어온 것으로, 신라의 대외 관계를 보여주는 유물입니다.
• 고분에서 발견된 금관과 금 장신구를 통해 신라의 뛰어난 금속 공예 기술을 알 수 있습니다.

+ 고구려를 계승한 발해의 문화

▲ 고구려 수막새   ▲ 발해 수막새

발해는 고구려의 문화를 이어받았기 때문에 문화유산의 생김새가 비슷합니다.

용어사전

● **고분** 역사적으로 가치가 있는 옛 무덤.
● **금동불** 구리에 얇은 금을 입힌 불상.
● **서역** 중국 서쪽에 있던 나라들을 통틀어 이르던 말.
● **본존불** 절의 법당에 모신 부처 가운데 가장 으뜸이 되는 부처.
● **수막새** 기왓등의 끝에 사용하는 기와.

자료 1 고구려의 문화유산

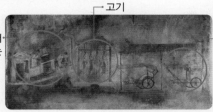

부엌에서 요리하는 모습

┌ 고기

└ 수레

▲ 안악 3호분의 부엌과 고기 창고 그림

불상 뒷면에 불상을 만든 시기와 까닭이 새겨져 있습니다.

▲ 금동 연가 7년명 여래 입상

▲ 무용총 접객도

▶ 고분에 그려진 그림에서 그 당시 사람들의 생활 모습을 살펴볼 수 있습니다.

자료 2 백제의 문화유산

무령왕릉에서 발견된 문화유산

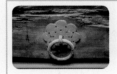

▲ 일본 소나무로 만든 관

▲ 중국의 화폐

▲ 무령왕 금제 관식

▲ 중국 도자기

└ 무령왕릉에서 발견된 문화유산을 통해 백제가 중국, 일본과 교류했다는 것을 알 수 있어요.

▲ 백제 금동 대향로

└ 백제 사람들의 뛰어난 공예 기술과 예술적 감각이 나타나 있어요.

▲ 익산 미륵사지 석탑

자료 3 불국사의 문화유산

▲ 무구 정광 대다라니경

└ 석가탑을 수리할 때 발견된 불교 경전으로, 남아 있는 가장 오래된 목판 인쇄물이에요.

▲ 불국사 3층 석탑 (석가탑)

▲ 다보탑

▶ 불국사는 옛 한국 절의 특징을 잘 보여주고, 건축물이 독특하고 아름다워 유네스코 세계 유산으로 지정되었습니다.

● 정답과 풀이 3쪽

1

고분에 그려진 그림에서 그 당시 사람들의 생활 모습을 살펴볼 수 있습니다.

(○ , ×)

2

익산 ( ) 석탑은 우리나라에 남아 있는 석탑 중에서 가장 크고 오래된 석탑입니다.

3

( )은/는 신라의 문화유산으로, 하늘의 해와 달, 별 등을 관찰하는 시설로 알려져 있습니다.

4

(불국사 , 석굴암)은/는 통일 신라의 문화유산으로, 화강암을 쌓아 올려 동굴처럼 만든 인공 절입니다.

5

고구려는 발해의 문화를 이어받아 다양한 문화유산을 남겼습니다.

(○ , ×)

1 나라의 등장과 발전 (3)

1 ⊕ 11종 공통

다음 (　) 안에 들어갈 알맞은 말을 쓰시오.

> 옛 사람들이 남긴 무덤 중 역사적으로 가치가 있는 무덤인 (　　　) 안에는 무덤의 주인이 살아 있을 때 사용하던 물건과 생활 도구를 함께 묻고, 무덤 벽과 천장에 그림을 그리기도 했습니다.

(　　　　　　　)

2 ⊕ 11종 공통

다음 중 고구려의 불교 문화유산으로 알맞은 것에 ○ 표 하시오.

(1)

▲ 금동 연가 7년명
여래 입상

(　　　)

(2)

▲ 금동 대향로

(　　　)

3 서술형 　비상교과서, 아이스크림 외

다음과 같은 백제 무령왕릉에서 발견된 유물을 통해 알 수 있는 점을 쓰시오.

▲ 일본 소나무로
만든 관　　　▲ 중국 도자기

_____

_____

4 ⊕ 11종 공통

현장 답사 계획서의 ㈎에 들어갈 문화유산이 <u>아닌</u> 것을 보기 에서 골라 기호를 쓰시오.

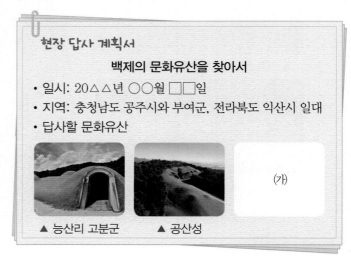

현장 답사 계획서

백제의 문화유산을 찾아서

• 일시: 20△△년 ○○월 □□일
• 지역: 충청남도 공주시와 부여군, 전라북도 익산시 일대
• 답사할 문화유산

▲ 능산리 고분군　　▲ 공산성　　㈎

보기
㉠ 무령왕릉　　　㉡ 무용총
㉢ 미륵사지　　　㉣ 금동 대향로

(　　　　　　　)

5 ⊕ 11종 공통

신라의 문화유산에 대해 알맞게 말한 친구를 골라 이름을 쓰시오.

> • 유진: 신라는 유교의 힘을 빌려서 다른 나라의 침입을 막으려고 했어.
> • 민규: 경주에는 신라의 문화와 대외 관계를 보여 주는 문화유산이 많이 남아 있어.

(　　　　　　　)

6 ⊕ 11종 공통

오른쪽 사진과 같이 하늘의 별, 해와 달의 모습을 관찰하는 시설로 알려진 문화유산은 무엇인지 쓰시오.

(　　　　　　　)

7 아이스크림, 천재교육 외

고구려, 백제, 신라의 문화유산을 각각 선으로 알맞게 연결하시오.

(1) 고구려 •   • ㉠ 무용총 접객도

(2) 백제 •   • ㉡ 봉수형 유리병

(3) 신라 •   • ㉢ 미륵사지 석탑

8 ➕ 11종 공통

가야에서 다음과 같은 물건을 만들 수 있었던 까닭은 무엇입니까? (   )

▲ 판갑옷과 투구   ▲ 덩이쇠

① 농사를 많이 지어서
② 불교문화가 발달해서
③ 삼국 통일을 이루어서
④ 질 좋은 철이 많이 생산되어서
⑤ 다른 나라와 교류를 하지 않아서

9 서술형 ➕ 11종 공통

다음 글을 통해 알 수 있는 석굴암이 유네스코 세계유산으로 지정된 까닭을 쓰시오.

> 석굴암의 천장은 여러 개의 돌을 둥글게 쌓아 올린 후 정상에 크고 둥근 돌을 한 장 얹어 돔형으로 완성했습니다. 이처럼 하면 건물 가운데에 기둥을 세우지 않고도 튼튼한 지붕을 만들 수 있었습니다.

10 ➕ 11종 공통

다음은 유정이가 작성한 문화유산 보고서의 일부입니다. ㉠에 들어갈 알맞은 문화유산을 쓰시오.

문화유산 이름	㉠
문화유산 위치	경상북도 경주시 토함산에 있는 절
대표적인 문화유산	무구 정광 대다라니경, 석가탑, 다보탑, 청운교와 백운교 등

(   )

11 ➕ 11종 공통

다음 (   ) 안에 공통으로 들어갈 나라는 어디인지 쓰시오.

▲ 고구려 수막새   ▲ (   ) 수막새

> (   )은/는 고구려의 문화를 이어받아 다양한 문화유산을 남겼기 때문에, 고구려와 (   ) 문화유산의 생김새가 비슷합니다.

(   )

12 ➕ 11종 공통

다음에서 설명하는 문화유산으로 알맞은 것을 골라 ○표 하시오.

> 발해의 수도였던 상경에서 발견된 불교와 관련된 문화유산입니다.

(1)
▲ 미륵사지 석탑
(   )

(2)
▲ 석등
(   )

2 독창적 문화를 발전시킨 고려 (1)

 개념 강의

1 고려의 건국과 후삼국 통일

① 고려의 건국 과정

신라 말의 상황	신라 말 귀족들의 왕위 다툼으로 정치가 혼란해지자, 지방에서는 새로운 정치 세력인 호족이 등장했음.
후삼국의 등장	여러 호족 중에서 세력을 키운 견훤은 후백제를, 궁예는 후고구려를 세웠음. → 신라, 후백제, 후고구려(훗날 고려)를 후삼국이라고 함.
고려의 건국	왕건은 궁예의 신하로 후백제와의 전투에서 공을 세워 높은 지위에 올랐음. → 궁예가 신하를 의심하고 죽이며 일부 호족들을 억압하자 왕건은 궁예를 몰아내고 고려를 세웠음.

② 고려의 후삼국 통일 과정 [자료 1]

고려는 후백제와의 전투에서 패배해 위기를 겪었으나 몇 년 뒤 전투에서는 크게 승리했음. → 후백제는 견훤의 자식들 사이에서 왕위 다툼이 일어나 힘이 약해졌고, 신라는 스스로 고려에 항복했음. → 고려는 후백제를 물리쳐 후삼국을 통일했음.

③ 태조 왕건의 정책

민생 안정	• 불교를 장려했으며 백성의 생활을 안정시키려 세금을 줄였음. • 가난한 백성이 굶주리지 않도록 힘썼음.
호족 포섭	정치를 안정시키려고 호족을 적절히 견제하되 존중하였음.
민족 통합	거란이 발해를 멸망시키자 발해 유민을 받아들였음.
북진 실시	북쪽으로 점차 영토를 넓혀 나갔음.

└ 왕건은 호족의 딸들과 결혼을 해서 자신의 편으로 만드는 결혼 정책을 실시했어요.

2 거란의 1, 2차 침입과 극복 과정 ＋

① 고려와 거란의 관계

거란은 세력을 키워 나라를 세웠음. → 고려는 거란이 발해까지 멸망시키자 거란을 경계했음. → 고려는 송과 우호적으로 지내면서 거란을 더욱 경계했음.

② 거란의 1차 침입과 서희의 외교 담판 [자료 2]

• 거란은 고려와 송의 관계를 끊으려고 고려를 침입했고 첫 전투에서 고려가 패배했습니다. → 고려의 왕과 신하들은 대응 방안을 논의했습니다.

• 서희는 거란의 장수와 담판을 벌였고 그 결과 강동 6주를 확보하였습니다. ＋

③ 거란의 2차 침입과 양규의 활약

• 고려가 송과 교류를 유지하자, 거란이 다시 침입했습니다.

• 거란의 침입을 받아 한때 개경이 함락되기도 했지만, 고려가 거란과의 관계 회복을 약속하자 거란군이 철수하였습니다.

• 양규의 군대가 돌아가는 거란군을 끈질기게 공격해 타격을 주었으며, 포로가 되었던 고려 사람들을 구출하기도 했습니다.

＋ **고려의 이웃 나라들**

고려는 송과 좋은 관계를 맺었지만, 발해를 멸망시킨 거란과는 사이가 좋지 않았습니다.

＋ **강동 6주**

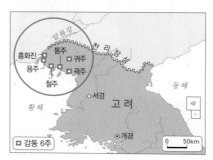

'강동'은 압록강 동쪽, '6주'는 고려의 행정 구역인 '주'가 여섯 개라는 뜻입니다.

용어 사전

● **호족** 신라 말 고려 초에 활동한 지방 세력. 군사력과 경제력을 바탕으로 각 지방을 다스림.

● **우호** 개인끼리나 나라끼리 서로 사이가 좋음.

● **담판** 서로 의논해 옳고 그름을 가리는 것.

자료 1 **고려의 건국과 후삼국 통일 과정**

▶ 왕건은 나라 이름을 고구려를 계승한다는 뜻으로 '고려'라고 했으며, 수도를 송악으로 옮겼습니다.

▶ 이후 신라의 항복을 받은 고려는 견훤의 투항 이후 힘이 약해진 후백제를 공격하여 후삼국을 통일하였습니다.

자료 2 **서희의 외교 담판**

여진은 고려의 북쪽과 만주 일대에 살던 종족이에요.

배경	고려가 거란의 추가 공격을 막아 내자, 거란의 장수 소손녕은 고려를 위협하며 시간을 끌었음.
과정	서희는 고려와 송의 관계를 끊기 원하는 거란의 침입 의도를 파악하고, 적의 진영으로 가서 소손녕과 담판을 벌였음.
결과	고려는 송과 관계를 끊고 거란과 교류할 것을 약속했고, 압록강 동쪽의 강동 6주를 차지하게 되었음.

● 정답과 풀이 4쪽

1

(   )은/는 궁예를 몰아내고 고려를 세웠습니다.

2

고려는 후백제를 물리쳐 후삼국을 통일했습니다.

(○ , ×)

3

태조 왕건은 (유교 , 불교)를 장려했으며 백성의 생활을 안정시키려 세금을 줄였습니다.

4

서희의 외교 담판 결과 고려는 압록강 동쪽의 (   )을/를 차지하게 되었습니다.

5

거란의 1차 침입 때 양규의 군대가 거란군을 공격해 타격을 주었습니다.

(○ , ×)

2 독창적 문화를 발전시킨 고려 (1)

1 ➕ 11종 공통

다음 ( ) 안에 공통으로 들어갈 말을 쓰시오.

- 신라 말 귀족들의 왕위 다툼으로 정치가 혼란해지자, 지방에서는 새로운 정치 세력인 ( )이/가 등장했습니다.
- ( )은/는 신라 말 고려 초에 활동한 지방 세력으로, 군사력과 경제력을 바탕으로 각 지방을 다스렸습니다.

( )

2 ➕ 11종 공통

다음 ㉠, ㉡에 들어갈 알맞은 사람의 이름을 쓰시오.

신라 말 여러 호족 중에서 세력을 키운 (㉠)은/는 후백제를 세웠고, (㉡)은/는 후고구려를 세웠습니다.

㉠ ( ), ㉡ ( )

3 ➕ 11종 공통

다음에서 설명하는 사람은 누구인지 쓰시오.

- 궁예의 신하로 후백제와의 전투에서 공을 세워 높은 지위에 올랐습니다.
- 궁예가 신하를 의심하고 죽이며 일부 호족들을 억압하자 궁예를 몰아내고 고려를 세웠습니다.

( )

4 서술형 ➕ 11종 공통

왕건이 나라의 이름을 '고려'라고 한 까닭은 무엇인지 쓰시오.

_____

_____

5 ➕ 11종 공통

다음 ㉠~㉢을 후삼국 통일 과정에 알맞게 순서대로 기호를 쓰시오.

㉠ 신라가 고려에 항복했다.
㉡ 고려가 후백제를 물리쳤다.
㉢ 왕건이 궁예를 몰아내고 왕이 되었다.

( ) → ( ) → ( )

6 ➕ 11종 공통

다음 중 태조 왕건이 실시한 정책이 <u>아닌</u> 것은 어느 것입니까? ( )

① 세금을 줄였다.
② 불교를 장려했다.
③ 발해 유민을 받아들였다.
④ 호족을 철저히 견제만 했다.
⑤ 북쪽으로 점차 영토를 넓혀 나갔다.

7 ➕ 11종 공통

다음은 고려와 거란의 관계를 나타낸 것입니다. ㈎에 들어갈 알맞은 내용은 무엇입니까? (　　　)

| 거란은 세력을 키워 나라를 세웠음. | → | ㈎ | → | 송이 건국되자 고려는 송과 우호적으로 지내면서 거란을 더욱 경계했음. |

① 송이 고려를 침입함.
② 신라가 고려에 항복함.
③ 거란이 발해를 멸망시킴.
④ 고려가 강화도로 도읍을 옮김.
⑤ 후백제에서 왕위 다툼이 일어남.

[8-10] 다음 그림을 보고, 물음에 답하시오.

8 ➕ 11종 공통

위의 대화에서 ㉠에 들어갈 알맞은 이름을 쓰시오.

(　　　　　　)

9 ➕ 11종 공통

위 대화가 이루어진 시기를 다음 연표에서 골라 기호를 쓰시오.

(　　　　　　)

10 ➕ 11종 공통

위와 같은 담판의 결과로 고려가 차지하게 된 것은 무엇입니까? (　　　)

① 개경　　　② 평양　　　③ 거제도
④ 강화도　　⑤ 강동 6주

11 아이스크림, 천재교육 외

다음 인물들의 공통점은 무엇입니까? (　　　)

| • 서희　　　　　　　　• 양규 |

① 나라를 세웠다.
② 불교를 전파하였다.
③ 발해를 멸망시켰다.
④ 거란의 침입에 맞서 대응하였다.
⑤ 몽골의 침입에 끝까지 저항하였다.

12 서술형 아이스크림, 천재교육 외

다음 신문 기사의 밑줄 친 부분에 들어갈 알맞은 내용을 두 가지 쓰시오.

○○신문

거란, 고려를 다시 침입하다.

　고려가 송과 교류를 유지하자, 거란이 다시 침입해왔다. 한때 개경이 함락되기도 했지만, 고려가 거란과의 관계 회복을 약속하자 거란군이 철수하였다. 이때 양규의 군대가 ＿＿＿＿＿＿＿＿

_____

2 독창적 문화를 발전시킨 고려 (2)

개념
강의

1 거란의 3차 침입과 극복 과정 [자료 1]

3차 침입 배경	강동 6주를 돌려 달라는 거란의 요구를 고려가 거부하자, 거란은 고려를 다시 침입해 왔음.
고려의 대응	• 강감찬을 중심으로 전쟁에 대비했던 고려는 거란과의 전투에서 승리하였고, 거란군은 군대를 철수하기 시작하였음. • 강감찬을 비롯한 고려군은 돌아가는 거란군을 귀주에서 크게 물리쳤음(귀주 대첩). • 이후 고려는 국경 지역에 천리장성을 쌓고, 수도 개경을 둘러싼 성을 쌓아 외적의 침입에 대비하였음.

2 여진의 침입과 동북 9성

① **여진의 침입**: 고려의 북쪽 지역에 살던 여진이 고려의 국경을 자주 침입했습니다.

② **별무반 조직**: 고려는 기병 중심의 여진에 자주 패하자 윤관의 의견에 따라 기병 중심 특수 부대인 별무반을 만들었습니다.

③ **여진 공격과 동북 9성 축조**: 윤관이 별무반을 이끌고 여진을 정벌한 뒤 동북 9성을 쌓았습니다. ➕

④ **동북 9성 반환**: 여진이 화해를 청하며 땅을 돌려 달라고 하자, 여진에게 다시 동북 9성을 돌려주었습니다.

3 몽골의 침입과 고려의 대응

① **몽골의 침입 배경과 까닭**

└ 칭기즈 칸을 중심으로 부족을 통일했어요.

배경	• 여진은 쇠퇴하였고, 북쪽의 유목 민족이던 몽골이 힘을 키웠음. • 몽골에 쫓겨 고려에 들어온 거란을 몽골과 함께 무찔렀고, 몽골과 외교 관계를 맺음. • 몽골은 주변 나라에 물자를 많이 바칠 것을 요구했고, 고려에도 사신을 보내 물자를 바칠 것을 무리하게 요구하였음.
까닭	고려에 온 몽골의 사신이 돌아가는 길에 죽자, 몽골은 이를 이유로 고려를 침입하였음.

② **몽골의 침입에 대한 고려의 대응** [자료 2]

└ 강화도는 갯벌이 넓어 몽골군이 침략하기 어려웠어요.

1 강화 천도	몽골의 1차 침입 이후 고려는 바다에 익숙하지 않은 몽골군을 막으려고 수도를 개경에서 강화도로 옮기고 몽골과 싸웠음. ➕
2 개경 환도	몽골과의 계속된 전쟁으로 국력이 약해진 고려는 전쟁을 멈추자는 몽골의 조건을 받아들이고 개경으로 도읍을 다시 옮겼음.
3 삼별초의 저항	• 삼별초는 개경 환도를 반대하였음. ➕ • 삼별초는 근거지를 강화도에서 진도와 제주도로 옮겨 가며 고려 정부와 몽골에 맞서 싸웠으나 고려와 몽골 연합군의 공격으로 실패하였음.

└ 무신 정권이 무너지고 몽골과 강화를 맺었어요.

➡ 전쟁이 끝난 뒤 고려는 몽골이 세운 나라인 원의 간섭을 받았습니다.

└ 원의 힘이 약해지자 공민왕은 개혁을 통해 원의 간섭에서 벗어나려고 노력했어요.

➕ 「척경입비도」

윤관 / '고려의 영토'라고 새겨져 있는 비석을 세우는 모습

「척경입비도」는 윤관이 동북 9성을 개척하는 모습을 그린 조선 시대의 그림입니다.

➕ 몽골의 침입으로 고려가 입은 피해

• 오랜 전쟁으로 국토가 황폐해졌으며, 수많은 사람이 죽거나 포로로 끌려갔습니다.
• 초조대장경, 황룡사 9층 목탑 등의 문화유산이 불탔습니다.

➕ 삼별초

몽골이 고려를 침략할 무렵에는 군인 관리인 무신들이 정변을 일으켜 권력을 차지했습니다. 무신들은 권력을 지키기 위해 삼별초라는 군대를 만들었습니다.

용어 사전

● **국경** 나라와 나라의 영역을 가르는 경계.
● **유목 민족** 가축이 먹을 만한 물과 풀밭을 찾아 주기적으로 일정 지역을 이동하며 사는 민족.
● **사신** 임금이나 국가의 명령을 받고 외국에 보내지는 신하.
● **환도** 전쟁 등의 사태로 딴 곳으로 옮겼던 정부가 다시 수도로 돌아오는 것.

◆ 교과서 통합 대표 자료

자료 1 거란의 3차 침입 과정

1 거란은 강동 6주를 내놓을 것을 요구하면서 고려를 침입했음.	→	2 고려군은 침입해 온 거란군을 공격해 곳곳에서 승리를 거두었음.

↓

3 거란군은 고려의 수도인 개경까지 내려왔으나, 개경의 방어가 튼튼하자 돌아가기로 결정했음.	→	4 고려군은 물러나는 거란군을 추격해 귀주에서 큰 승리를 거두었음.

자료 2 몽골군에 맞선 고려의 저항

▲ 고려 궁터

▲ 처인성

▲ 제주 항파두리 항몽 유적

▶ 고려의 승려였던 김윤후는 처인성에서 주민들과 힘을 합쳐 몽골군 사령관을 사살하였고, 충주성에서는 노비들과 힘을 합쳐 몽골군을 물리쳤습니다.

▶ 몽골군의 계속된 침략으로 백성들의 피해는 심해졌지만, 강화도로 간 고려의 지배층은 백성들의 고통을 외면한 채 화려한 생활을 누리기도 했습니다.

● 정답과 풀이 5쪽

기본 개념 문제

1

(거란 , 몽골)은 고려에 강동 6주를 돌려 달라고 요구했습니다.

2

(　　　　　　)은/는 강감찬을 비롯한 고려군이 돌아가는 거란군을 추격해 크게 물리친 사건입니다.

3

고려는 기병 중심의 여진에 자주 패하자 윤관의 의견에 따라 기병 중심 특수 부대인 (　　　　　　)을/를 만들었습니다.

4

몽골의 1차 침입 이후 고려는 도읍을 (개경 , 강화도)(으)로 옮기고 몽골과 싸웠습니다.

5

삼별초는 근거지를 옮겨가며 고려 정부와 몽골에 맞서 싸웠으나 결국 실패했습니다.

(○ , ✕)

2 독창적 문화를 발전시킨 고려 (2)

1 ➕ 11종 공통

고려에 대한 거란의 3차 침입의 배경으로 알맞은 것을 보기 에서 골라 기호를 쓰시오.

보기
⊙ 송이 강동 6주를 차지해서
ⓒ 고려가 먼저 거란을 공격해서
ⓒ 고려가 거란과 송의 관계를 끊으려고 해서
ⓔ 고려가 강동 6주를 돌려 달라는 거란의 요구를 거부해서

( )

2 ➕ 11종 공통

다음 ⊙, ⓒ에 들어갈 말이 알맞게 짝지어진 것은 어느 것입니까? ( )

(⊙)을/를 비롯한 고려군은 돌아가는 (ⓒ)을 귀주에서 크게 물리쳤는데, 이를 귀주 대첩이라고 합니다.

	⊙	ⓒ
①	궁예	여진군
②	서희	여진군
③	왕건	거란군
④	강감찬	거란군
⑤	강감찬	몽골군

3 서술형 ➕ 11종 공통

거란의 3차 침입 이후 고려가 외적의 침입에 대비한 방법을 쓰시오.

_____

_____

4 동아출판, 비상교과서 외

별무반에 대해 알맞게 말한 친구를 골라 ○표 하시오.

(1) 무신들이 권력을 지키기 위해 만든 군대야.

(2) 기병을 중심으로 이루어진 특수 부대야.

( ) ( )

5 비상교육, 아이스크림 외

다음 ⊙~ⓔ을 사건이 일어난 순서대로 알맞게 나열한 것은 어느 것입니까? ( )

⊙ 고려는 동북 9성을 세웠다.
ⓒ 여진에게 동북 9성을 돌려줬다.
ⓒ 여진이 고려의 국경을 침입했다.
ⓔ 별무반을 이끌고 여진을 공격했다.

① ⊙-ⓒ-ⓒ-ⓔ ② ⊙-ⓒ-ⓒ-ⓔ
③ ⊙-ⓒ-ⓔ-ⓒ ④ ⓒ-⊙-ⓒ-ⓔ
⑤ ⓒ-ⓔ-⊙-ⓒ

6 아이스크림, 천재교육 외

다음 그림을 보고, ( ) 안에 공통으로 들어갈 이름을 쓰시오.

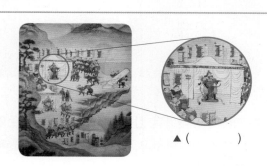

▲ ( )

「척경입비도」는 ( )이/가 동북 9성을 개척하는 모습을 그린 조선 시대의 그림입니다.

( )

7 ✚ 11종 공통

몽골이 고려를 침략한 까닭으로 알맞은 것은 어느 것입니까? ( )

① 고려가 거란을 멸망시켜서
② 고려에 무신 정권이 들어서서
③ 고려가 도읍을 강화도로 옮겨서
④ 고려가 몽골을 부모의 나라로 섬겨서
⑤ 고려에 온 몽골의 사신이 돌아가는 길에 죽어서

8 ✚ 11종 공통

몽골의 침입으로 고려가 입은 피해로 알맞은 것에 ○ 표, 알맞지 않은 것에 ×표 하시오.

(1) 초조대장경이 불에 탔습니다. ( )
(2) 황룡사 9층 목탑이 불에 탔습니다. ( )
(3) 고려가 몽골에 의해 멸망하게 되었습니다.
( )

9 비상교육, 아이스크림 외

다음 ( ) 안에 공통으로 들어갈 말은 어느 것입니까? ( )

고려의 승려였던 김윤후는 ( )에서 주민들과 힘을 합쳐 몽골군 사령관을 사살하였습니다.

▲ ( )

① 공산성 ② 귀주성 ③ 평양성
④ 처인성 ⑤ 동래성

[10-12] 다음 지도를 보고, 물음에 답하시오.

10 ✚ 11종 공통

위 지도와 관련하여 몽골의 침입에 따른 고려의 대응으로 알맞지 않은 것은 어느 것입니까? ( )

① 강화도로 도읍을 옮겼다.
② 산성이나 섬으로 들어가 대응했다.
③ 삼별초는 몽골에 끝까지 저항했다.
④ 몽골의 1차 침입 이후 몽골에 항복했다.
⑤ 귀주성, 처인성 등에서 몽골군을 물리쳤다.

11 서술형 ✚ 11종 공통

위 지도를 보고, 삼별초가 근거지를 어떻게 옮겨 가며 저항했는지 쓰시오.

_____

_____

12 ✚ 11종 공통

위와 같은 몽골의 침입 결과를 알맞게 말한 친구를 골라 이름을 쓰시오.

• 가은: 원의 간섭을 받게 되었어.
• 연진: 고려는 멸망하여 나라가 없어졌어.
• 형우: 고려는 고유의 문화를 모두 잃어버렸어.

( )

2 독창적 문화를 발전시킨 고려 (3)

1 고려청자

① 고려청자의 특징 [자료 1]

• 고려 시대를 대표하는 예술품입니다.
• 청자 제작 기술은 중국에서 들어왔으나 고려는 상감 기법을 적용해 상감 청자라는 독창적인 예술품을 만들었습니다.
• 상감 기법은 표면에 무늬를 새기고, 흙을 메워 넣어 굽는 방법입니다.

▲ 청자 상감 운학무늬 매병

② 고려청자의 용도

• 고려청자는 왕실과 귀족과 같은 지배층이 주로 사용했습니다.
• 그릇, 베개, 의자, 향로, 주전자 등 다양한 생활용품을 청자로 만들었습니다.
└ 당시 귀족들의 화려한 문화를 엿볼 수 있어요.

2 팔만대장경 [자료 2] → 고려 사람들은 외적의 침입과 같은 큰일을 부처의 힘에 의지해 어려움을 극복하려고 했어요.

① 팔만대장경을 만든 배경: 몽골 침입 이전에 거란의 침입을 이겨 내기 위해 만든 초조대장경이 불타자, 부처의 힘으로 몽골의 침입을 이겨 내려고 대장경을 다시 만들었습니다. → 초조대장경은 처음 만든 대장경이라는 뜻이에요.
팔만대장경은 다시 만든 대장경이라는 뜻의 '재조대장경'이라고도 해요.

② 팔만대장경판의 우수성

뛰어난 제작 기술	글자가 고르고 틀린 글자도 거의 없어서 고려의 목판 제조술, 조각술, 인쇄술 등의 기술이 매우 뛰어났음을 알 수 있음.
유네스코 세계 기록 유산 등재	팔만대장경판은 유네스코 세계 기록 유산으로 등재되어 있으며, 조선 시대에 건축된 이를 보관하는 장경판전도 유네스코 세계 유산으로 등재되어 있음.

3 목판 인쇄술과 금속 활자 인쇄술

① 목판 인쇄술의 장단점

장점	같은 책을 많이 인쇄하는 데 효율적임.
단점	• 목판을 제작하는 데 시간이 오래 걸림. • 목판은 갈라지거나 휘어지는 나무의 성질 때문에 보관하기 어려움.

└ 고려 사람들은 목판 인쇄술의 단점을 해결하기 위해 세계 최초로 금속 활자를 만들었어요.

② 『직지심체요절』 [자료 3]

• 오늘날 전해지는 금속 활자 인쇄본 중 가장 오래된 것입니다.
• 유럽에서 만든 금속 활자본보다 70여 년 앞서 제작되었습니다.
• 『직지심체요절』은 유네스코 세계 기록 유산으로 등재되어 있습니다.

③ 금속 활자 인쇄술의 장점과 한계

장점	• 판을 새로 짤 수 있어 여러 종류의 책을 만들 수 있음. • 금속으로 만들어져 부서지거나 휘어지지 않고, 보관이 쉬움.
한계	인쇄 기술은 발달했지만, 한자를 읽고 쓰는 사람이 많지 않았기 때문에 지식과 정보의 확산으로 이어지지 못하였음.

➕ 합천 해인사 장경판전

▲ 팔만대장경판

▲ 합천 해인사 장경판전

팔만대장경판은 조선 시대에 건축된 장경판전에 보관하여 목판을 오늘날까지 잘 보존할 수 있었습니다.

➕ 『직지심체요절』

• 『직지심체요절』은 불교의 가르침을 정리한 것으로 본래 상, 하 두 권인데 현재는 하권만 전해지고 있습니다.
• 『직지심체요절』은 프랑스 국립 도서관에 보관되어 있으며, 프랑스 국립 도서관에서 근무하던 박병선의 노력으로 세상에 알려졌습니다.

용어 사전

● **매병** 술이나 물을 담는 그릇.
● **향로** 향을 피우는 작은 화로.
● **비색** 엷고 푸른 청자의 색.

자료 1 다양한 고려청자

▲ 청자 기와   ▲ 청자 상감 모란 운학무늬 베개   ▲ 청자 투각 칠보 무늬 뚜껑 향로   ▲ 청자 투각 의자

▶ 청자는 높은 온도를 견디는 흙과, 높은 온도로 일정하게 도자기를 구울 수 있는 가마, 비색을 내는 제작 기법을 모두 갖추어야 만들 수 있었습니다.

자료 2 팔만대장경판을 만드는 과정

나무를 잘라 바닷물에 2년간 담가 두기

나무판자가 갈라지지 않도록 소금물에 삶기

바람이 잘 드는 그늘에서 1년간 잘 말리기

나무를 다듬어 경판을 만들고, 글자 새기기

글씨를 새긴 뒤, 목판에 먹물을 바르고 종이에 찍어내기

목판의 귀퉁이를 구리판으로 감싸고 옻칠해 보관하기

자료 3 『직지심체요절』을 만드는 과정

밀랍에 글자 새기기

밀랍 글자를 가지에 붙이기

밀랍 가지를 감싼 거푸집에 쇳물 붓기

거푸집을 깨서 활자를 꺼내어 다듬기

활자를 판에 짜 맞추기

활자판에 먹물을 바른 뒤 종이에 찍어내기

● 정답과 풀이 6쪽

1

고려는 청자 제작 기술을 처음으로 개발하여 상감 청자라는 독창적인 예술품을 만들었습니다.

(○ , ×)

2

부처의 힘으로 (　　　　　)의 침입을 이겨 내려고 대장경을 다시 만들었습니다.

3

(목판 , 금속 활자) 인쇄술은 같은 책을 많이 인쇄하는 데 효율적입니다.

4

(　　　　　)은/는 오늘날 전해지는 금속 활자 인쇄본 중 가장 오래된 것입니다.

5

금속 활자는 부서지거나 휘어지지 않고, 보관이 쉽습니다.

(○ , ×)

1 ⊕ 11종 공통

다음 사진과 같이 고려 시대를 대표하는 예술품은 무엇인지 쓰시오.

(   )

2 ⊕ 11종 공통

다음 ( ) 안에 공통으로 들어갈 말을 쓰시오.

> • 고려는 (   ) 기법을 적용해 (   ) 청자라는 독창적인 예술품을 만들었습니다.
> • (   ) 기법은 표면에 무늬를 새기고, 흙을 메워 넣어 굽는 방법입니다.

(   )

3 ⊕ 11종 공통

고려청자로 만든 생활용품이 <u>아닌</u> 것은 어느 것입니까? (   )

① ▲ 의자

② ▲ 베개

③ ▲ 향로

④ ▲ 거울

4 서술형 ⊕ 11종 공통

고려청자를 만들기 위해서 필요한 것은 무엇인지 두 가지 쓰시오.

_____

_____

5 ⊕ 11종 공통

다음 ( ) 안에 들어갈 알맞은 말에 ○표 하시오.

> 몽골의 침입으로 (초조대장경 , 재조대장경)이 불타자, 고려는 다시 대장경을 만들었습니다. 이를 (초조대장경 , 재조대장경)이라고 부릅니다.

6 ⊕ 11종 공통

고려 사람들이 팔만대장경을 만든 까닭은 무엇입니까? (   )

① 유교를 널리 알리기 위해서
② 거란의 침입을 막아 내기 위해서
③ 농사짓는 법을 알려 주기 위해서
④ 한자를 읽는 법을 알려 주기 위해서
⑤ 부처의 힘으로 몽골의 침입을 이겨 내기 위해서

7 미래엔, 비상교과서 외

다음은 팔만대장경판을 만드는 과정입니다. 가장 먼저 해야 할 일을 골라 기호를 쓰시오.

> ㉠ 바람이 잘 드는 그늘에서 1년간 잘 말리기
> ㉡ 나무를 다듬어 경판을 만들고, 글자 새기기
> ㉢ 재료가 될 나무를 잘라 바닷물에 2년간 담가 두기
> ㉣ 글씨를 새긴 뒤, 목판에 먹물을 바르고 종이에 찍어내기
> ㉤ 나무를 자르고, 나무판자가 갈라지지 않도록 소금물에 삶기
> ㉥ 나무가 뒤틀리지 않도록 귀퉁이를 구리판으로 감싸고 옻칠해 보관하기

( )

8 ➕ 11종 공통

팔만대장경판에 대해 알맞게 말한 친구를 골라 이름을 쓰시오.

금속 활자 인쇄판이야.

유네스코 세계 기록 유산으로 등재되어 있어.

▲ 진경   ▲ 민석

( )

9 ➕ 11종 공통

목판 인쇄술과 금속활자 인쇄술의 장점을 선으로 알맞게 연결하시오.

(1) 목판 인쇄술 · · ㉠ 여러 종류의 책을 만드는 데 효율적임.

(2) 금속 활자 인쇄술 · · ㉡ 같은 책을 많이 인쇄하는 데 효율적임.

10 ➕ 11종 공통

목판 인쇄술의 특징을 잘못 말한 친구는 누구입니까? ( )

① 혜수: 목판을 보관하기 어려워.
② 지원: 제작하는 데 시간이 오래 걸려.
③ 현정: 같은 책을 많이 인쇄할 때 효율적이야.
④ 석원: 목판은 갈라지거나 휘어지는 성질이 있어.
⑤ 수연: 판을 새로 짤 수 있어서 여러 종류의 책을 만들 때 적합해.

11 ➕ 11종 공통

다음에서 설명하는 것은 무엇인지 쓰시오.

오늘날 전해지는 금속 활자 인쇄본 중 가장 오래된 것입니다. 불교의 가르침을 정리한 것으로 본래 상, 하 두 권인데 현재는 하권만 전해지고 있습니다.

( )

12 서술형 ➕ 11종 공통

다음 밑줄 친 부분과 같은 현상이 나타난 까닭을 쓰시오.

> 고려는 금속 활자 인쇄술이 발달했습니다. 그러나 금속 활자 인쇄술의 발달이 사회 변화에 큰 영향을 끼치지 못하였습니다.

_____

_____

3 민족 문화를 지켜 나간 조선 (1)

1 조선의 건국 [자료1]

1 나라 안팎의 혼란	고려 말 연이은 외적의 침입과 권문세족의 횡포로 나라 안팎이 매우 혼란스러웠음. └ 이성계는 고려 말에 등장한 신흥 무인 세력으로, 외적의 침입을 물리쳐서 백성들의 많은 지지를 받았어요.
2 새로운 세력의 등장	신진 사대부들 중 일부는 홍건적과 왜구의 침입을 물리치며 성장한 신흥 무인 세력과 손잡고 고려 사회의 문제를 해결하고자 했음.
3 위화도 회군과 토지 제도 개혁	• 고려는 새로이 들어선 명이 무리한 요구를 하자, 이성계를 보내 요동 지역을 공격하게 했음. • 요동 정벌을 반대했던 이성계는 위화도에서 군대를 되돌려 개경으로 돌아왔음(위화도 회군). → 이성계는 명과 전쟁을 하는 것이 무리라고 판단했어요. • 개경으로 돌아온 이성계는 반대 세력을 몰아내고 권력을 잡은 후 여러 가지 제도를 고쳐 나갔음. ➕
4 신진 사대부의 대립	신진 사대부마다 고려 말의 어지러운 상황을 해결하고자 하는 방법이 달랐음. ➕
5 조선 건국	• 고려 개혁파와 조선 개국파의 갈등이 깊어져 가자, 이성계의 아들인 이방원이 정몽주를 죽였고, 이성계는 조선 개국파와 함께 새 나라를 세웠음. • 태조 이성계는 고조선을 잇는다는 의미로 나라 이름을 조선이라 정하였고, 도읍을 개경(개성)에서 한양으로 옮겼음.

2 유교의 정신이 담겨 있는 한양

① **조선이 한양을 도읍으로 정한 까닭** → 땅이 넓고 평평하여 많은 사람이 농사를 짓고 모여 살 수 있었어요.
• 한양은 산으로 둘러싸여 있어 외적을 막아 내기 유리했기 때문입니다.
• 한양은 한강이 흘러 교통이 편리하고, 물자를 옮기기에 좋았기 때문입니다.

② **조선 시대 한양의 모습**
• 조선은 유교 정치 이념을 내세우며 세운 나라로서, 한양은 유교의 가르침을 실현하기 위한 도읍이었습니다.
• 조선은 백성을 나라의 근본으로 삼았으며 왕과 신하들은 백성을 위한 정치를 하려고 노력했습니다.

③ **유교 정신이 담긴 건축물**

경복궁	임금이 덕으로써 나라를 다스려 만년 동안 큰 복을 누리라는 뜻
종묘	역대 왕과 왕비의 위패를 모시고 제사를 지내던 곳
사직단	토지의 신과 곡식의 신에게 제사를 지내는 곳
한양의 사대문	• 유교에서 강조하는 덕목에 따라 이름을 붙였음. [자료2] • 유교에서 강조하는 덕목은 '인의예지신'으로 인자하고, 의롭고, 예의 바르고, 지혜롭고, 믿음이 있어야 한다는 뜻임.

▲ 경복궁

▲ 종묘

▲ 사직단

➕ **토지 제도 개혁**

이성계와 신진 사대부는 토지 제도를 개혁해 권문세족이 불법으로 차지한 토지를 거두어 들이고, 절차에 따라 관리들에게 토지를 다시 지급하였습니다.

➕ **고려 개혁파와 조선 개국파의 사회 개혁 방법**

기존의 잘못된 규칙과 제도를 바꾸고 관리들을 잘 관리한다면 문제를 해결할 수 있습니다.

▲ 정몽주(고려 개혁파)

문제가 적지 않아서 일부를 고쳐서는 해결할 수 없고, 임금님도 문제가 있으니 모든 것을 새롭게 시작해야 합니다.

▲ 정도전(조선 개국파)

용어 사전

● **권문세족** 대대로 권력이 있던 집안, 무신 정권의 자손들, 원의 힘을 이용해 성장한 계층 등이 속한 고려 후기 지배 세력.
● **횡포** 제멋대로 굴며 몹시 난폭함.
● **신진 사대부** 고려 말 등장한 새로운 정치 세력으로 성리학을 공부하고 과거 시험으로 관리가 된 사람들.
● **한양** 조선의 수도로 오늘날 서울의 한강 북쪽에 위치하였음.
● **위패** 죽은 사람의 이름을 적은 나무패.

자료1 조선의 건국 과정

1 위화도 회군
요동을 정벌하려고 출전한 이성계의 군대가 돌아옴.

2 토지 제도 개혁
이성계와 신진 사대부는 관리에게 지급되던 토지를 줄이는 과전법을 실시함.

3 신진 사대부의 대립
혼란한 나라의 상황을 해결하는 방법에 대한 의견이 서로 달랐음.

4 조선 건국
이성계의 아들인 이방원이 정몽주를 죽였고, 이성계가 조선을 건국함.

자료2 한양의 사대문에 담긴 의미

▲ 숙정문

▲ 흥인지문

▲ 돈의문
└ 현재는 남아 있지 않아요.

▲ 숭례문

숙정문	북쪽 문으로 지혜로움(智)의 의미를 담고 있으나, 정숙하고 조용하기를 바라는 의미로 숙정이라고 했음.
흥인지문	동쪽 문으로 인자함(仁)을 일으켜야 한다는 의미를 담았음.
돈의문	서쪽 문으로 옳음(義)을 돈독히 한다는 의미를 담았음.
숭례문	남쪽 문으로 예의(禮)를 존중한다는 의미를 담았음.

● 정답과 풀이 7쪽

1
요동 정벌을 반대했던 이성계는 ( )에서 군대를 돌려 개경으로 돌아왔습니다.

2
이성계는 고려 개혁파와 함께 새 나라를 세웠습니다.
(○ , ×)

3
이성계는 나라 이름을 조선이라 정하였고 도읍을 ( )(으)로 옮겼습니다.

4
조선은 (유교 , 불교) 정치 이념을 내세우며 세운 나라입니다.

5
(돈의문 , 숭례문)은 옳음을 돈독히 한다는 의미를 담고 있습니다.

1 ⊕ 11종 공통

고려 말의 상황에 대한 설명으로 알맞은 것에 ○표, 알맞지 <u>않은</u> 것에 ×표 하시오.

(1) 연이은 외적의 침입과 권문세족의 횡포로 나라 안팎이 매우 혼란스러웠습니다. ( )

(2) 권문세족과 신흥 무인 세력은 토지 제도를 개혁했습니다. ( )

2 ⊕ 11종 공통

다음에서 설명하는 정치 세력은 무엇입니까?
( )

> • 고려 말 등장한 새로운 정치 세력으로 성리학을 공부하고 과거 시험으로 관리가 된 사람들입니다.
> • 홍건적과 왜구의 침입을 물리치며 성장한 신흥 무인 세력과 손잡고 고려 사회의 문제를 해결하고자 했습니다.

① 양반   ② 호족   ③ 권문세족
④ 문벌 귀족   ⑤ 신진 사대부

3 서술형 ⊕ 11종 공통

다음은 조선의 건국 과정에서 있었던 일입니다. ㉠에 들어갈 사건을 쓰시오.

> 고려는 이성계에게 요동 지역을 공격하라는 명령을 내렸습니다.

↓

> ㉠

↓

> 이성계는 여러 가지 제도를 고쳐 나갔습니다.

_____

4 비상교과서, 아이스크림 외

다음 ( ) 안에 공통으로 들어갈 말을 쓰시오.

> 이성계는 권력을 잡은 후 ( ) 제도를 개혁하여 권문세족이 불법으로 차지한 ( )을/를 거두어 들이고, 절차에 따라 관리들에게 ( )을/를 다시 지급하였습니다.

( )

5 ⊕ 11종 공통

다음 사람들이 고려 말의 상황을 해결하고자 한 방법을 선으로 알맞게 연결하시오.

(1) 정도전 •

• ㉠ "기존의 제도를 바꾸고 관리들을 잘 관리하면 됩니다."

(2) 정몽주 •

• ㉡ "고려를 대신해 새로운 왕조를 세워야 합니다."

6 ⊕ 11종 공통

다음 ㉠~㉣을 조선의 건국 과정에 알맞게 순서대로 기호를 쓰시오.

㉠ 권문세족이 불법으로 차지한 땅을 다시 돌려줘야 합니다.
▲ 토지 제도 개혁

㉡ 고려를 개혁해야 합니다. / 새 나라를 세워야 합니다.
▲ 신진 사대부의 대립

㉢ ▲ 조선 건국

㉣ 다시 개경으로 돌아가자!
▲ 위화도 회군

( ) → ( ) → ( ) → ( )

[7-8] 다음 글을 읽고, 물음에 답하시오.

> 태조 이성계는 고조선을 잇는다는 의미로 나라 이름을 조선이라 정하였고, 도읍을 개경(개성)에서 (   )(으)로 옮겼습니다.

7 ➕ 11종 공통

윗글의 (   ) 안에 들어갈 알맞은 말을 쓰시오.

(   )

⑧ 서술형 ➕ 11종 공통

위 **7**번의 답을 이성계를 중심으로 한 세력이 도읍으로 정한 까닭을 쓰시오.

_____

_____

9 ➕ 11종 공통

다음 (   ) 안에 들어갈 알맞은 학문의 이름을 쓰시오.

> 조선은 (   ) 정치 이념을 내세우며 세운 나라로서 백성을 나라의 근본으로 삼았습니다. 이에 따라 왕과 신하들은 백성을 위한 정치를 하려고 노력했습니다.

(   )

10 ➕ 11종 공통

다음에서 설명하는 건축물의 이름을 쓰시오.

> 임금이 덕으로써 나라를 다스려 만년 동안 큰 복을 누리라는 뜻을 담고 있는 궁궐입니다.

(   )

11 비상교육, 천재교육 외

다음에서 설명하는 건축물의 모습으로 알맞은 것을 골라 ○표 하시오.

> 역대 왕과 왕비의 위패를 모시고 제사를 지내던 곳입니다.

(1) ▲ 사직단   (2) ▲ 종묘

(   )   (   )

12 미래엔, 지학사 외

유교에서 강조하는 덕목에 따라 이름 붙인 한양의 사대문이 **아닌** 것은 어느 것입니까? (   )

① ▲ 숙정문

② ▲ 흥인지문

③ ▲ 숭례문

④ ▲ 독립문

개념 강의

3 민족 문화를 지켜 나간 조선 (2)

1 세종대왕의 업적과 조선의 발전 모습

① **집현전 설치**: 세종은 집현전을 설치해 학자들이 학문과 정책을 연구하도록 하였습니다. → 백성의 생활에 도움이 될 수 있는 훈민정음과 과학 기구를 만들고 여러 분야의 책을 편찬했어요.

② **훈민정음 창제와 보급**

▲ 「훈민정음」 「해례본」

- 세종은 읽고 쓰기 편한 독창적 문자인 훈민정음을 창제했습니다.
- 훈민정음은 누구나 쉽게 배울 수 있는 글자이며, 조선 시대에 민족 문화가 발전하는 배경이 되었습니다.

③ **과학 기술의 발전** [자료 1]

- 세종은 신분이 낮더라도 기술이 뛰어난 사람을 관리로 뽑아 과학 기술을 연구하도록 했습니다.
- 과학 기술자이자 발명가인 장영실은 조선 세종 때 노비 신분을 벗고 발탁되어 혼천의와 자격루 등 다양한 과학 기구를 만들었습니다.

④ **다양한 서적 편찬**

『농사직설』	우리 땅과 기후에 맞는 농사법을 정리한 책으로, 경험이 많은 농민에게 농사법을 묻고 이를 정리하였음.
『향약집성방』	우리 땅에서 나는 약재의 정보를 정리한 책으로, 중국의 약재를 정리한 책을 통하지 않고 약재의 정보를 얻을 수 있게 되었음.

⑤ **국방력 강화**

4군 6진 설치	북쪽에서 여진족이 끊임없이 국경을 넘어오자, 4군 6진을 설치해 조선의 국경을 압록강과 두만강까지 확대했음. +
쓰시마섬 정벌	남쪽으로 백성에게 피해를 많이 주던 왜구를 물리치고자 쓰시마섬(대마도)를 정벌하게 했음.

2 조선 시대의 사회 모습 +

① **조선의 신분 제도**: 조선 시대의 신분은 법적으로 크게 양인과 천인으로 나뉘었습니다. 그러나 실제로는 양반, 중인, 상민, 천민으로 구분했습니다. [자료 2]
양인에는 양반, 중인, 상민이 속했어요.

② **조선 전기의 문화**

- 조선 전기에는 양반 중심의 문화가 발달하였으며, 유교의 가르침에 따라 검소함을 강조하였습니다. → 소박한 느낌의 분청사기, 백자가 유행하였어요.

- 『삼강행실도』: 중국과 우리나라의 충신과 효자, 열녀의 이야기를 담아, 백성들이 일상생활에서 유교 윤리를 실천할 수 있도록 했습니다. +

- 신사임당과 같은 여성 예술가들도 그림과 시를 남기기도 하였습니다.
  └ 율곡 이이의 어머니인 신사임당은 글과 시를 잘 썼으며 그림 실력도 매우 뛰어났어요.

▲ 신사임당의 「초충도」

4군 6진

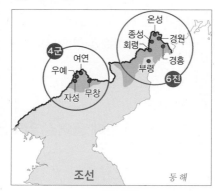
▲ 4군 6진

세종은 여진족이 끊임없이 국경을 넘어오자 장수들을 시켜 4군 6진을 개척했습니다.

『경국대전』

- 조선은 『경국대전』이라는 법전을 만들어 나라를 다스리는 기준으로 삼았습니다.
- 정치, 경제, 사회, 문화 등 다양한 부분을 다룬 조선의 최고 법전입니다.

『삼강행실도』

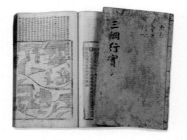

글자를 모르는 백성들도 책에 실린 그림을 보고 이야기를 이해할 수 있었습니다.

용어 사전

- **집현전** 조선 전기 학문 연구를 위해 궁중에 설치한 기관으로 도서의 수집과 보관, 이용, 학문 활동, 왕의 자문에 대비하는 기능 등이 있음.
- **정벌** 한 나라의 군대가 먼 곳에 있는 다른 나라나 무리를 찾아가 공격하는 것.
- **역법** 천체의 현상을 기준으로 시간을 정하는 방법.

자료 1 조선의 과학 문화유산

앙부일구	자격루	측우기
해의 그림자를 이용하여 시각을 읽는 기계	물이 흐르는 것을 이용하여 자동으로 시간을 알려 주는 기계	비가 내린 양을 재는 기구
혼천의	간의	『칠정산』
별의 움직임을 관측하는 기구	혼천의를 간단하게 만든 것으로, 별의 움직임을 관측하는 기구	한양을 기준으로 만든 우리나라의 역법서 └ 천체 관측 기록을 바탕으로 『칠정산』을 만들었어요.

▶ 과학 기술의 발달로 사람들은 시간과 계절을 정확히 알 수 있었고, 농사를 짓는 데 큰 도움을 받았습니다.

자료 2 조선 시대의 신분에 따른 생활 모습

의료 행위나 통역, 법 등을 담당하는 관리나 지방의 행정 업무를 돕는 향리를 했어요.

양반

중인

양반은 유교의 가르침이 담긴 책을 공부하고, 과거에 합격하여 관리가 되어 나랏일에 참여하였음.

양반과 상민 사이에 있는 신분으로, 관청에서 일하거나 전문직에 종사하였음.

상민

천민

대부분 농사를 지었고, 나라에 세금을 내며, 나라의 큰 공사나 일이 있을 때 불려 가기도 하였음.

가장 낮은 신분층으로 대부분 노비였음. 양반의 집이나 관공서에서 허드렛일이나 물건을 만드는 일을 했음.

1
세종은 (   )을/를 설치해 학자들이 학문과 정책을 연구하도록 하였습니다.

2
(세종 , 장영실)은 읽고 쓰기 편한 독창적 문자인 훈민정음을 창제했습니다.

3
세종은 여진족이 끊임없이 국경을 넘어오자 장수들을 시켜 (4군 6진 , 동북 9성)을 설치했습니다.

4
조선 시대의 신분은 법적으로 양반, 중인, 상민, 천민으로 구분되었습니다.
(○ , ×)

5
조선 전기에는 (   )와/과 같은 여성 예술가들도 그림과 시를 남기기도 했습니다.

3 민족 문화를 지켜 나간 조선 (2)

1 ➕ 11종 공통

다음 ( ) 안에 공통으로 들어갈 기관은 무엇입니까? ( )

> 세종은 ( )을/를 설치해 학자들이 학문과 정책을 연구하도록 하였습니다. ( )은/는 백성의 생활에 도움이 될 수 있는 과학 기구를 만들었습니다.

① 종묘
② 규장각
③ 성균관
④ 집현전
⑤ 보신각

2 ➕ 11종 공통

다음 ( ) 안에 공통으로 들어갈 말을 쓰시오.

> 세종은 읽고 쓰기 편하며, 독창적 문자인 ( )을/를 창제했습니다. ( )은/는 누구나 쉽게 배울 수 있는 글자이며, 조선 시대에 민족 문화가 발전하는 배경이 되었습니다.

( )

3 ➕ 11종 공통

다음 ㉠에 들어갈 신문 기사의 제목으로 알맞은 것은 어느 것입니까? ( )

| ○○신문 | 20△△년 △△월 △△일 |

㉠

▲ 자격루　　▲ 앙부일구　　▲ 측우기

① 세종 시기 무역의 발전
② 세종 시기 음악의 발전
③ 세종 시기 국방의 강화
④ 세종 시기 인쇄술의 발전
⑤ 세종 시기 과학 기술의 발전

4 미래엔, 비상교과서 외

『칠정산』에 대한 설명으로 옳은 것을 보기 에서 골라 기호를 쓰시오.

> **보기**
> ㉠ 고려 시대에 만들어졌다.
> ㉡ 한양을 기준으로 만든 우리나라의 역법서다.
> ㉢ 우리 땅과 기후에 맞는 농사법을 정리한 책이다.
> ㉣ 중국과 우리나라의 충신과 효자, 열녀의 이야기를 담은 책이다.

( )

5 ➕ 11종 공통

다음에서 설명하는 책은 무엇인지 쓰시오.

이 책은 우리 땅에서 나는 약재의 정보를 정리한 책이야.

이 책 덕분에 중국의 약재를 정리한 책을 통하지 않고도 정보를 얻을 수 있었어.

( )

6 서술형 ➕ 11종 공통

세종이 국방을 강화하기 위해 한 일을 두 가지 쓰시오.

_____

_____

7 ➕ 11종 공통

다음 (   ) 안에 들어갈 알맞은 지역의 이름을 쓰시오.

> 세종은 남쪽으로 백성에게 피해를 많이 주던 왜구를 물리치고자 (   )을/를 정벌하게 했습니다.

(   )

8 서술형 ➕ 11종 공통

조선 시대에는 신분을 어떻게 나누었는지 쓰시오.

_____

_____

9 ➕ 11종 공통

다음 중 조선 시대에 양반이 <u>아닌</u> 사람을 보기 에서 모두 골라 기호를 쓰시오.

> 보기
> ㉠ 궁궐에서 그림을 그리는 신준
> ㉡ 과거에 합격하여 관리가 된 경호
> ㉢ 관공서에서 허드렛일을 하는 삼식
> ㉣ 유교의 가르침이 담긴 책을 공부하는 영권

(   )

10 ➕ 11종 공통

조선 시대 사람들의 생활 모습에 대한 설명으로 알맞은 것에 ○표, 알맞지 <u>않은</u> 것에 ×표 하시오.

⑴ 상민은 대부분 농사를 지었다.   (   )

⑵ 양반은 통역이나 법을 담당하는 관리를 했다.
                                   (   )

⑶ 천민은 주로 양반의 집에서 허드렛일을 했다.
                                   (   )

11 ➕ 11종 공통

다음에서 설명하는 책의 이름을 쓰시오.

> • 중국과 우리나라의 충신과 효자, 열녀의 이야기를 담아 백성들이 일상생활에서 유교 윤리를 실천할 수 있도록 했습니다.
> • 글자를 모르는 백성들도 책에 실린 그림을 보고 이야기를 이해할 수 있었습니다.

(   )

12 ➕ 11종 공통

다음 (   ) 안에 들어갈 알맞은 인물을 쓰시오.

조선의 여성 예술가

▲ 「초충도」

조선 전기에는 (   )와/과 같은 여성 예술가들도 그림과 시를 남기기도 하였습니다.

(   )

1
단원

3 민족 문화를 지켜 나간 조선 (3)

1 임진왜란(1592년) 자료 1

① **임진왜란의 전개** ┌→ 조선은 건국 이후 큰 전쟁이 없었고, 군사 훈련을 소홀히 하는 등 전쟁에 대한 대비가 부족했어요.

| 도요토미 히데요시가 명으로 가는 길을 빌려달라는 구실로 부산으로 침략해왔음. | → | 일본군은 부산진과 동래성을 순식간에 함락하고 한양(서울)으로 빠르게 향했음. | → | 조선군은 맞서 싸웠으나 계속해서 졌고, 선조는 의주까지 피란했음. |

② **수군과 의병의 활약** → 의병의 신분은 양반에서 천민에 이르기까지 다양했어요.

이순신과 수군의 활약	이순신이 이끄는 수군은 거북선, 화포 등의 발달한 무기를 이용해 옥포에서 일본군과 싸워 첫 승리를 거둔 후, 이어지는 전투에서 모두 승리했음.
의병의 활약	곽재우는 경상도 의령과 함안 일대에서 의병을 모아 일본군과 싸워 이겼음. ┌→ 의병은 고장의 익숙한 지리를 활용해 적은 병력으로 일본군에 큰 피해를 입혔어요.
명의 참전	명의 지원군이 도착하자 조선군은 명과 함께 평양성을 되찾고 남쪽으로 내려왔음.
행주 대첩	행주산성에서 조선군이 일본군을 크게 물리쳤고, 일본은 조선과 명에 협상을 요청하였음.
정유재란	일본은 협상에 실패하자 조선을 다시 공격하였음.
명량 대첩	이순신이 이끄는 수군이 명량에서 일본군을 크게 물리쳤음.
일본군의 철수	도요토미 히데요시가 사망해 일본군이 조선에서 철수하면서 7년간의 전쟁이 끝났음. →┌ 이순신이 돌아가는 일본군을 상대로 노량에서 크게 승리하였어요.

2 병자호란(1636년)

① **정묘호란** 자료 2

| 광해군의 외교 정책을 비판한 세력은 광해군을 쫓아내고 인조를 왕으로 세웠음. | → | 명을 가까이 하고 후금을 멀리하자 후금은 조선을 굴복시키고자 조선에 쳐들어왔음. | → | 조선이 전쟁에서 패했고, 후금과 형제 관계를 맺는다는 조건으로 전쟁을 끝냈음. |

② **병자호란의 전개 과정과 결과**

배경	후금은 세력을 더욱 키워 나라 이름을 청으로 고치고 정묘호란 때 맺은 '형제의 관계'를 '임금과 신하의 관계'로 바꾸자고 했지만 조선이 청의 요구를 거절하자 청은 조선을 다시 침입했음.
과정	• 인조는 남한산성으로 피신하여 청에 맞서 싸웠으나 남한산성은 전쟁 준비가 되어 있지 않았고 식량도 부족했음. • 성안의 신하들은 청군과 끝까지 싸워야 한다는 견해와 싸움을 멈추고 화해하자는 견해로 나뉘어 있었음. • 강화도가 함락되어 피란 가 있던 왕족과 대신들까지 포로가 되자, 인조는 남한산성에서 나와 삼전도에서 청 태종에게 항복했음.
결과	전쟁이 끝나고 조선과 청은 신하와 임금의 관계를 맺었고, 소현 세자와 봉림 대군, 많은 대신과 백성이 청에 인질로 끌려갔음.

 임진왜란 해전도

이순신과 수군은 남해의 특성을 잘 활용해 한산도 대첩 등 모든 전투에서 승리했습니다.

임진왜란의 결과

• 많은 사람이 죽거나 다쳤고 포로로 일본에 끌려갔습니다.
• 농사를 지을 땅이 줄어들어 식량이 부족해졌습니다.
• 불국사와 경복궁 등 많은 문화유산이 불탔고, 서적과 도자기, 그림 등을 일본에 빼앗겼습니다.

서울 삼전도비

서울 삼전도비는 인조가 남한산성에서 내려와 청 태종에게 항복한 사실을 기록한 비석입니다.

용어 사전

● **피란** 전쟁을 피해 가는 길.
● **의병** 백성이 스스로 자기 고장을 지키기 위해 만든 군대.
● **인질** 약속을 지키게 하려고 잡아 두는 사람.

자료 1 임진왜란 때 의병과 관군의 활약

1 학익진 전법

2 행주 대첩비

3 곽재우 동상

1	학익진 전법은 학이 날개를 펼친 듯한 형태로 전선을 배치해 적을 공격하는 방법임. 이순신은 한산도 대첩에서 학익진 전법으로 일본 수군을 크게 물리쳤음.
2	권율은 행주산성에서 일본군에 맞섰음. 관군과 의병, 행주산성의 백성이 모두 힘을 합쳐 싸워 일본군을 물리쳤음.
3	곽재우는 의령 지역에서 의병을 일으켜 일본군을 물리쳤음. 붉은 옷을 입고 싸웠기 때문에 '홍의 장군'으로 불렸음.

▶ 조선 수군의 계속된 승리로 바다를 통해 물자를 보급하려던 일본군의 계획을 막고, 전라도와 충청도의 곡창지대를 지킬 수 있었습니다.

자료 2 광해군의 중립 외교 정책

후금이 명을 위협하고 있소. 조선, 우리를 도와 주시오.

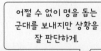

어쩔 수 없이 명을 돕는 군대를 보내지만 상황을 잘 판단하게.

조선은 어쩔 수 없이 명을 돕기 위해 군대를 이끌고 왔지만, 싸울 생각은 없습니다.

명	세력이 약해져 가던 명은 임진왜란에 참여한 이후 더욱 힘이 약해졌음.
후금	누르하치가 여진을 하나로 통합해 후금을 세우고 명을 위협했음. → 명은 후금을 물리치려고 조선에 군사 지원을 요청했음.
조선	광해군은 세력이 약해진 명과 새롭게 강대국으로 성장한 후금 사이에서 신중한 중립 외교를 펼치며 전쟁에 휘말리지 않으려고 했음. → 일부 신하들은 중립 외교 정책이 명을 배신하는 것이라 여기며 이를 비판했음.

● 정답과 풀이 9쪽

1
도요토미 히데요시가 명으로 가는 길을 빌려 달라는 구실로 조선을 침략한 사건을 (　　　　　)(이)라고 합니다.

2
(이순신 , 곽재우)은/는 경상도 의령과 함안 일대에서 의병을 모아 일본군과 싸워 이겼습니다.

3
권율은 (　　　　　)산성에서 관군, 의병, 백성들과 힘을 합해 일본군을 물리치고 승리를 거뒀습니다.

4
광해군은 세력이 약해진 명과 새롭게 강대국으로 성장한 후금 사이에서 신중한 중립 외교를 펼쳤습니다.
(○ , ×)

5
청이 조선을 침입하자 인조는 (　　　　　)(으)로 피신하여 청에 맞서 싸웠습니다.

1 ✚ 11종 공통

다음 (　　) 안에 들어갈 알맞은 지역은 어디입니까?
(　　　　)

> 도요토미 히데요시가 명으로 가는 길을 빌려달라는 구실로 (　　　　)(으)로 침략해왔습니다.

① 개경　　　　② 나주　　　　③ 한양
④ 부산　　　　⑤ 철원

2 서술형　✚ 11종 공통

다음 그림에 나타난 전법의 이름을 쓰고, 이순신과 수군의 활약을 쓰시오.

_____

_____

3 ✚ 11종 공통

임진왜란 때에 조선 수군의 상황에 대해 잘못 설명한 친구는 누구입니까? (　　　　)

① 태용: 일본 수군과 싸워 모두 승리했어.
② 도영: 명량에서 일본군을 크게 물리쳤어.
③ 해찬: 의병의 활약으로 승리할 수 있었어.
④ 정우: 옥포에서 일본군과 싸워 첫 승리를 거두었어.
⑤ 지성: 조선 수군의 승리로 바다를 통해 물자를 보급하려던 일본군의 계획을 막았어.

4 ✚ 11종 공통

의병에 대한 설명으로 알맞지 <u>않은</u> 것은 어느 것입니까? (　　　　)

① 임진왜란 당시 육지에서 활약했다.
② 신분은 양반에서 천민에 이르기까지 다양했다.
③ 나라에서 전문적인 군사 훈련을 받은 직업 군인이었다.
④ 자기 고장과 나라를 지키고자 적극적으로 전투에 참여했다.
⑤ 곽재우는 의령 지역에서 의병을 일으켜 일본군을 물리쳤다.

5 ✚ 11종 공통

다음 임진왜란 과정에서 있었던 사건에 대한 설명을 선으로 알맞게 연결하시오.

(1) 행주 대첩　•　　　•㉠ 이순신이 일본군을 상대로 뛰어난 작전을 구사해 큰 승리를 거둠.

(2) 명량 대첩　•　　　•㉡ 권율이 일본군을 물리치고 승리를 거둠.

6 ✚ 11종 공통

다음에서 설명하는 인물은 누구인지 쓰시오.

> 이 사람은 의령 지역에서 의병을 일으켜 일본군을 물리쳤습니다. 붉은 옷을 입고 싸웠기 때문에 '홍의 장군'이라고 불렸습니다.

(　　　　　　　　)

[7-8] 다음 그림을 보고, 물음에 답하시오.

알겠사옵니다.

명이 임진왜란 때 우리를 도와줬기 때문에 군사를 보내지만, 상황을 잘 판단해 전쟁에 휘말리는 일이 없도록 하시오.

7 ➕ 11종 공통

위의 그림에 등장하는 조선의 왕은 누구입니까?
( )

① 태종   ② 철종   ③ 인조

④ 세종   ⑤ 광해군

8 서술형   ➕ 11종 공통

위 7번 답의 외교 정책을 비판한 세력이 한 일을 쓰시오.

_____

_____

9 ➕ 11종 공통

다음에서 설명하는 전쟁은 무엇인지 쓰시오.

> 조선이 명을 가까이 하고 후금을 멀리하자, 명과 전쟁 중이던 후금이 조선에 쳐들어왔습니다. 관군과 의병이 맞서 싸웠으나 전쟁에서 패했고, 조선이 후금과 형제 관계를 맺는다는 조건으로 전쟁을 끝냈습니다.

( )

10 ➕ 11종 공통

다음 ( ) 안에 들어갈 알맞은 말은 무엇입니까?
( )

> 후금은 세력을 더욱 키워 나라 이름을 청으로 고치고 조선과 맺은 '형제의 관계'를 '( )의 관계'로 바꾸자고 했지만, 조선이 이를 거절하자 청은 조선을 다시 침입했습니다.

① 친구   ② 친척

③ 자매   ④ 부모와 자식

⑤ 임금과 신하

11 ➕ 11종 공통

다음 대화의 ( ) 안에 공통으로 들어갈 조선의 왕을 쓰시오.

청이 조선을 침입하자 ( )은/는 남한산성으로 피신하여 청에 맞서 싸웠어.

하지만 청에게 강화도가 함락되자 결국 ( )은/는 남한산성에서 나와 청 태종에게 항복했어.

( )

12 아이스크림, 천재교육 외

오른쪽 사진과 관계있는 사건은 무엇입니까? ( )

① 병인양요

② 병자호란

③ 임진왜란

④ 정유재란

⑤ 정묘호란

▲ 서울 삼전도비

1. 옛사람들의 삶과 문화

❶ 나라의 등장과 발전

1. 고조선의 건국과 발전 과정

① 고조선의 등장
* 청동기 시대에 한반도와 그 주변 지역에서는 권력을 가진 사람이 다스리는 집단들이 생겨났고, 이들 중 강한 집단은 주변의 다른 집단을 정복하여 세력을 키웠습니다.
* 이 과정에서 우리 역사 속 최초의 국가인 고조선이 세워졌습니다.

② 고조선의 사회와 문화
* 고조선에는 법 조항 여덟 개가 있었는데, 오늘날에는 세 개만이 전해지고 있습니다.
* 미송리식 토기, 탁자식 고인돌, ❶ [   ]은 고조선을 대표하는 문화유산입니다.

2. 고구려, 백제, 신라의 성립과 발전 과정

고구려	• 부여에서 내려온 ❷ [ ]이 압록강 근처 졸본에 세웠음. • 5세기 광개토대왕, 장수왕 때 전성기를 맞았음.
백제	• 고구려의 왕자인 온조가 한강 지역에 세웠음. • 삼국 중에 가장 먼저 4세기 근초고왕 때 전성기를 맞았음.
신라	• 박혁거세가 지금의 경주 지역을 중심으로 세웠음. • 6세기 진흥왕 때 전성기를 맞이하여 영토를 확장했음.

3. 신라의 삼국 통일 과정과 발해의 성립

신라의 삼국 통일	신라가 당과 동맹을 맺어 백제, 고구려를 멸망시켰음. → 당이 동맹을 깼음. → 당과의 전쟁에서 이겨 삼국 통일을 이뤘음.
발해	고구려의 유민인 ❸ [ ]이 동모산 지역에 발해를 세웠음.

❷ 독창적 문화를 발전시킨 고려

1. 고려의 건국 및 후삼국 통일

① **고려의 건국**: ❹ [   ]은 궁예를 몰아내고 고려를 세웠습니다.
② **후삼국의 통일**: 신라가 스스로 고려에 항복한 이후 고려가 후백제를 물리쳐 후삼국을 통일했습니다.

2. 거란의 침입과 극복 과정

1차 침입	2차 침입	3차 침입
고려와 송의 관계를 끊으려고 거란이 침입했음. → 서희의 담판으로 물러나게 했음.	고려는 거란의 침입을 받아 한때 개경을 빼앗기기는 어려움을 겪기도 했음.	거란이 강동 6주를 돌려달라며 침입했음. → 귀주 대첩에서 거란을 크게 물리쳤음.

★ 고조선의 문화 범위

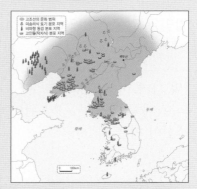

문화유산의 분포를 통해 고조선은 오늘날 한반도 북부 지역과 중국의 동북쪽 지역을 중심으로 발전했다는 것을 알 수 있습니다.

★ 신라의 삼국 통일 과정

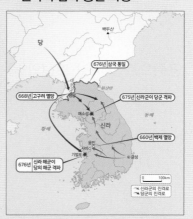

문무왕 때 신라는 삼국 통일을 이루었습니다.

★ 고려의 건국과 후삼국의 통일

왕건은 나라 이름을 고구려를 계승한다는 뜻으로 '고려'라고 했으며, 수도를 송악으로 옮겼습니다.

3. 여진의 침입과 동북 9성

| 여진의 고려 침입 | → | 윤관의 ⑤□□□ 조직 | → | 별무반의 여진 공격 | → | 고려의 동북 9성 축조 | → | 여진에게 동북 9성 반환 |

4. 몽골의 침입에 대한 고려의 대응

배경	고려에 온 몽골의 사신이 돌아가는 길에 죽자, 몽골은 이를 이유로 고려를 침입해 왔음.
대응	• 도읍을 ⑥□□□로 옮기고 몽골과 싸웠음. • 삼별초는 고려 정부와 몽골에 끝까지 저항했으나 실패했음.

❸ 민족 문화를 지켜 나간 조선

1. 조선의 건국 과정

① **조선의 건국**: 신진 사대부와 신흥 무인 세력이 손잡은 후, 위화도 회군으로 권력을 잡은 ⑦□□□가 조선을 건국했습니다.

② **조선 건국에 담겨 있는 유교**: 조선은 유교 정치 이념을 내세웠으며 왕과 신하들은 백성을 위한 정치를 하려고 노력했습니다.

2. 세종 대왕의 업적과 조선의 발전 모습

과학 기술의 발전	비의 양을 측정하는 측우기, 천체 관측 기구인 혼천의, 한양을 기준으로 한 역법서 『칠정산』, 시계인 앙부일구와 자격루 등을 만들었음.
문화 발전	• 읽고 쓰기 편한 독창적 문자인 ⑧□□□을 창제했음. • 『농사직설』, 『향약집성방』 등을 편찬했음.
국방력 강화	• 4군 6진을 설치함. • 쓰시마 섬을 정벌함.

3. 임진왜란이 일어난 과정과 결과

배경	일본을 통일한 도요토미 히데요시가 조선을 쳐들어왔음.
과정	• 조선 수군은 이순신의 활약으로 모든 전투에서 승리했음. • 조선 육지에서는 의병이 활약했음.
결과	도요토미 히데요시가 사망하면서 7년간의 전쟁이 끝났음.

4. 정묘호란과 병자호란

정묘호란	조선이 명을 가까이하고 후금을 멀리하자 후금이 조선에 쳐들어왔고, 조선이 후금과 형제 관계를 맺으며 끝났음.
병자호란	청이 침입해 인조는 남한산성으로 피신했음. → 조선이 항복하여 청과 신하와 임금의 관계를 맺었음.

★ 고려의 문화유산

▲ 청자 상감 운학무늬 매병

▲ 팔만대장경판

▲ 『직지심체요절』

고려청자, 팔만대장경, 금속 활자 등을 통해서 뛰어난 고려의 기술과 문화를 엿볼 수 있습니다.

★ 병자호란의 결과

▲ 서울 삼전도비

전쟁이 끝나고 조선과 청은 신하와 임금의 관계를 맺었고 많은 대신과 백성이 청에 인질로 끌려갔습니다.

1. 옛사람들의 삶과 문화

1 ⊕ 11종 공통

다음은 고조선 법 조항의 내용입니다. ㉠~㉢을 통해 알 수 있는 고조선 사회의 모습으로 알맞지 <u>않은</u> 것은 어느 것입니까? (   )

> ㉠ 사람을 죽인 사람은 사형에 처한다.
> ㉡ 남에게 상해를 입힌 사람은 곡식으로 갚는다.
> ㉢ 남의 물건을 훔친 사람은 데려다 노비로 삼으며, 죄를 면하려면 50만 전을 내야 한다.

① ㉠ – 큰 죄는 법으로 엄격하게 다스렸다.
② ㉡ – 농사를 지었다.
③ ㉡ – 개인은 재산을 가질 수 없었다.
④ ㉢ – 신분 제도가 있었다.
⑤ ㉢ – 화폐의 개념이 있었다.

2 ⊕ 11종 공통

고구려, 백제, 신라의 건국 위치를 선으로 알맞게 연결하시오.

(1) 고구려 •

(2) 백제 •

(3) 신라 •

• ㉠ 경주 지역

• ㉡ 압록강 근처 졸본

• ㉢ 한강 지역

3 ⊕ 11종 공통

다음은 신라의 통일 과정 중에 있었던 사건입니다. ( ) 안에 공통으로 들어갈 나라를 쓰시오.

> 신라와 (   )의 동맹 → 백제와 고구려의 멸망 → (   )과 신라의 전쟁 → 삼국 통일

(   )

4 ⊕ 11종 공통

다음 삼국의 문화유산을 통해 알 수 있는 점을 알맞게 말한 친구를 골라 ○표 하시오.

> • 고구려: 금동 연가 7년명 여래 입상
> • 백제: 미륵사지, 미륵사지 석탑
> • 신라: 황룡사 9층 목탑, 불국사, 석굴암

(1) 삼국은 신분 제도가 엄격했어.

(   )

(2) 삼국은 불교를 받아들여 불교 문화유산을 만들었어.

(   )

5 서술형 ⊕ 11종 공통

다음 사진을 보고, 발해 문화유산의 특징을 쓰시오.

▲ 고구려 수막새   ▲ 발해 수막새

_____

_____

6 ➕ 11종 공통

다음 ( ) 안에 들어갈 알맞은 사람은 누구입니까?
( )

> ( )은/는 궁예가 세력을 키우자 그의 신하가 되어 후고구려의 건국을 도왔습니다. 그 후 궁예가 신하를 의심하고 죽이며 일부 호족들을 억압하자 궁예를 몰아내고 고려를 세웠습니다.

① 견훤   ② 왕건   ③ 신검
④ 왕순식   ⑤ 김윤후

7 ➕ 11종 공통

다음 ㉠, ㉡에 들어갈 알맞은 말을 쓰시오.

> 거란의 3차 침입 때 거란군은 고려의 수도인 개경까지 내려왔으나, 개경의 방어가 튼튼하자 돌아가기로 결정하였습니다. 이 때 (㉠)을/를 비롯한 고려군은 돌아가는 거란군을 귀주에서 크게 물리쳤는데, 이를 (㉡)(이)라고 합니다.

㉠ ( ), ㉡ ( )

8 ➕ 11종 공통

몽골의 침입에 따른 고려의 대응으로 알맞은 것을 모두 골라 ○표 하시오.

(1) 강화도로 도읍을 옮겼습니다. ( )

(2) 산성이나 섬으로 들어가서 대응했습니다.
( )

(3) 몽골의 1차 침입 이후 바로 항복했습니다.
( )

9 서술형 ➕ 11종 공통

다음은 고려를 침입한 몽골의 침입로를 나타낸 지도입니다. 이와 같은 몽골 침입의 결과를 쓰시오.

_____

_____

10 ➕ 11종 공통

고려청자로 알 수 있는 당시의 생활 모습을 보기 에서 모두 골라 기호를 쓰시오.

> 보기
> ㉠ 고려 사람들은 유교의 가르침에 따라 생활했다.
> ㉡ 고려의 황실과 귀족들은 화려한 문화생활을 했다.
> ㉢ 고려청자는 왕실과 귀족과 같은 지배층이 주로 사용했다.
> ㉣ 고려 사람들은 다양한 생활용품을 청자로 만들어 사용했다.

( )

11 ⊕ 11종 공통

다음에서 설명하는 사건은 무엇인지 쓰시오.

> 명이 고려에 무리한 요구를 하자 고려는 이성계로 하여금 요동 지역을 공격하게 했습니다. 요동 정벌을 반대했던 이성계는 위화도에서 군대를 되돌려 개경으로 돌아왔습니다.

(   )

12 미래엔, 천재교육 외

한양의 사대문 중 예의를 존중한다는 의미를 담고 있는 건축물은 어느 것입니까? (   )

① ▲ 흥인지문

② ▲ 숙정문

③ ▲ 돈의문

④ ▲ 숭례문

13 ⊕ 11종 공통

다음 조선의 과학 문화유산에 대한 설명을 선으로 알맞게 연결하시오.

(1) 앙부일구 •

• ㉠ 물이 흐르는 것을 이용하여 자동으로 시간을 알려 주는 기계

(2) 자격루 •

• ㉡ 해의 그림자를 이용하여 시각을 읽는 기계

14 ⊕ 11종 공통

조선 시대의 신분 제도에 대한 설명으로 옳지 <u>않은</u> 것은 어느 것입니까? (   )

① 법적으로 양인과 천인으로 나뉘었다.
② 태어날 때부터 신분이 정해져 있었다.
③ 양인에는 양반, 중인, 상민이 속해 있었다.
④ 사람들은 유교적 질서에 따라 주어진 신분에 맞게 생활하였다.
⑤ 천민은 관청에서 그림을 그리거나 외국 사신을 맞이하며 통역을 담당하기도 하였다.

15 서술형 ⊕ 11종 공통

임진왜란 때 이순신과 수군의 활약과 관련해 밑줄 친 부분에 들어갈 내용을 두 가지 쓰시오.

> 임진왜란이 일어나자 이순신과 조선 수군은 옥포에서 일본 수군과 싸워 첫 승리를 거둔 후 이어지는 전투에서 모두 승리했습니다. 조선 수군의 계속된 승리로 _____

_____

_____

1 ✚ 11종 공통

다음 밑줄 친 부분에 담겨 있는 의미로 알맞은 것은 어느 것입니까? (   )

> 옛날에 환인의 아들인 환웅은 인간 세상을 널리 이롭게 하려고 바람, 비, 구름을 다스리는 신하와 무리 삼천 명을 이끌고 내려와 세상을 다스렸다. (중략) 단군왕검은 평양성을 수도로 정하고, 나라 이름을 조선이라 하였다.

① 모든 사람이 평등했다.
② 하늘에 제사를 지냈다.
③ 농업을 중요하게 생각했다.
④ 홍익인간의 정신으로 나라를 다스렸다.
⑤ 곰을 믿는 부족이 환웅 부족과 연합했다.

2 서술형 ✚ 11종 공통

다음 지도를 보고 고구려, 백제, 신라의 전성기에 나타난 공통점을 두 가지 쓰시오.

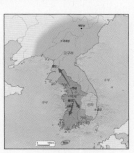
▲ 백제의 전성기

▲ 고구려의 전성기

▲ 신라의 전성기

_____

_____

3 ✚ 11종 공통

다음 밑줄 친 '이 나라'는 어디인지 쓰시오.

> 대조영은 고구려의 유민으로 당이 정치적으로 어려운 틈을 타 고구려 유민들과 말갈족을 이끌고 스스로 고왕이라 칭하며 동모산 지역에 이 나라를 세웠습니다.

(   )

4 ✚ 11종 공통

다음과 같은 고구려 고분 벽화를 통해 알 수 있는 것은 무엇입니까? (   )

▲ 무용총 접객도

▲ 안악 3호분의 부엌과 고기 창고 그림

① 현재 사람들의 의식주
② 현재 사람들의 생활 모습
③ 당시 사람들의 생활 모습
④ 당시 나라들의 땅의 크기
⑤ 당시 사람들의 정확한 인구수

5 ✚ 11종 공통

불국사에 대해 알맞게 설명한 친구를 모두 골라 이름을 쓰시오.

> • 해린: 고구려 불교문화를 알 수 있는 중요한 문화유산이야.
> • 준범: 신라 사람들은 부처의 나라를 이루려는 마음을 담아 불국사를 지었어.
> • 혜인: 불국사에는 3층 석탑, 다보탑, 청운교와 백운교 등 많은 불교 유산이 있어.

(   )

6 ✚ 11종 공통

고려 건국 후 왕건의 정책에 대한 설명으로 알맞지 않은 것은 어느 것입니까? (　　　)

① 불교를 장려했다.
② 발해 유민을 받아들였다.
③ 북쪽으로 점차 영토를 넓혀 나갔다.
④ 백성의 생활을 안정시키려 세금을 줄였다.
⑤ 호족의 힘이 강해지는 것을 막기 위하여 고려에서 쫓아냈다.

7 ✚ 11종 공통

다음에서 설명하는 사람은 누구입니까? (　　　)

> 거란의 1차 침입 때 거란의 장수 소손녕과 담판을 벌여, 송과 관계를 끊고 거란과 교류할 것을 약속해 거란을 물러나게 하였습니다.

① 윤관　　　② 서희　　　③ 왕건
④ 궁예　　　⑤ 강감찬

8 ✚ 11종 공통

다음 ㈎에 들어갈 알맞은 말을 보기 에서 골라 기호를 쓰시오.

㈎

몽골은 바다에서 전투를 하는 것에 약했고, 강화도는 갯벌이 넓어 몽골군이 침략하기 어려운 지역이었기 때문이야.

보기
㉠ 고려가 몽골의 침입을 받은 까닭은 무엇일까?
㉡ 고려가 강화도로 도읍을 옮긴 까닭은 무엇일까?
㉢ 고려가 강화도에서 개경으로 돌아온 까닭은 무엇일까?
㉣ 고려에 온 몽골의 사신이 돌아가는 길에 죽은 까닭은 무엇일까?

(　　　　　)

9 ✚ 11종 공통

다음에서 설명하는 문화유산을 쓰시오.

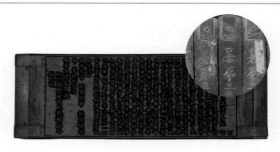

• 목판 8만여 장에 불경을 새긴 것으로 글자가 고르고 틀린 글자도 거의 없습니다.
• 고려의 목판 제조술, 조각술, 인쇄술 등의 기술이 매우 뛰어났음을 알 수 있습니다.
• 현재 유네스코 세계 기록 유산으로 등재되어 있습니다.

(　　　　　)

10 서술형 ✚ 11종 공통

고려 시대에 발달한 목판 인쇄술의 장점과 단점을 각각 한 가지씩 쓰시오.

장점	(1) _____
단점	(2) _____

11 ➕ 11종 공통

다음은 조선의 건국 과정에서 있었던 사건들입니다. 가장 먼저 일어난 일을 골라 기호를 쓰시오.

> ㉠ 이성계가 왕이 되었다.
> ㉡ 이성계가 위화도에서 군대를 되돌렸다.
> ㉢ 이성계의 아들인 이방원이 정몽주를 죽였다.
> ㉣ 고려 개혁파와 조선 개국파의 갈등이 있었다.
> ㉤ 신진 사대부 중 일부와 신흥 무인 세력이 손을 잡았다.

(   )

12 서술형 ➕ 11종 공통

조선이 한양을 도읍으로 정한 까닭을 쓰시오.

_____

_____

_____

13 ➕ 11종 공통

세종대왕 집권 시기에 4군 6진을 개척했던 까닭은 무엇입니까? (   )

① 고려 말의 국경을 지키기 위해서
② 여진이 끊임없이 국경을 넘어와서
③ 유교를 여진에게 전해 주기 위해서
④ 여진과 교류를 활발하게 하기 위해서
⑤ 왜구가 조선 해안가 마을을 침입해서

14 ➕ 11종 공통

임진왜란에 대한 설명으로 알맞은 것은 어느 것입니까? (   )

① 조선은 결국 일본에 항복하였다.
② 곽재우가 이끄는 수군의 활약이 컸다.
③ 전쟁이 끝난 뒤 많은 사람이 청에 인질로 끌려갔다.
④ 광해군은 명과 후금 사이에서 중립 외교 정책을 펼쳤다.
⑤ 관군과 의병이 힘을 합해 행주산성에서 큰 승리를 거두었다.

15 아이스크림, 천재교육 외

다음에서 설명하는 비석은 무엇입니까? (   )

> 병자호란 때 인조가 남한산성에서 내려와 청 태종에게 항복한 사실을 기록한 비석입니다.

①
▲ 광개토대왕릉비

②
▲ 충주 고구려비

③
▲ 서울 삼전도비

④
▲ 서울 북한산 신라 진흥왕 순수비

1. 옛사람들의 삶과 문화 **49**

1. 옛사람들의 삶과 문화

 문제 강의

● 정답과 풀이 11쪽

평가 주제	고조선 건국 이야기에 담겨 있는 의미 알아보기
평가 목표	고조선 건국 이야기에 담긴 의미를 설명할 수 있다.

[1-2] 다음 고조선의 건국 이야기를 읽고, 물음에 답하시오.

옛날에 환인의 아들인 ㉠ 환웅은 인간 세상을 널리 이롭게 하려고 바람, 비, 구름을 다스리는 신하와 무리 삼천 명을 이끌고 내려와 세상을 다스렸다.

㉡ 어느 날 곰과 호랑이가 환웅을 찾아와 사람이 되게 해 달라고 빌었다. 환웅은 쑥과 마늘을 주면서 이것을 먹고 100일 동안 햇빛을 보지 않으면 사람이 될 것이라고 하였다.

곰과 호랑이는 동굴로 들어가 이를 지키려고 했으나 호랑이는 중간에 포기하였다. 하지만 곰은 환웅이 말한 것을 잘 지켜 여자로 변해 웅녀가 되었다.

㉢ 웅녀는 환웅과 결혼해 아들을 낳았고, 그 아들이 이후에 ( )이/가 되었다. ( )은/는 평양성을 수도로 정하고, 나라 이름을 조선이라 하였다.

1 위의 ( ) 안에 공통으로 들어갈 고조선을 세운 사람을 쓰시오.

( )

> 도움 고조선의 최고 지배자는 제사와 정치를 모두 주관했습니다.

2 위 밑줄 친 ㉠, ㉡, ㉢에는 어떤 의미가 담겨 있는지 각각 쓰시오.

㉠ _____

_____

㉡ _____

_____

㉢ _____

_____

> 도움 고조선의 건국 이야기를 읽고 추론할 수 있는 의미를 생각해 봅니다.

평가 주제	서희의 외교 담판 알아보기
평가 목표	서희의 외교 담판의 배경과 과정, 결과를 말할 수 있다.

[1-3] 다음은 서희의 외교 담판을 나타낸 그림입니다. 물음에 답하시오.

고려는 신라를 계승하였으므로, 고구려의 옛 땅은 우리 거란의 것이다.

아니다. _____ (가) _____

소손녕

서희

우리 거란과 국경을 맞대고 있으면서도 어찌하여 바다 건너 송을 섬기는가?

여진이 거란으로 가는 길을 막고 있다. 여진을 쫓고 옛 땅을 회복한다면 거란과 교류할 것이다.

1 위의 서희와 소손녕은 각각 어느 나라 사람인지 쓰시오.

(1) 서희: (　　　　　　　　　)

(2) 소손녕: (　　　　　　　　　)

도움 서희의 외교 담판을 벌였던 시기가 언제인지 생각해 보고, 어떤 주변 국가가 있었는지 떠올려 봅니다.

2 위 그림의 밑줄 친 ㈎에 들어갈 서희의 대답을 제시된 단어를 모두 포함하여 쓰시오.

• 고구려　　　　　　　　• 고려

도움 고려는 고구려의 옛 땅에 세운 나라입니다.

3 위와 같은 외교 담판의 결과를 한 가지만 쓰시오.

도움 고려에 대해 거란이 침입한 의도를 생각해 봅니다.

평가 주제	조선의 과학 문화유산 알아보기
평가 목표	조선의 과학 문화유산의 발달로 인한 생활 모습의 변화를 설명할 수 있다.

[1-3] 다음은 조선의 과학 문화유산입니다. 물음에 답하시오.

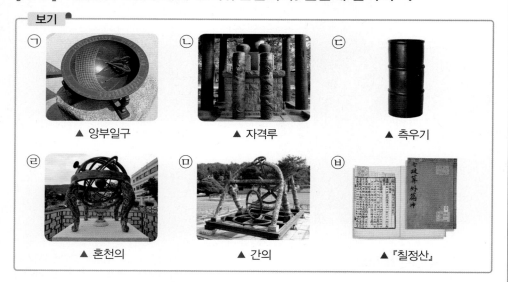

보기

㉠ ▲ 앙부일구
㉡ ▲ 자격루
㉢ ▲ 측우기
㉣ ▲ 혼천의
㉤ ▲ 간의
㉥ ▲ 『칠정산』

1 위 조선의 과학 문화유산은 어느 왕의 업적과 관련 있는지 쓰시오.

(　　　　　　　　　)

도움 집현전 설치와 관련 있는 조선의 왕을 떠올려 봅니다.

2 다음 표에 들어갈 알맞은 문화유산을 보기 에서 찾아 기호를 쓰시오.

도움 제시된 문화유산의 쓰임새를 생각해 봅니다.

문화유산	설명
(1)	비가 내린 양을 재는 기구
(2)	한양을 기준으로 만든 역법서
(3)	혼천의를 간단하게 만든 것으로, 별의 움직임을 관측하는 기구
(4)	해의 그림자를 이용하여 시각을 읽는 기계

3 조선 시대에 과학 기술의 발달로 달라진 사람들의 생활 모습을 한 가지만 쓰시오.

도움 과학 기술을 연구하도록 했던 이유를 떠올려 봅니다.

_____

_____

사회의 새로운 변화와 오늘날의 우리

1 새로운 사회를 향한 움직임

2 일제의 침략과 광복을 위한 노력

3 대한민국 정부의 수립과 6·25 전쟁

▶ 단원별 학습 내용과 교과서별 해당 쪽수를 확인해 보세요.

 개념 강의

1 새로운 사회를 향한 움직임 (1)

1 영조와 정조의 개혁 정치

① 조선 후기의 상황

임진왜란 즈음	조선의 지배층이 붕당을 이루어 정치를 이끌어 나갔음.
조선 후기	붕당 간에 의견 대립이 자주 일어나면서 정치가 혼란스러워졌음.

② 영조의 개혁 정책 →영조는 많은 책을 편찬해 학문과 제도를 정비했어요.

- 탕평책을 실시하여 왕권을 강화하고 정치를 안정시키고자 했습니다. ➕
- 백성의 생활을 안정시키고자 세금을 줄였고, 가혹한 형벌을 금지했습니다.
- 백성이 억울한 일을 당하지 않도록 신문고를 재설치했습니다.

③ 정조의 개혁 정책

- 영조의 탕평책을 이어받아 인재를 고루 뽑아 정치를 안정시키려고 노력했습니다.
- 규장각을 설치하여 관리들을 길러냈으며, 신분 때문에 능력을 발휘하지 못하던 인재들을 뽑아서 썼습니다.
- 상업에 대한 규제를 풀어 여러 상인이 자유롭게 장사를 할 수 있도록 했으며, 노비에 대한 차별을 줄였습니다. →도망간 노비를 찾아내 가혹하게 처벌하는 것을 금지했어요.
- 수원에 화성을 건설하여 정치, 군사, 상업의 중심지로 만들고자 했습니다. [자료 1]

2 실학 →실학자들은 새로운 문물과 현실 문제에 관심을 두고 다양한 분야를 연구하며 사회를 발전시키려고 노력했어요.

① 실학의 등장: 실학자들은 백성의 생활을 안정시키고 나라의 힘을 기를 수 있는 다양한 방법을 연구했습니다.

② 실학자들의 주장과 활동

유형원, 정약용	토지 제도를 개혁하여 백성들도 땅을 가질 수 있도록 해야 한다고 주장했음.
박지원, 박제가	청의 문물을 받아들여 상공업을 발전시키고, 백성의 삶을 풍요롭게 해야 한다고 주장했음.
유득공	발해의 역사를 연구하여 발해가 고구려를 계승한 나라임을 밝혔음.
김정호	우리나라의 지도인 『대동여지도』를 제작했음. ➕

3 조선 후기 서민 문화 [자료 2]

한글 소설	• 한글을 사용하는 사람들이 늘어나면서 한글 소설이 많이 창작되었음. • 『홍길동전』, 『춘향전』, 『심청전』, 『흥부전』 등이 있음.
판소리	• 이야기를 노래 형식으로 표현한 공연 ──관중들은 추임새를 넣으며 참여할 수 있었어요. • 서민과 양반 모두에게 큰 호응을 얻었음.
풍속화	• 당시 사람들의 생활 모습을 담은 그림 • 대표적인 화가로는 김홍도와 신윤복이 있음.
민화	• 실용적인 목적에 따라 그린 대중적인 그림 • 동물, 문자, 꽃, 나무 등을 그려 복을 바라는 마음을 담았음.
탈춤	• 탈을 쓰고 하는 연극으로, 사람이 많이 모이는 곳에서 공연되었음. • 서민들의 생각과 감정을 솔직하게 표현하여 인기를 얻었음.

➕ 탕평비

"두루 사귀면서 편을 가르지 않는 것이 군자의 공정한 마음이요, 편을 가르고 두루 사귀지 않는 것은 소인의 사사로운 마음이다."

영조는 탕평책을 널리 알리기 위해 탕평비를 세웠습니다. 붕당과 상관없이 나랏일을 할 인재를 골고루 뽑아 쓰겠다는 탕평책의 내용을 알 수 있습니다.

➕ 『대동여지도』

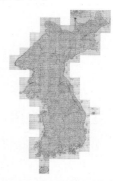

- 조선 후기에 만들어진 우리나라 전도로 산, 강, 길 등이 자세히 표시되어 있습니다.
- 『대동여지도』는 조선 시대의 여러 지도 중에서 가장 정확하고 상세하다고 평가받고 있습니다.

용어 사전

- **붕당** 학문이나 정치적으로 생각을 같이하는 양반의 정치 집단.
- **탕평** 어느 한쪽에 치우치지 않고 공평함.
- **신문고** 조선 시대에 백성이 억울한 일을 하소연할 때 치게 하던 북.
- **규장각** 학자들이 학문을 연구하고 나라의 정치를 의논하던 왕실의 도서관.

● 정답과 풀이 12쪽

자료 1 수원 화성 건설에 활용된 과학 기술

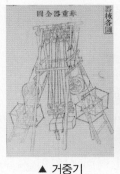  

▲ 거중기   ▲ 수원화성   ▲ 녹로

> 수원 화성은 거중기와 녹로 등 새로운 과학 기술을 활용하여 만들어진 도시였습니다.

> 거중기는 도르래를 이용해 적은 힘으로 무거운 물체를 들어 올리는 장치이며, 녹로는 도르래를 이용해 물건을 높은 곳으로 옮기는 장치입니다.

자료 2 다양한 서민 문화

판소리
소리꾼
고수
소리꾼이 이야기를 더하거나 뺄 수 있어요.

민화
▲ 「호랑이와 까치」

탈춤

풍속화
▲ 신윤복의 「단오풍정」 일부분
▲ 김홍도의 「서당도」

> 조선 후기에 농업 생산력이 높아지고 상공업이 발달하면서 일반 백성도 참여할 수 있는 서민 문화가 발달했습니다.

1
영조는 (　　　　　)을/를 실시하여 왕권을 강화하고 정치를 안정시키고자 했습니다.

2
정조는 수원에 화성을 건설하여 정치, 군사, 상업의 중심지로 만들고자 했습니다.
(○ , ×)

3
(실학자 , 유학자)들은 백성의 생활을 안정시키고 나라의 힘을 기를 수 있는 다양한 방법을 연구했습니다.

4
(김정호 , 정약용)은/는 우리나라의 지도인 『대동여지도』를 제작했습니다.

5
(　　　　　)은/는 실용적인 목적에 따라 그린 대중적인 그림입니다.

1 새로운 사회를 향한 움직임 (1)

1 ✚ 11종 공통

조선 후기의 상황에 대한 설명으로 알맞은 것에 ○ 표, 알맞지 <u>않은</u> 것에 ×표 하시오.

(1) 임진왜란 즈음부터 조선의 지배층은 붕당을 이루어 정치를 이끌어 나갔습니다. (　　　)

(2) 조선 후기에는 여러 당파가 화합하여 정치가 안정되었습니다. (　　　)

2 ✚ 11종 공통

다음과 같은 비석을 세운 조선 시대의 왕은 누구인지 쓰시오.

두루 사귀면서 편을 가르지 않는 것이 군자의 공정한 마음이요, 편을 가르고 두루 사귀지 않는 것은 소인의 사사로운 마음이다.

▲ 탕평비

(　　　　　　)

3 서술형 ✚ 11종 공통

영조의 개혁 정책을 두 가지 쓰시오.

_____

_____

4 ✚ 11종 공통

정조의 개혁 정책에 대해 알맞은 설명을 보기 에서 모두 골라 기호를 쓰시오.

보기 ●

㉠ 신문고를 재설치했다.
㉡ 규장각을 설치하여 관리들을 길러냈다.
㉢ 도망간 노비를 찾아내 가혹하게 처벌하는 것을 금지했다.
㉣ 상업에 대한 규제를 풀어 여러 상인이 자유롭게 장사를 할 수 있도록 했다.

(　　　　　　　　)

[5-6] 다음 그림을 보고, 물음에 답하시오.

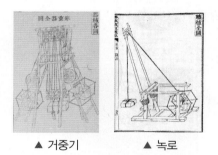

▲ 거중기　　　▲ 녹로

5 ✚ 11종 공통

정조 때 위와 같은 새로운 과학 기술을 활용해 화성을 건설한 도시는 어디인지 쓰시오.

(　　　　　　)

6 ✚ 11종 공통

위 **5**번 답의 도시에 정조가 화성을 건설한 목적을 알맞게 말한 친구를 골라 ○표 하시오.

(1) 백성의 생활을 안정시키기 위해서 건설했어.

(2) 정치, 군사, 상업의 중심지로 만들기 위해 건설했어.

(　　　)　　　(　　　)

7 ✚ 11종 공통

다음에서 설명하는 학문은 무엇인지 쓰시오.

> 임진왜란과 병자호란을 겪은 이후 백성의 생활은 더욱 어려워졌습니다. 이런 상황에서 기존의 학문이 사회 문제를 해결할 방법을 제시하지 못하자, 학자들은 백성들의 생활을 안정시키고 나라의 힘을 기를 수 있는 다양한 방법을 연구했습니다.

(   )

8 ✚ 11종 공통

다음 ( ) 안에 들어갈 알맞은 산업은 무엇입니까?

(   )

> 박지원, 박제가 등의 학자들은 청의 문물을 받아들여 (   )을/를 발전시키고, 백성의 삶을 풍요롭게 해야 한다고 주장했습니다.

① 농업
② 어업
③ 관광업
④ 상공업
⑤ 서비스업

9 ✚ 11종 공통

각 실학자들의 활동을 선으로 알맞게 연결하시오.

(1) 유득공 •

(2) 김정호 •

• ㉠ 발해가 고구려를 계승한 나라임을 밝힘.

• ㉡ 우리나라의 지도인 『대동여지도』를 제작함.

10 서술형 ✚ 11종 공통

조선 후기에 한글 소설이 많이 창작된 까닭을 쓰시오.

_____

_____

11 미래엔, 비상교육 외

다음과 같이 조선 후기 사람들의 생활 모습을 담고 있는 그림을 무엇이라고 하는지 쓰시오.

▲ 신윤복의 「단오풍정」 일부분   ▲ 김홍도의 「서당도」

(   )

12 ✚ 11종 공통

탈춤에 대한 설명으로 알맞은 것을 골라 ○표 하시오.

(1) 주로 양반 집 앞마당에서 공연을 했습니다.

(   )

(2) 이야기를 노래 형식으로 표현한 공연입니다.

(   )

(3) 서민들의 생각과 감정을 솔직하게 표현하여 인기를 얻었습니다.

(   )

1 새로운 사회를 향한 움직임 (2)

개념 강의

1 흥선 대원군의 정책

① 세도 정치 자료1

의미	왕실과 혼인 관계를 맺은 가문들이 국정을 독점하는 정치
등장	정조 이후 왕들이 어린 나이로 왕위에 오르자 왕의 외척이 나라의 권력을 잡는 세도 정치가 나타났음.
사회 모습	• 권력을 잡은 왕의 외척은 높은 벼슬을 차지하고 나라를 다스리는 데 이익을 앞세웠으며, 뇌물을 준 사람을 벼슬에 임명하는 등 나쁜 짓을 저지르기도 했음. • 벼슬에 나가려고 뇌물을 바친 일부 관리는 뇌물에 쓰인 비용을 도로 찾거나, 재산을 늘리고자 세금을 마음대로 거둬 백성들을 힘들게 했음.

② 흥선 대원군의 개혁 정책 ➕

왕권 강화 정책	• 세도 가문을 억누르고 인재를 고루 뽑았음. • 세금을 내지 않으면서 재산을 쌓던 서원을 일부만 남기고 정리했음. ➕ • 나라의 재정을 튼튼히 하기 위해 양반도 세금을 내도록 했음.
백성의 불만을 산 정책	• 임진왜란 때 불탄 경복궁을 다시 지으려고 농사철에 백성들을 동원했음. • 경복궁을 다시 짓는 공사에 필요한 돈을 마련하려고 강제로 기부금을 걷는 등 무리한 정책을 펼쳤음.

2 프랑스와 미국의 침략 자료2 → 강화도에서 물길을 따라 한양으로 접근하기 용이했기 때문에 프랑스와 미국은 강화도를 침략했어요.

① 병인양요

침략	프랑스가 통상을 요구하며 강화도를 침략했음. ➕
대응 및 결과	• 조선은 강화도로 군대를 보냈고, 양헌수가 이끄는 부대는 정족산성에서 프랑스군을 공격하여 승리했음. • 프랑스군은 조선군에 패하고 물러가면서 귀중한 책과 무기, 곡식 등을 약탈해 갔음.

② 신미양요

침략	미군이 군함을 이끌고 통상을 요구하며 강화도를 침략했음.
대응 및 결과	• 조선군은 미군에 맞서 강력하게 저항했으며 미군은 20여 일 후에 스스로 물러갔음. • 미군과의 싸움 과정에서 광성보가 함락되고 어재연을 비롯한 많은 사람이 희생되었음.

③ 척화비 건립 자료3

• 프랑스와 미국에 두 차례나 침략을 당한 이후 흥선 대원군은 한양과 전국 각지에 척화비를 세웠습니다.

• 하지만 조선이 더욱 발전하려면 다른 나라와 교류해야 한다고 주장하는 사람이 점차 늘어나고 있었습니다.

➕ **흥선 대원군**

어린 고종이 왕이 되자, 고종의 아버지인 흥선 대원군은 고종을 대신해서 나라를 다스렸습니다.

➕ **서원의 폐단**

• 서원은 세금을 내지 않아도 되는 특권을 가지고 있었습니다. 조선 후기에 수많은 서원이 생기면서 나라의 재정이 악화되었습니다.

• 나라의 특권을 받은 서원의 선비들이 백성을 함부로 부리며 괴롭히는 일이 일어났습니다.

➕ **프랑스의 강화도 침입**

프랑스는 조선이 프랑스인 선교사를 비롯한 천주교인들을 처형한 사건을 구실로 통상을 요구하며 강화도를 침입했습니다.

용어 사전

● **외척** 어머니 쪽의 친척.

● **대원군** 조선 시대에 왕에게 자손이나 형제가 없어 왕족 가문 중 한 사람이 왕위를 이어받았을 때 왕의 아버지를 이르는 말.

● **서원** 학문을 연구하고 훌륭한 학자에게 제사를 지내던 조선 시대의 교육 기관.

● **통상** 나라들 사이에 서로 물품을 사고파는 것.

● 정답과 풀이 13쪽

자료 1 세도 정치 시기 백성들의 고통

버려진 땅의 세금을 왜 제가 냅니까?

이 땅의 세금은 네가 내거라!

▲ 정해진 세금보다 더 많은 세금을 거두기도 했습니다.

저희는 곡식이 필요가 없는데요…….

다음에 곡식을 이자까지 쳐서 갚아라!

▲ 곡식을 빌릴 필요가 없는 사람에게도 곡식을 빌려주고 이자를 거두었습니다.

어린아이와 죽은 사람에게도 세금을 내게하는군.

▲ 죽은 사람이나 어린아이에게도 세금을 내게 하였습니다.

1

정조 이후 왕들이 어린 나이로 왕위에 오르자 왕의 외척이 나라의 권력을 잡는 (붕당 , 세도) 정치가 나타났습니다.

2

어린 고종이 왕이 되자, 고종의 아버지인 (   )은/는 고종을 대신해서 나라를 다스렸습니다.

자료 2 프랑스와 미국이 빼앗아 간 문화유산

▲ 『의궤』

광성보를 지키던 어재연 장군의 깃발이에요.

▲ 수자기

▶ 프랑스는 외규장각 『의궤』, 미국은 수자기 등을 약탈해 갔습니다.
└ 장수를 뜻하는 '수'자가 쓰인 깃발이에요.

▶ 두 문화유산은 장기 대여 방식으로 국내로 돌아왔습니다.
└ 조선 시대에 왕실이나 국가의 주요 행사 내용을 글과 그림으로 자세히 기록한 책이에요.

3

(병인양요 , 신미양요)는 프랑스가 통상을 요구하며 강화도를 침략한 사건입니다.

4

강화도를 침략한 미군은 물러가면서 『의궤』를 약탈해 갔습니다.

(○ , ×)

자료 3 척화비에 새겨진 내용

"서양의 오랑캐가 침범하는데도 그들과 싸우지 않으면 화해하자는 것이요, 화해를 주장하는 것은 나라를 파는 일이다."

▲ 척화비
(국립 중앙 박물관)

▶ 흥선 대원군은 척화비 건립을 통해 서양과 교류하지 않겠다는 의지를 널리 알리고, 통상 수교 거부 정책을 강화했습니다.

5

프랑스와 미국에 침략을 당한 이후 흥선 대원군은 (   )을/를 세웠습니다.

1 새로운 사회를 향한 움직임 (2)

[1-2] 다음 글을 읽고, 물음에 답하시오.

> 정조 이후 왕들이 어린 나이로 왕위에 오르자 왕의 외척이 나라의 권력을 잡는 (　　　)이/가 나타났습니다.

1 ➕ 11종 공통

윗글의 (　) 안에 들어갈 알맞은 말을 쓰시오.

(　　　　　　　　)

2 ➕ 11종 공통

위 **1**번 답이 나타난 시기의 사회 모습으로 알맞지 않은 것은 어느 것입니까? (　　　)

① 버려진 땅의 세금을 왜 제가 냅니까? / 이 땅의 세금은 네가 내거라!

② 저희는 곡식이 필요가 없는데요…… / 다음에 곡식을 이자까지 쳐서 갚아라!

③ 어린아이와 죽은 사람에게도 세금을 내게하는군.

④ 가뭄으로 백성이 힘들어하니 곡식을 나누어 주겠다.

3 ➕ 11종 공통

조선 후기에 다음과 같은 정책을 실시했던 사람은 누구입니까? (　　　)

- 서원을 일부만 남기고 정리했습니다.
- 임진왜란 때 불탄 경복궁을 다시 지었습니다.

① 영조　　　② 정조　　　③ 김옥균
④ 명성 황후　　⑤ 흥선 대원군

4 ➕ 11종 공통

다음 인물이 실시한 정책으로 알맞은 것을 보기 에서 골라 기호를 쓰시오.

> 나는 고종의 아버지로, 고종이 어린 나이에 왕이 되자 고종을 대신해서 나라를 다스렸소.

보기
> ㉠ 규장각을 설치했다.
> ㉡ 수원 화성을 건설했다.
> ㉢ 양반도 세금을 내도록 했다.
> ㉣ 탕평책을 펼쳐 왕권을 강화하려고 했다.

(　　　　　　　　)

5 ➕ 11종 공통

다음 (　) 안에 공통으로 들어갈 말을 쓰시오.

> (　　　)은/는 세금을 내지 않아도 되는 특권을 가지고 있었습니다. 나라의 특권을 받은 (　　　)의 선비들이 백성을 함부로 부리며 괴롭히는 일이 일어났습니다. 흥선 대원군은 세금을 내지 않으면서 재산을 쌓던 (　　　)을/를 일부만 남기고 정리했습니다.

(　　　　　　　　)

6 서술형 ➕ 11종 공통

임진왜란 때 불탄 경복궁을 다시 짓는 과정에서 백성들의 불만이 높았던 까닭을 쓰시오.

_____

_____

7 ➕ 11종 공통

각 사건에 대한 설명을 선으로 알맞게 연결하시오.

(1) 병인양요 •

(2) 신미양요 •

• ㉠ 미국이 강화도를 침략한 사건

• ㉡ 프랑스가 강화도를 침략한 사건

8 ➕ 11종 공통

병인양요를 배경으로 연극을 할 때 등장할 수 있는 장면을 보기 에서 모두 골라 기호를 쓰시오.

보기
㉠ 강화도를 침략하는 프랑스군
㉡ 광성보에서 희생당하는 어재연 장군
㉢ 프랑스군과의 전투에서 승리하는 조선 군대
㉣ 귀중한 책과 무기, 곡식 등을 약탈해 가는 프랑스군

( )

9 비상교육, 아이스크림 외

다음 문화유산의 공통점을 알맞게 말한 친구를 골라 ○표 하시오.

▲ 『의궤』

▲ 수자기

(1)
서양 세력이 조선을 침략했을 때 약탈해 간 문화유산이야.

(2)
두 문화유산은 아직도 국내로 돌아오지 못했어.

( ) ( )

[10-11] 다음 자료를 보고, 물음에 답하시오.

"서양의 오랑캐가 침범하는데도 그들과 싸우지 않으면 화해하자는 것이요, 화해를 주장하는 것은 나라를 파는 일이다."

10 ➕ 11종 공통

위와 같은 주장이 담겨 있는 흥선 대원군이 세운 비석은 무엇인지 쓰시오.

( )

11 서술형 ➕ 11종 공통

흥선 대원군이 전국 각지에 위와 같은 비석을 세운 까닭을 쓰시오.

_____

_____

12 ➕ 11종 공통

다음 ㉠~㉣을 사건이 일어난 순서대로 기호를 쓰시오.

㉠ 미국이 통상을 요구하며 강화도를 침략했다.
㉡ 프랑스가 통상을 요구하며 강화도를 침략했다.
㉢ 흥선 대원군이 한양과 전국 각지에 척화비를 세웠다.
㉣ 흥선 대원군이 고종을 대신해서 나라를 다스리기 시작했다.

( ) → ( ) → ( ) → ( )

1 새로운 사회를 향한 움직임 (3)

1 강화도 조약
┌ 이후 조선은 서양의 다른 나라들과도
조약을 맺어 교류를 시작했어요.

배경	• 일본은 조선에 개항을 요구하며 강화도를 침입했음. • 일본은 이 사건을 구실로 조선에 군함을 보내 통상을 요구했음.
조약 체결	• 조선의 신하 중 조선의 개항을 주장하는 사람들이 많아졌음. • 조선은 일본과 조약을 맺고 개항했음. [자료1]
의의	조선이 다른 나라와 맺은 최초의 근대적 조약이었으나 불평등한 조약이었음.

2 갑신정변

① 개항 이후 개화에 대한 사람들의 생각 ➕

온건 개화파	김홍집을 비롯한 온건 개화파는 청과의 관계를 유지하면서, 조선의 법과 제도를 바탕으로 서양의 기술을 받아들여야 한다고 주장했음.
급진 개화파	김옥균을 비롯한 급진 개화파는 조선이 청의 간섭에서 벗어나야 하 며, 제도와 사상 등 나라 전체를 개혁해야 한다고 주장했음.

② 갑신정변의 전개 과정

준비 과정	김옥균 등이 자신만의 힘으로 나라를 바꿀 수 없다고 생각해 일본 에 도움을 요청했음. → 조선에서 영향력을 확대하려 했던 일본이 김옥균에게 군사 지원을 약속했음.
전개	• 김옥균을 중심으로 한 사람들은 우정총국의 개국 축하 잔치를 틈 타 정변을 일으켰음. ┌ 김옥균, 박영효, 서광범, 서재필 등이 　　　　　　　　　　　참여했어요. • 이들은 새 정부를 조직하고 주요 개혁 정책을 발표했음. [자료2]
결과	갑신정변 참가자들이 정변을 일으켜 정권을 잡자 청 군대가 개입하 면서 정변은 3일 만에 실패로 끝났음. ➕

3 동학 농민 운동
┌ 조선 정부는 갑신정변 개혁안과 동학 농민군의 요구안을
일부 받아들여 갑오개혁을 추진했어요.

① **배경**: 갑신정변 이후에도 양반과 지방관리의 횡포는 여전히 심했고, 농민들 사이에서는 <u>동학</u>이라는 새로운 종교가 널리 퍼지고 있었습니다.

┌ 19세기 중반 서학(천주교)에 대응하여 최제우가 민간 신앙,
유교, 불교 등을 종합하여 만든 종교예요.

② **동학 농민 운동의 전개 과정**

1차 봉기	1 동학 농민 운동의 지도자 전봉준은 고부 군수의 횡포를 막기 위해 동학 농민군을 일으켰고, 이들은 전라도 일대로 세력을 넓혔음.
	2 조선은 동학 농민군 진압에 어려움을 겪자 청에 도움을 요청했 고, 청이 조선에 군대를 보내자 일본도 군대를 보냈음.
	3 동학 농민군은 외국 군대의 개입을 막으려고 조선 정부와 협상 해 개혁안을 약속받고 전주성에서 물러났음. [자료3]
청일 전쟁	4 동학 농민군이 물러난 후에 일본과 청은 조선에서 영향력을 넓 히려고 전쟁을 벌였음.
2차 봉기	5 전쟁에서 유리해진 일본이 조선의 정치에 심하게 간섭하자 동학 농민군은 일본을 몰아내려고 다시 봉기했음.
	6 동학 농민군은 우금치 전투에서 패배했고, 전봉준은 체포되어 처형됐음. ➕

➕ 김홍집과 김옥균

> 청과의 관계를 유지하면서 서양의 기술을 받아들여 개화해야 합니다.

▲ 김홍집
(온건 개화파)

> 청의 간섭을 물리치고 서양의 기술, 사상, 제도까지 받아들여 개화해야 합니다.

▲ 김옥균
(급진 개화파)

➕ 갑신정변의 의의와 한계

의의	새로운 국가를 만들려는 개혁 시도였음.
한계	일본의 힘에 의지하고 준비가 부족한 상태에서 개혁을 시도한 점이 많은 사람의 지지를 받지 못하여 실패로 끝났음.

➕ 잡혀가는 전봉준

우금치 전투에서 패배한 전봉준이 체포되는 모습입니다.

용어 사전

● **개항** 항구를 개방해 외국 배의 출입을 허가하는 것.
● **조약** 나라와 나라 사이의 약속.
● **정변** 정치적으로 큰 변동을 일으키는 것.
● **우정총국** 우리나라 최초의 신식 우편 일을 맡아보던 관청.

● 정답과 풀이 14쪽

자료1 강화도 조약의 내용과 불평등 조항

강화도 조약(일부)

제1조 조선은 자주국이며, 일본과 평등한 권리를 가진다.
제4조 조선은 부산 이외에 두 개의 항구를 열어 교역한다.
제7조 조선의 해안을 일본 사람이 자유롭게 측량하는 것을 허가한다.
제10조 조선의 항구에서 죄를 지은 일본 사람은 일본의 법에 따라 일본 관리가 심판한다.

조항	불평등 조항인 이유
제1조	청이 조선을 간섭하는 것을 막고 일본의 침략을 더욱 쉽게 만듦.
제7조	일본이 우리나라의 해안을 관측해 정보를 얻고 군함과 같은 배들이 자유롭게 접근할 수 있게 됨.
제10조	일본인들이 조선 땅에서 더욱 자유롭게 지낼 수 있게 함.

1

(   )은/는 조선이 다른 나라와 맺은 최초의 근대적 조약이었으나 불평등한 조약이었습니다.

2

급진 개화파는 조선이 청의 간섭에서 벗어나야 하며, 제도와 사상 등 나라 전체를 개혁해야 한다고 주장했습니다.

(○ , ×)

자료2 갑신정변의 개혁안

갑신정변의 개혁안(일부)

1. 청에 바치던 조공을 없앨 것 ← 자국보다 국력이 강한 나라에 예물을 보내는 것을 말해요.
2. 모든 사람이 평등한 권리를 갖도록 하고, 능력에 따라 관리를 임명할 것
3. 세금 제도를 개혁하여 관리의 부정을 막고 백성을 보호하며, 재정을 넉넉하게 할 것

3

김옥균을 중심으로 사람들은 우정총국의 개국 축하 잔치를 틈타 (   )을/를 일으켰습니다.

자료3 동학 농민군의 요구안과 동학 농민 운동의 의의

동학 농민군의 요구안(일부)

• 노비 문서는 불태워 버릴 것
• 이유 없이 세금을 함부로 거두어들이지 말 것
• 일본과 통하는 사람들은 엄하게 벌줄 것
• 백성의 재물을 탐하는 관리의 죄를 조사하여 벌줄 것

사발통문은 주모자가 누구인지 알지 못하도록 참여한 사람들의 이름을 원을 중심으로 돌려가며 작성한 문서입니다.

▲ 사발통문

➤ 동학 농민 운동은 실패로 돌아갔지만, 부패를 없애고 외세에 저항하려는 운동이었다는 의의가 있습니다.

4

(   )은/는 동학 농민 운동의 지도자로, 고부 군수의 횡포를 막기 위해 동학 농민군을 일으켰습니다.

5

동학 농민군은 우금치 전투에서 승리했습니다.

(○ , ×)

1 새로운 사회를 향한 움직임 (3)

[1-3] 다음 자료를 읽고, 물음에 답하시오.

> 제1조 조선은 자주국이며, 일본과 평등한 권리를 가진다.
> 제4조 조선은 부산 이외에 두 개의 항구를 열어 교역한다.
> 제7조 조선의 해안을 일본 사람이 자유롭게 측량하는 것을 허가한다.
> 제10조 조선의 항구에서 죄를 지은 일본 사람은 일본의 법에 따라 일본 관리가 심판한다.

1 ➕ 11종 공통

위와 같은 내용이 담긴 조선과 일본이 체결한 조약의 이름을 쓰시오.

(   )

2 ➕ 11종 공통

위 **1**번 답의 조약에 대한 설명으로 알맞은 것에 ○ 표, 알맞지 <u>않은</u> 것에 ✕표 하시오.

(1) 조선에 불리한 조약이었습니다. (   )
(2) 우리나라 최초의 근대적 조약이었습니다.
                                (   )
(3) 조선이 통상 수교 거부 정책을 유지하는 계기가 되었습니다. (   )

3 서술형 ➕ 11종 공통

위 조약의 내용 중 불평등 조항을 한 가지 고르고, 그 이유를 쓰시오.

_____

_____

4 ➕ 11종 공통

강화도 조약에 대해 <u>잘못</u> 설명한 친구를 골라 이름을 쓰시오.

> • 현무: 조선이 개항하는 계기가 된 조약이야.
> • 기범: 조선이 일본에 군함을 보내 통상을 요구한 결과로 맺어진 조약이야.
> • 희민: 조선의 개항을 주장하는 사람들이 많아진 상황에서 맺어진 조약이야.

(   )

5 ➕ 11종 공통

다음과 같은 개혁안을 내세웠던 사건은 무엇입니까?
(   )

> 1. 청에 바치던 조공을 없앨 것
> 2. 모든 사람이 평등한 권리를 갖도록 하고, 능력에 따라 관리를 임명할 것
> 3. 세금 제도를 개혁하여 관리의 부정을 막고 백성을 보호하며, 재정을 넉넉하게 할 것

① 갑신정변   ② 병인양요
③ 을미사변   ④ 임오군란
⑤ 동학 농민 운동

6 미래엔, 아이스크림 외

다음 중 갑신정변을 일으킨 사람의 이름을 쓰시오.

청과의 관계를 유지하면서 서양의 기술을 받아들여 개화해야 합니다.

▲ 김홍집

청의 간섭을 물리치고 서양의 기술, 사상, 제도까지 받아들여 개화해야 합니다.

▲ 김옥균

(   )

7 ➕ 11종 공통

갑신정변에 대한 설명으로 알맞지 <u>않은</u> 것은 어느 것입니까? (　　　)

① 김옥균 등이 청에 도움을 요청했다.
② 일본이 김옥균에게 군사 지원을 약속했다.
③ 우정총국의 개국 축하 잔치를 틈타 일으켰다.
④ 김옥균, 박영효, 서광범, 서재필 등이 참여했다.
⑤ 새로운 정부를 조직하고 개혁 정책을 발표했다.

8 ➕ 11종 공통

다음 ㉠, ㉡에 들어갈 알맞은 말을 쓰시오.

> 갑신정변의 참가자들이 정변을 일으켜 정권을 잡자 (　㉠　)군이 개입했고, 이에 따라 갑신정변은 (　㉡　)일 만에 끝나 버리고 말았습니다.

㉠ (　　　　　　　　), ㉡ (　　　　　　　　)

9 서술형 　비상교육, 아이스크림 외

다음은 갑신정변의 의의와 한계를 정리한 표입니다. ㉠에 들어갈 알맞은 내용을 쓰시오.

의의	새로운 국가를 만들려는 개혁 시도였습니다.
한계	㉠

---

10 비상교육, 천재교육 외

다음과 같은 주장을 내세웠던 사건으로 알맞은 것은 어느 것입니까? (　　　)

> • 노비 문서는 불태워 버릴 것
> • 이유 없이 세금을 함부로 거두어들이지 말 것
> • 일본과 통하는 사람들은 엄하게 벌줄 것
> • 백성의 재물을 탐하는 관리의 죄를 조사하여 벌줄 것

① 갑신정변　　　　② 병인양요
③ 신미양요　　　　④ 청일 전쟁
⑤ 동학 농민 운동

11 ➕ 11종 공통

다음에서 설명하는 사람은 누구인지 쓰시오.

> 동학 농민 운동의 지도자였고, 고부 군수의 횡포를 막으려는 뜻을 같이하는 사람들을 모아 군사를 일으켰습니다.

(　　　　　　　　　　　)

12 ➕ 11종 공통

다음 ㉠~㉢을 동학 농민 운동의 전개 과정에 알맞게 순서대로 기호를 쓰시오.

> ㉠ 일본과 청이 전쟁을 벌였다.
> ㉡ 동학 농민군이 우금치 전투에서 패배했다.
> ㉢ 동학 농민군이 일본을 몰아내려고 다시 일어났다.
> ㉣ 동학 농민군을 진압하려고 청과 일본이 조선에 군대를 보냈다.
> ㉤ 동학 농민군의 지도자 전봉준이 고부 군수의 횡포를 막기 위해 군사를 일으켰다.

(　　　) → (　　　) → (　　　) → (　　　) → (　　　)

2 일제의 침략과 광복을 위한 노력 (1)

개념 강의

1 대한 제국 시기 자주독립과 근대화를 위한 노력

① 을미사변

배경	• 청일 전쟁에서 승리한 일제가 조선의 정치에 깊이 간섭했음. • 고종과 명성황후는 러시아 힘을 빌려 일본의 간섭에서 벗어나려 했음.
전개	위기를 느낀 일본은 경복궁을 습격해 명성황후를 시해함(을미사변).
영향	고종은 일본의 영향력을 약화하고 자신의 안전을 지키기 위해 러시아 공사관으로 피신함(아관파천). → 조선에서 일본의 입지가 축소되고, 러시아의 영향력이 커졌어요.

② 독립 협회

설립 배경	서양 여러 나라의 간섭과 침탈이 심해지자 조선 정부는 조선이 자주국임을 알리고 백성들을 단결시킬 필요성을 느낌.
설립	서재필을 중심으로 정부 관료가 참여하는 독립 협회를 설립했음. ➕
활동	자주독립 의식을 높이고자 독립문을 세우고, 만민 공동회를 개최했음.

③ 대한 제국 선포와 활동
→ 고종은 러시아 공사관에 머문 지 1년 만에 경운궁(덕수궁)으로 돌아왔어요.

선포	고종이 환구단에서 황제로 즉위했으며, 대한 제국을 선포함. ➕
개혁 추진	• 여러 가지 근대 시설을 세우고, 공장과 은행, 회사 설립을 지원했음. • 학교를 세우고, 외국에 유학생을 보내 인재를 양성했음.
한계	황제 권리 강화에 집중하여 국민의 권리를 제대로 보장하지 못했음.

2 을사늑약의 과정과 항일 의병의 노력

① 을사늑약
→ 을사늑약 체결 이후 민영환은 을사늑약 체결에 반대하며 스스로 목숨을 끊었어요.

배경	러시아와의 전쟁에서 승리한 일제는 대한 제국에 대한 간섭을 심화했음.
체결 과정	고종이 거부했음에도 일제의 특사로 대한 제국에 온 이토 히로부미는 외교권을 빼앗는 조약을 강제로 체결했음.
대응과 결과	• 고종은 네덜란드 헤이그에서 열린 만국 평화 회의에 특사를 파견해 을사늑약이 무효임을 국제 사회에 알리고자 노력했으나 성과를 거두지 못했음. ➕ • 일제는 고종을 강제로 물러나게 하고, 대한 제국의 군대도 해산시켰음.

② 항일 의병 운동 [자료 1] [자료 2]

1 을미사변과 단발령에 반발하여 양반 유생들을 중심으로 의병이 일어났음.
단발령이 취소되고 고종이 해산 명령을 내리자 스스로 해산했어요.

2 을사늑약이 체결되자 이를 계기로 의병 운동이 일어났음.
└ 농민들도 참여하면서 평민 의병장이 등장했어요.

3 고종이 강제로 물러나고 대한 제국의 군대가 해산하자 전국 각지에서 의병 운동이 더욱 활발해졌음.

4 일제가 부대를 동원해 의병 운동을 탄압했고, 의병들은 만주나 연해주로 이동해 항일 투쟁을 이어 갔음.

➕ **서재필과 『독립신문』**

▲ 『독립신문』

서재필은 정부의 지원으로 『독립신문』을 발간해 나라 안팎의 소식을 사람들에게 알리고 조선의 자주독립을 강조했습니다.

➕ **환구단**

환구단은 황제가 하늘에 제사를 지내던 곳입니다.

➕ **헤이그에 파견된 특사**

이준 이상설 이위종

용어 사전

● **일제** '일본 제국주의' 또는 '일본 제국'을 줄인 말.
● **시해** 왕이나 왕비 등 윗사람을 죽이는 것.
● **만민 공동회** 독립 협회 주최로 서울 종로 네 거리에서 열린 민중 대회로, 누구나 사회의 문제에 대해 자신의 생각을 말할 수 있었음.
● **늑약** 나라 사이에 강제로 맺은 조약.
● **의병** 백성들이 자발적으로 조직한 군대.

● 정답과 풀이 15쪽

자료 1 항일 의병 운동의 전개

나는 강원도, 경상도, 충청도 지역에서 활약했으며, '태백산 호랑이'라고 불리기도 했소.

▲ 신돌석

❯ 의병 지도자는 양반뿐만 아니라 신돌석과 같은 평민 출신도 있었습니다.

자료 2 근대 주요 사건과 일제의 국권 침탈 과정

1895년
을미사변

고종과 명성황후가 러시아의 힘을 빌려 일본의 간섭에서 벗어나려 하자, 일본이 명성황후를 시해하였습니다.

1896년
• 아관파천
• 독립협회 설립

• 을미사변 이후 고종은 일본의 영향력을 약화하고 자신의 안전을 지키기 위해 러시아 공사관으로 피신하였습니다(아관파천).
• 서재필을 중심으로 독립 협회가 설립되었습니다.

1897년
대한 제국 선포

고종은 환구단에서 황제 즉위식을 열고 대한 제국의 수립을 선포하였습니다.

1904년
러일 전쟁

러일 전쟁(1904~1905)에서 승리한 일제는 서양의 여러 나라로부터 한국에 대한 지배권을 인정받았습니다.

1905년
을사늑약 체결

고종이 동의하지 않았음에도 일제는 군대를 동원하여 강제로 조약을 체결하고 대한 제국의 외교권을 빼앗았습니다.

1907년
• 헤이그 특사 파견
• 고종 강제 퇴위와 군대 해산

• 고종은 만국 평화 회의에 특사를 파견하였으나 일제의 방해로 성과를 거두지 못하였습니다.
• 일제는 헤이그 특사 파견을 구실로 고종을 강제 퇴위시키고, 대한 제국의 군대를 해산하였습니다.

1910년
국권 피탈

1910년 일제는 군대와 경찰을 전국 각지에 배치하고 '한일 병합 조약'을 체결하여 국권을 빼앗았습니다.

└ 국권을 억지로 빼앗긴 것을 말해요.

1

(을미사변 , 아관파천)은 일본이 경복궁을 습격해 명성황후를 시해한 사건입니다.

2

(   )은/는 독립문을 세우고, 만민 공동회를 개최했습니다.

3

고종은 러시아 공사관에서 경운궁(덕수궁)으로 돌아와 대한 제국을 선포했습니다.

(○ , ×)

4

일제는 러시아와의 전쟁에서 승리한 후 대한 제국의 외교권을 빼앗는 (   )을/를 강제로 체결했습니다.

5

항일 의병 운동의 의병 지도자는 양반만 할 수 있었습니다.

(○ , ×)

2 일제의 침략과 광복을 위한 노력 (1)

[1-2] 다음 자료를 보고, 물음에 답하시오.

> Q ▼ ( )에 대해 설명해 주세요. ↵
>
> 답변 청일 전쟁에서 승리한 일제가 조선의 정치에 깊이 간섭하자 고종과 명성황후는 러시아의 힘을 빌려 일본의 간섭에서 벗어나고자 했습니다. 위기를 느낀 일본은 경복궁을 습격해 명성황후를 시해했습니다.

1 ➕ 11종 공통

윗글의 ( ) 안에 들어갈 알맞은 사건을 쓰시오.

( )

2 ➕ 11종 공통

위의 자료에서 설명하는 사건 이후 고종이 한 일을 알맞게 설명한 친구를 골라 이름을 쓰시오.

> 러시아 공사관으로 피신했어.
> ▲ 송하

> 일본과 강화도 조약을 체결했어.
> ▲ 희중

( )

3 ➕ 11종 공통

오른쪽 신문에 대한 설명으로 알맞지 <u>않은</u> 것은 어느 것입니까?

( )

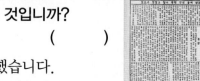

① 서재필이 발간했습니다.
② 자주독립을 강조했습니다.
③ 정부의 지원으로 창간했습니다.
④ 독립 협회의 활동을 비판했습니다.
⑤ 나라 안팎의 소식을 사람들에게 알렸습니다.

4 서술형 ➕ 11종 공통

조선의 자주독립을 강조한 독립 협회의 활동을 두 가지 쓰시오.

_____

_____

5 미래엔, 아이스크림 외

다음에서 설명하는 장소의 이름을 쓰시오.

황제가 하늘에 제사를 지내던 곳으로, 고종이 황제로 즉위한 장소입니다.

( )

6 ➕ 11종 공통

대한 제국이 추진한 개혁에 대한 설명으로 알맞은 것에 ○표, 알맞지 <u>않은</u> 것에 ×표 하시오.

(1) 『독립신문』을 창간했습니다. ( )
(2) 여러 가지 근대 시설을 세우고 공장과 은행, 회사 설립을 지원했습니다. ( )
(3) 학교를 세우고, 외국에 유학생을 보내 인재를 양성했습니다. ( )

7 ➕ 11종 공통

다음 밑줄 친 '조약'의 이름을 쓰시오.

> 고종이 거부했음에도 일제의 특사로 대한 제국에 온 이토 히로부미는 외교권을 뺏는 <u>조약</u>을 강제로 체결했습니다.

(   )

8 ➕ 11종 공통

다음 ㉠~㉣을 일어난 순서대로 기호를 쓰시오.

> ㉠ 러일 전쟁에서 일제가 승리했다.
> ㉡ 일제의 강요로 을사늑약이 체결되었다.
> ㉢ 고종이 황제로 즉위하고, 대한 제국을 선포했다.
> ㉣ 고종이 을사늑약이 무효임을 국제 사회에 알리고자 노력했다.

(   ) → (   ) → (   ) → (   )

9 서술형   미래엔, 비상교육 외

다음 사진의 인물들과 관련된 을사늑약에 대항한 활동의 결과는 무엇인지 쓰시오.

_____

_____

[10-12] 다음 지도를 보고, 물음에 답하시오.

10 ➕ 11종 공통

위 지도와 같이 전개된 민족 운동은 무엇인지 쓰시오.

(   )

11 ➕ 11종 공통

위 **10**번 답의 민족 운동이 일어난 원인으로 알맞지 <u>않은</u> 것은 어느 것입니까? (   )

① 을미사변   ② 단발령 시행
③ 을사늑약 체결   ④ 고종 황제 퇴위
⑤ 고종의 아관파천

12 ➕ 11종 공통

다음에서 설명하는 사람은 누구인지 위의 지도에서 찾아 쓰시오.

나는 을사늑약을 계기로 의병을 일으켰소. 강원도, 경상도, 충청도를 중심으로 일본군을 무찔러 '태백산 호랑이'라는 별명을 얻었소.

(   )

2 일제의 침략과 광복을 위한 노력 (2)

1 국권을 지키기 위한 노력

① 애국 계몽 운동의 전개 ┌ 민족 지도자들은 민족의 실력을 키워 나라를
                           지키자는 애국 계몽 운동을 펼쳤어요.

학교의 설립	• 일제가 우리나라를 **빼앗기** 전에 안창호는 국권을 찾는 데 필요한 인재를 기르기 위해 대성 학교를 설립했음. • 이승훈은 오산 학교를 세워 우리글, 우리 역사 등을 가르쳤음.
신문의 발간	『황성신문』, 『대한매일신보』 등은 일제의 침략 행위를 비판하는 기사를 실어 많은 사람의 애국심을 높였음. ➕

② 안중근의 활동 ➕

안중근의 망명	고종이 강제로 퇴위한 이후 안중근은 국내 계몽 운동만으로는 나라를 지킬 수 없다고 생각하고 연해주로 가서 의병을 모아 국내 진입 작전을 펼쳤음.
안중근의 의거	• 의병 활동을 하던 안중근은 우리나라를 **빼앗는** 데 앞장선 이토 히로부미를 사살하는 일이 중요하다고 생각해 의거를 준비했음. • 이토 히로부미가 만주에 온다는 소식을 들은 안중근은 1909년에 하얼빈역에서 그를 저격했음.
안중근의 재판	안중근은 그 자리에서 붙잡혔고, 일본 측에 넘겨져 뤼순 감옥에 갇혀 재판을 받았음. 자료1
안중근의 최후	안중근은 뤼순 감옥에 갇혀 사형을 선고받았으며, 감옥에서 숨을 거뒀음.

2 일제의 식민 통치와 국외 민족 운동

① 일제의 식민 통치

조선 총독부 설치	대한 제국의 국권을 강제로 **빼앗은**(1910년) 일제는 한국인들을 지배하고자 조선 총독부라는 통치 기구를 만들었음.
감시와 억압	군대에서의 경찰인 헌병들에게 경찰의 임무를 주어 한국인들을 감시하게 하고 독립운동을 탄압하기 시작했음.
토지 조사 사업 실시	조선 총독부는 토지의 소유자를 확인한다는 명분으로 토지 조사 사업을 실시했고, 이 사업으로 농민은 땅을 잃기도 했음. ➕
우리 민족의 고통	일제의 탄압과 수탈이 계속되자 만주와 연해주 등 국외로 떠나는 사람들이 늘어났고, 국내 활동이 어려워진 독립운동가들 역시 다른 나라로 건너가 활동을 이어 나갔음.

② 국외에서의 독립운동 자료2

안창호	미국 샌프란시스코에서 흥사단을 세워 한국인들의 실력 양성을 위한 운동에 앞장섰음.
이회영	• 만주에 신흥 강습소를 세우고 많은 독립운동가와 항일 독립군을 키워 냈음. • 신흥 무관 학교에서는 주로 군사 교육을 했으며, 우리 역사와 국어, 지리 교육도 강조했음. ➕

➕ 『대한매일신보』

『대한매일신보』는 영국인 베델이 사장이었기 때문에 일제를 비판하는 기사를 실을 수 있었습니다.

➕ 토지 조사 사업

이 땅에서 나가시오. 조사 결과 이 땅은 당신 땅이 아닌 것으로 확인되었소.

일제는 세금을 많이 걷기 위해 토지 조사 사업을 실시했습니다.

➕ 신흥 무관 학교의 위치

신흥 강습소는 후에 신흥 무관 학교로 이름이 바뀌었습니다.

용어 사전

● **망명** 혁명 또는 정치적인 이유로 자기 나라에서 박해를 받을 위험이 있는 사람이 이를 피하기 위하여 외국으로 몸을 옮김.
● **의거** 정의를 위하여 개인이나 집단이 의로운 일을 도모함.
● **흥사단** 안창호가 미국 샌프란시스코에 세운 민족 운동 단체. 국내외 지부를 설립해 실력 양성 운동에 힘씀.

● 정답과 풀이 16쪽

자료 1 **안중근의 재판**

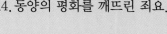

내가 이토를 저격한 까닭은

1. 명성황후를 시해한 죄요.
2. 대한 제국 황제를 폐위한 죄요.
3. *5조약과 *7조약을 강제로 체결한 죄요.
4. 무고한 한국인들을 학살한 죄요.
5. 국권을 강탈한 죄요.
......
14. 동양의 평화를 깨뜨린 죄요.

▲ 안중근

– 안중근, 『안응칠 역사』

*5조약: 을사늑약을 말함.
*7조약: 1907년에 일제의 강요로 체결한 조약을 말함.

▶ 안중근은 재판에서 일본의 만행을 밝히며, 일제의 침략 행위를 비판하였고, 결국 일본인만으로 구성된 법정에서 사형을 선고받았습니다.

1
이승훈은 대성 학교를 세워 우리 글, 우리 역사 등을 가르쳤습니다.

(○ , ×)

2
(『황성신문』, 『대한매일신보』)은/는 영국인 베델이 사장이었기 때문에 일제를 비판하는 기사를 실을 수 있었습니다.

자료 2 **국외 독립운동가의 활동**

안창호

안창호는 민족의 실력을 양성하려고 노력한 독립운동가입니다. 그는 국권을 빼앗기기 이전 평양에 대성 학교를 설립했으며, 국권 피탈 이후 미국으로 건너간 그는 흥사단을 세워 한국인들의 실력 양성 운동에 앞장섰습니다.

3
( )이/가 만주에 온다는 소식을 들은 안중근은 1909년에 하얼빈역에서 그를 저격했습니다.

이회영

이회영은 명문가의 자손으로, 그의 집안은 조선에서 손꼽히는 부자였습니다. 이회영과 그의 형제들은 전 재산을 팔아 독립운동 자금을 마련하여 만주로 갔습니다. 만주로 간 이회영과 그의 형제들은 신흥 강습소(신흥 무관 학교)를 세워 독립군을 길러냈습니다.

4
조선 총독부는 토지의 소유자를 확인한다는 명분으로 토지 조사 사업을 실시했습니다.

(○ , ×)

최재형

최재형은 연해주에서 부를 쌓아 자신의 재산을 독립운동에 바쳤습니다. 그는 안중근의 의거를 도왔습니다.

▲ 만주와 연해주의 위치

5
(안창호 , 이회영)은/는 만주에 신흥 강습소를 세우고 많은 독립운동가와 항일 독립군을 키워냈습니다.

2 일제의 침략과 광복을 위한 노력 (2)

1 ➕ 11종 공통

다음 ( ) 안에 들어갈 알맞은 말을 골라 ○표 하시오.

국권을 지키기 위해 민족 지도자들은 민족의 실력을 키워 나라를 지키자는 (항일 의병 운동 , 애국 계몽 운동)을 펼쳤습니다.

2 ➕ 11종 공통

다음 ㉠에 공통으로 들어갈 신문의 이름을 쓰시오.

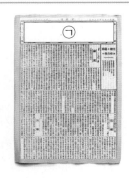

영국인이 사장이었던 (㉠)은/는 일제의 침략 행위를 비판하는 기사를 실어 많은 사람의 애국심을 높였습니다.

( )

3 ➕ 11종 공통

다음에서 설명하는 인물의 이름으로 알맞은 것은 어느 것입니까? ( )

이 사람은 우리나라를 빼앗는 데 앞장선 이토 히로부미를 사살하는 일이 중요하다고 생각해 의거를 준비하였고 하얼빈역에서 그를 저격했습니다.

① 베델   ② 안중근   ③ 안창호
④ 이승훈   ⑤ 이회영

4 ➕ 11종 공통

다음 중 안중근의 활동이 <u>아닌</u> 것을 보기 에서 골라 기호를 쓰시오.

보기
㉠ 흥사단을 세웠다.
㉡ 계몽 운동을 했다.
㉢ 이토 히로부미를 저격했다.
㉣ 의병을 모아 국내 진입 작전을 펼쳤다.

( )

5 미래엔, 비상교과서 외

다음과 같이 안중근이 재판정에서 말한 이토 히로부미의 죄목이 <u>아닌</u> 것은 어느 것입니까? ( )

이토 히로부미의 죄목은 다음과 같다!

▲ 재판을 받는 안중근과 동지들

① 명성황후를 시해한 죄
② 동양의 평화를 깨뜨린 죄
③ 일본을 강제로 통일한 죄
④ 대한 제국 황제를 폐위한 죄
⑤ 무고한 한국인들을 학살한 죄

6 ➕ 11종 공통

다음 ( ) 안에 들어갈 알맞은 통치 기구를 쓰시오.

대한 제국의 국권을 강제로 빼앗은 일제는 한국인들을 지배하고자 ( )(이)라는 통치 기구를 만들었습니다.

( )

7 ➕ 11종 공통

다음 일제의 식민 통치 정책에 대한 설명으로 알맞지 <u>않은</u> 것은 어느 것입니까? (   )

이 땅에서 나가시오. 조사 결과 이 땅은 당신 땅이 아닌 것으로 확인되었소.

① 대규모 토지 조사 사업이다.
② 이 정책으로 우리 농민이 땅을 잃었다.
③ 일제가 우리나라의 토지를 빼앗으려고 벌였다.
④ 이 정책으로 우리 민족은 큰 경제 발전을 이루었다.
⑤ 조선 총독부는 이 정책을 한국인을 억압하는 데 사용했다.

8 ➕ 11종 공통

다음 중 일제의 식민 통치에 대해 <u>잘못</u> 말한 친구를 골라 이름을 쓰시오.

- 정국: 조선 총독부를 세웠어.
- 윤기: 한국인들을 감시하고 독립운동을 탄압했어.
- 태형: 일제의 헌병들에게 경찰의 임무를 주어 애국 계몽 운동을 지원했어.

(   )

9 서술형 ➕ 11종 공통

다음과 같은 상황이 우리 민족에게 끼친 영향을 쓰시오.

대한 제국의 국권을 강제로 빼앗은 일제는 우리 민족을 감시하고 억압했으며, 토지 조사 사업을 실시해 우리나라의 토지를 빼앗았습니다. 이로 인해 우리 민족의 생활은 더욱 고통스러워졌습니다.

[10-12] 다음은 국외 독립운동가의 활동에 대한 글입니다. 물음에 답하시오.

- 안창호는 민족의 실력을 양성하려고 노력한 독립운동가입니다. 그는 국권을 빼앗기기 이전 평양에 대성 학교를 설립했으며, 국권 피탈 이후 미국으로 건너간 그는 [㉮]을/를 세워 한국인들의 실력 양성 운동에 앞장섰습니다.

- (㉠)은/는 명문가의 자손으로, 그의 집안은 조선에서 손꼽히는 부자였습니다. 그와 그의 형제들은 <u>신흥 강습소(신흥 무관 학교)</u>를 세워 독립군을 길러냈습니다.

- (㉡)은/는 연해주에서 부를 쌓아 자신의 재산을 독립운동에 바쳤습니다. 그는 안중근의 의거를 도왔습니다.

10 미래엔, 천재교육 외

윗글의 ㉮에 들어갈 민족 운동 단체를 쓰시오.

(   )

11 금성출판사, 비상교육 외

위의 ㉠, ㉡에 들어갈 알맞은 이름을 쓰시오.
㉠ (   ), ㉡ (   )

12 서술형 비상교과서, 아이스크림 외

윗글의 밑줄 친 '신흥 강습소(신흥 무관 학교)'에서 가르쳤던 교육 내용을 쓰시오.

2 일제의 침략과 광복을 위한 노력 (3)

1 3·1 운동

배경	제1차 세계 대전이 끝나고 전쟁에서 진 나라들의 식민지들이 독립하게 되었고, 한국인들은 이러한 상황을 독립의 좋은 기회로 삼고자 했음.
전개 과정	• 종교계 인사들을 중심으로 한 민족 대표들은 독립 선언서를 작성하고 만세 시위를 준비했음. • 1919년 3월 1일, 서울에서 독립 선언서에 서명한 민족 대표들은 독립 선언식을 했음. • 같은 시각 학생들과 시민들은 탑골 공원에 모여 독립 선언서를 낭독하고 태극기를 흔들면서 만세 시위를 벌였음. • 일제의 탄압에도 만세 시위는 전국적으로 퍼졌음. ➕
일제의 탄압	• 일제는 전국에서 발생한 만세 시위를 잔인하게 진압했음. ➕ • 만세 시위에 참여했던 경기도 화성 제암리에서는 군인들이 주민들을 교회에 모아 놓고 무자비하게 학살했음.

2 3·1 운동 이후 국내외의 독립운동

① 대한민국 임시 정부 [자료 1]

배경	3·1 운동 전후로 국내외에서 임시 정부가 만들어졌고, 힘을 하나로 모으기 위해 통합 정부를 수립하려고 노력함.
수립	1919년 9월에 중국 상하이에서 대한민국 임시 정부가 수립됐음.
의의	3·1 운동의 정신을 바탕으로 주권이 국민에게 있음을 밝히고 민주주의 정치 체제를 갖췄음.

② **독립군의 활약**: 만주와 연해주 지역에서 조직된 김좌진, 홍범도 등이 이끄는 부대가 일본군을 크게 무찔렀습니다. [자료 2]

③ 학생들의 독립운동

6·10 만세 운동	• 국내에서 순종의 장례식을 계기로 학생들이 만세 시위를 벌였음. • 6·10 만세 운동은 독립운동을 이끄는 주인공으로서 학생들이 주도적인 역할을 하는 계기가 되었음.
광주 학생 항일 운동	• 일본인 학생과 한국인 학생을 차별하는 현실에 분노한 학생들이 항의하며 시위를 벌였고, 전국의 많은 학생이 시위에 참여함. • 3·1 운동 이후 우리나라에서 일어난 가장 큰 항일 운동이었음.

3 일제의 억압과 민족정신을 지키기 위한 노력

① **민족 말살 통치**

• 1930년대 이후 일제는 우리말 대신 일본어를 쓰도록 강요하고, 학교에서 우리 역사 교육이 금지되었습니다.

• 전국에 세워진 신사에 강제로 참배하고 이름도 일본식으로 바꿔야 했습니다.

• 일제는 수많은 우리나라 사람을 노동자나 군인으로 끌고 가 전쟁에 강제로 동원했는데, 여성들은 일본군 '위안부'로 끌려가 고통을 당했습니다.

② **민족정신을 지키기 위한 노력**: 일제의 식민 통치에 맞서 독립운동가들은 우리 민족정신을 지키고 나라를 되찾기 위한 노력을 계속했습니다. [자료 3]

➕ **3·1 운동이 일어난 지역**

전국에서 만세 시위가 벌어졌고, 국외에서도 만세 시위가 일어났습니다.

➕ **유관순**

이화 학당에 다니던 유관순은 3·1 운동으로 휴교하게 되자, 고향인 충청남도 천안으로 내려가 만세 운동을 벌였습니다. 주동자로 체포된 유관순은 일제의 고문으로 감옥에서 순국했습니다.

용어 사전

● **제1차 세계 대전** 1914~1918년에 일어난 대규모 세계 전쟁.
● **학살** 가혹하게 마구 죽임.
● **신사** 일본 왕실의 조상이나 국가에 큰 공로를 세운 사람을 신으로 모시고 제사 지내는 곳.
● **위안부** 일본군과 일본 정부에 의해 전쟁터에 강제로 동원돼 지속적으로 성폭력과 인권 침해를 당한 여성.

📚 교과서 통합 대표 자료

● 정답과 풀이 17쪽

자료 1 대한민국 임시 정부의 활동

▲ 김구   ▲ 윤봉길

- 비밀 연락망을 조직해 국내의 독립운동을 지휘했습니다.
- 독립 자금을 모으고 다른 나라와의 외교 활동도 하며 독립운동을 펼쳤습니다.
- 김구는 한인 애국단을 조직하고, 무력으로 일제에 저항해 광복 의지를 세계에 알렸습니다. 한인 애국단원 윤봉길은 일본 왕의 생일을 기념하는 행사가 열린 상하이 훙커우 공원에서 폭탄을 던지는 의거를 실행했습니다.
- 여러 지역에서 흩어져 싸우던 독립군을 모아 한국광복군을 창설해 일본군과의 전쟁을 준비했습니다.

자료 2 봉오동 전투와 청산리 대첩

봉오동 전투(1920. 6.)

홍범도

일본군은 독립군을 진압하려고 봉오동을 공격했고, 홍범도가 이끄는 부대가 일본군을 무찔렀음.

청산리 대첩(1920. 10.)

김좌진

김좌진과 홍범도 등이 이끈 독립군 부대는 청산리 일대에서 일본군과 싸워 크게 승리했음.

▶ 홍범도와 김좌진은 전술이 뛰어났고, 전투에서 유리한 지형을 미리 점령하고 있었기에 전투에서 승리할 수 있었습니다.

자료 3 민족정신과 문화를 지키기 위한 다양한 노력

역사서 편찬	신채호는 우리 민족의 우수성을 알리고자 『조선 상고사』를 비롯한 여러 역사책을 썼으며, 을지문덕, 이순신과 같은 훌륭한 인물의 이야기를 책으로 펴냈음.
우리말 연구	조선어 학회는 한글을 보급하는 데 힘썼고, 사전을 편찬하려 했으나 일제의 방해로 성공하지 못했음.
항일 문학 창작	한용운, 이육사, 윤동주 등은 독립 정신과 광복에 대한 소망을 작품에 담아 식민 통치에 저항하는 의지를 드러냈음.

기본 개념 문제

1

1919년 3월 1일, 민족 대표들과 학생들의 주도로 (   ) 운동이 일어났습니다.

2

1919년 9월 중국 상하이에서 여러 임시 정부를 통합한 대한민국 임시 정부가 수립되었습니다.

(○ , ×)

3

만주와 연해주 지역에서 조직된 김좌진, (   ) 등이 이끄는 부대가 일본군을 크게 무찔렀습니다.

4

(6·10 만세 , 광주 학생 항일) 운동은 순종의 장례식을 계기로 학생들이 만세 시위를 벌인 사건입니다.

5

한용운은 을지문덕, 이순신과 같은 훌륭한 인물의 이야기를 책으로 펴냈습니다.

(○ , ×)

[1-2] 다음 지도를 보고, 물음에 답하시오.

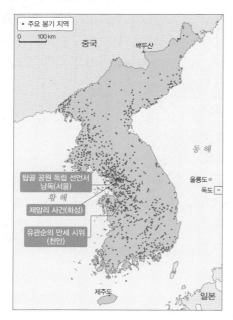

1 ➕ 11종 공통

위의 지도에 나타난 항일 민족 운동을 쓰시오.

( )

2 ➕ 11종 공통

위 **1**번 답의 항일 민족 운동에 대한 설명으로 알맞은 것에 ○표, 알맞지 <u>않은</u> 것에 ×표를 하시오.

(1) 대한민국 임시 정부가 주도하여 전개되었습니다.

( )

(2) 전국에서 시위가 벌어졌고, 국외에서도 만세 시위가 일어났습니다. ( )

(3) 종교계 인사들을 중심으로 한 민족 대표들이 독립 선언서를 작성했습니다. ( )

(4) 학생들과 시민들이 탑골 공원에 모여 독립 선언서를 낭독하고 만세 시위를 벌였습니다. ( )

3 ➕ 11종 공통

다음 ( ) 안에 들어갈 알맞은 지역의 이름을 쓰시오.

> ○○신문   19△△년 △△월 △△일
>
> ### 일제의 무자비한 만세 시위 진압
>
> 일제가 우리 민족의 만세 시위를 잔인하게 진압해 우리 민족의 피해가 큰 상황이다. 특히 일제는 만세 시위에 참여했던 경기도 화성 ( ) 주민들을 교회에 모아 놓고 무자비하게 학살했다.

( )

4 서술형 ➕ 11종 공통

대한민국 임시 정부가 수립된 배경을 쓰시오.

_____

_____

5 ➕ 11종 공통

대한민국 임시 정부의 활동으로 알맞지 <u>않은</u> 것은 어느 것입니까? ( )

① 독립 자금 모금   ② 한국광복군 창설
③ 비밀 연락망 조직   ④ 한인 애국단 조직
⑤ 토지 조사 사업 실시

6 ➕ 11종 공통

다음에서 설명하는 사람은 누구인지 쓰시오.

나는 한인 애국단원이요. 상하이 훙커우 공원에서 일본 왕의 생일을 기념하는 행사장에서 폭탄을 던지는 의거를 실행했소.

( )

7 ✚ 11종 공통

다음 지도에서 일본군에 큰 승리를 거두었던 ㉠, ㉡ 전투를 각각 쓰시오.

㉠ (   ), ㉡ (   )

8 아이스크림, 천재교육 외

다음에서 설명하는 독립운동의 이름을 알맞게 말한 친구를 골라 ○표 하시오.

- 일본인 학생과 한국인 학생을 차별하는 현실에 분노한 학생들이 항의하며 시위를 벌였습니다.
- 3·1 운동 이후 우리나라에서 일어난 가장 큰 항일 운동입니다.

(1) 6·10 만세 운동이야.   (2) 광주 학생 항일 운동이야.

(   )   (   )

9 ✚ 11종 공통

민족 말살 통치 시기 일제가 우리의 민족정신을 훼손하려고 벌인 일을 보기 에서 모두 골라 기호를 쓰시오.

보기

㉠ 신사에 강제로 참배하도록 했다.
㉡ 우리말 대신 일본어를 쓰도록 강요했다.
㉢ 학교에서 우리 역사 교육이 금지되었다.
㉣ 일본인의 이름을 한국식 이름으로 바꾸게 했다.

(   )

10 ✚ 11종 공통

다음 (   ) 안에 들어갈 알맞은 말을 쓰시오.

일제는 1937년에 중국과 전쟁을 일으키고 수많은 우리나라 사람을 노동자나 군인으로 끌고 가 전쟁에 강제로 동원했는데, 여성들은 일본군 '(   )' (으)로 전쟁터에 끌려가 모진 고통을 당했습니다.

(   )

11 서술형 ✚ 11종 공통

다음 선생님의 질문에 대한 알맞은 대답을 쓰시오.

조선어 학회에서 우리의 민족정신을 지키기 위해 한 일은 무엇일까요?

12 미래엔, 비상교육 외

다음 독립운동가들의 활동을 선으로 알맞게 연결하시오.

(1) 신채호 •

(2) 이육사 •

• ㉠ 광복에 대한 소망을 작품에 담아 식민 통치에 저항함.

• ㉡ 『조선 상고사』를 비롯한 역사책을 썼음.

3 대한민국 정부의 수립과 6·25 전쟁 (1)

1 8·15 광복의 과정 [자료 1]

① 우리 민족의 독립을 위한 노력
- 우리 민족은 대한민국 임시 정부를 만드는 등 독립을 위해 많은 노력을 했습니다.
- 제2차 세계 대전 중 일본과 싸우던 연합국은 국내외 독립운동가들의 끊임없는 노력을 인정하여 여러 회담에서 우리나라의 독립을 약속했습니다.

② 8·15 광복: 독립을 위한 우리 민족의 노력과 제2차 세계 대전에서 일본의 항복으로 연합국이 승리하면서 1945년 8월 15일에 우리나라는 광복을 맞이했습니다.

2 한반도 분단의 과정

① 38도선 설치: 일본이 항복하자 미국과 소련은 일본군의 무장 해제를 위해 38도선을 경계로 남쪽에는 미군이, 북쪽에는 소련군이 각각 주둔했습니다.

② 신탁 통치를 둘러싼 대립 ┌ 우리나라의 경우 한반도의 임시 정부 수립을 돕고자
미국, 소련, 영국, 중국이 신탁 통치를 하려고 했어요.

모스크바 3국 외상 회의 개최	• 미국, 영국, 소련의 외무 장관은 모스크바에 모여 한반도의 문제를 어떻게 처리할지 회의했음(모스크바 3국 외상 회의). • 한반도에 임시 정부를 수립하고, 정부가 수립되기 전에 최대 5년간 신탁 통치를 실시하는 내용이 결정되었음.
신탁 통치를 둘러싼 대립	우리나라에서는 신탁 통치에 반대하는 사람들과 모스크바 3국 외상 회의 결정에 찬성하는 사람들 간에 갈등이 일어났음.
미소 공동 위원회 개최	임시 정부 구성 방법을 논의하기 위해 미소 공동 위원회가 열렸지만 두 나라 간의 서로 다른 입장으로 합의를 이루지 못했음.
유엔의 개입	미국은 한국의 문제를 유엔(국제 연합)에 넘겼음.

3 대한민국 정부 수립

① 남한만의 총선거 실시 결정 [자료 2]

유엔이 남북한 총선거로 통일 정부를 수립하기로 결정했음.	→	유엔에서 한국 임시 위원단을 한반도로 보냈으나 소련이 38도선 북쪽으로 들어오지 못하게 했음.

→ 남한만의 총선거를 주장하는 쪽과 통일 정부 수립을 주장하는 쪽이 대립했음. → 유엔은 남한에서만 총선거를 하기로 결정했음.

② 제헌 국회 구성과 헌법 제정
- 1948년 5월 10일에 남한에서는 국회 의원을 뽑는 첫 번째 민주 선거(5·10 총선거)가 실시되었습니다. ┌ 만 21세 이상의 모든 남녀가 투표를 할 수 있었고,
선거 결과 총 200명의 국회 의원이 당선되었어요.
- 5·10 총선거로 구성된 제헌 국회는 나라 이름을 '대한민국'이라고 정하고, 7월 17일에 제헌 헌법을 공포했습니다. [자료 3]

③ 대한민국 정부의 수립 ┌ 북한에서는 1948년 9월에 조선 민주주의 인민 공화국이라는
이름으로 별도의 정권이 세워졌어요.
- 제헌 국회 의원들은 이승만을 초대 대통령으로 선출했습니다.
- 광복 3주년을 맞는 1948년 8월 15일에 대한민국 정부가 수립되었습니다.

➕ 신탁 통치에 대한 의견

반대	신탁 통치는 자주적인 정부 수립을 방해함.
지지	신탁 통치를 하더라도 우선 임시 정부를 수립하면 더 빨리 자주적인 정부 수립이 가능함.

➕ 5·10 총선거 모습

당시에는 글자를 읽지 못하는 사람이 많아 막대기의 수로 후보의 기호를 표시하여 사람들이 쉽게 알 수 있도록 배려했습니다.

➕ 대한민국 정부 수립

▲ 대한민국 정부 수립 국민 축하식

이승만 대통령은 1948년 8월 15일에 대한민국 정부 수립을 선포했습니다.

용어 사전

- **광복** 다른 나라에 뺏긴 땅과 주권을 도로 찾음.
- **신탁 통치** 특정 국가가 다른 나라의 일정 지역을 대신 통치하는 제도.
- **유엔** 제2차 세계 대전 후 전쟁 방지와 평화 유지를 위해 설립된 국제기구.
- **제헌 국회** 헌정 사상 최초로 구성된 의회로서, 헌법을 제정했기 때문에 제헌 국회라 함.

● 정답과 풀이 18쪽

자료 1 광복 직후 일어난 일

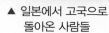

▲ 일본에서 고국으로
돌아온 사람들

▲ 대한민국 임시 정부의
주요 인물

▲ 한글로 된 교과서로
수업을 받는 국민학생들

▶ 광복 소식이 전해지자 중국, 일본, 미국 등 다른 나라에 머물던 동포
들이 국내로 돌아왔습니다.

▶ 해외에서 활동하던 이승만, 김구 등이 국내로 돌아왔습니다.

▶ 학교에서 한글, 한국사 등을 한글로 된 교과서로 가르쳤습니다.

1

제2차 세계 대전에서 일본의 항복으로 연합국이 승리하면서 1945년 8월 15일에 우리나라는 (　　　　　)을/를 맞이했습니다.

2

미소 공동 위원회에서 정부가 수립되기 전에 신탁 통치를 실시하는 내용이 결정되었습니다.

(○ , ×)

자료 2 대한민국 정부 수립 과정에서 나온 서로 다른 주장

이승만

이제 무기한 연기된 회의가 재개될 기색도 보이지 않으며 통일 정부를 몹시 기다리지만 잘되지 않으니, 우리 남쪽만이라도 임시 정부 혹은 위원회 같은 것을 조직해 38 이북에서 소련이 물러나도록 세계의 여론에 호소해야 한다.

김구

한국이 있어야 한국 사람이 있고 민주주의도 공산주의도 또 무슨 단체도 있을 수 있는 것이다. 그러면 자주독립적 통일 정부를 수립해야 하는 이때에 어찌 개인이나 자기 집단의 욕심을 탐해 국가 민족의 백 년 계획을 그르칠 사람이 있으랴.

▶ 이승만은 남한만의 단독 정부 수립을 주장했고, 김구는 통일 정부 수립을 주장했습니다.

3

미소 공동 위원회에서 합의를 이루지 못하자, 미국은 한국의 문제를 (　　　　　)(국제 연합)에 넘겼습니다.

자료 3 제헌 헌법의 내용

　　유구한 역사와 전통에 빛나는 우리들 대한 국민은 기미 삼일 운동으로 대한민국을 건립하여 세계에 선포한 위대한 독립 정신을 계승하여 …… 단기 4281년 7월 12일 이 헌법을 제정한다.
제1조　대한민국은 민주 공화국이다.
제2조　대한민국의 주권은 국민에게 있고 모든 권력은 국민으로부터 나온다.

▶ 제헌 헌법은 대한민국 임시 정부를 계승하였음을 보여 주고 있습니다.

▶ 대한민국 임시 정부의 전통을 이었으며, 우리 민족의 오랜 염원이었던 독립 정부를 수립했다는 점에서 역사적 의미가 있습니다.

4

남한에서는 1948년 국회 의원을 뽑는 (5·10 , 8·15) 총선거가 실시되었습니다.

5

제헌 국회 의원들은 (　　　　　)을/를 초대 대통령으로 선출했습니다.

1 서술형 ✚ 11종 공통

우리나라가 광복을 맞이할 수 있었던 배경을 한 가지만 쓰시오.

_____

_____

2 ✚ 11종 공통

다음 (   ) 안에 들어갈 알맞은 말을 골라 ○표 하시오.

> 광복 이후 10월에는 이승만이 귀국했고, 11월에는 (김구 , 윤봉길)을/를 비롯한 대한민국 임시 정부의 주요 인물들이 국내로 돌아왔습니다.

3 미래엔, 아이스크림 외

광복 직후 우리나라에서 볼 수 있었던 모습이 <u>아닌</u> 것은 어느 것입니까? (   )

①
▲ 일본에서 고국으로 돌아온 사람들

②
▲ 한글로 된 교과서로 수업을 받는 국민학생들

③
▲ 전쟁에 동원된 어린 학생들

④
▲ 광복을 맞이해 만세를 부르는 사람들

4 ✚ 11종 공통

다음 ㉠, ㉡에 들어갈 말을 알맞게 짝지은 것은 어느 것입니까? (   )

> 일본이 항복하자 미국과 소련은 일본군의 무장 해제를 위해 38도선을 경계로 남쪽에는 (㉠), 북쪽에는 (㉡)이 각자 주둔했습니다.

	㉠	㉡
①	미군	중국군
②	미군	소련군
③	소련군	미군
④	중국군	미군
⑤	중국군	소련군

[5-6] 다음 글을 읽고, 물음에 답하시오.

> 1945년 12월 말, 미국, 영국, 소련의 외무 장관은 모스크바에 모여 한반도의 문제를 어떻게 처리할 것인지 <u>회의</u>했습니다.

5 ✚ 11종 공통

윗글의 밑줄 친 '회의'의 이름을 쓰시오.

(   )

6 ✚ 11종 공통

위 **5**번 답의 회의에서 결정된 내용을 두 가지 고르시오. (,   )

① "한반도에 임시 정부를 수립한다."
② "남한만이라도 총선거를 실시한다."
③ "빠른 시일 내에 한국을 독립시킨다."
④ "정부가 수립되기 전 최대 5년간 신탁 통치를 실시한다."
⑤ "한반도에 38선을 그어 미군과 소련군이 분할 점령한다."

7 ➕ 11종 공통

다음 (　　) 안에 들어갈 알맞은 회의를 쓰시오.

> (　　　　)의 개최
>
> • 논의 사항: 한국의 임시 정부 구성 방법
> • 결과: 미국과 소련 간의 서로 다른 입장으로 합의를 이루지 못함.
> • 영향: 미국은 한국의 문제를 유엔(국제 연합)에 넘김.

(　　　　　　　　　　　)

8 ➕ 11종 공통

대한민국 정부 수립과 관련된 다음 사람들의 주장을 선으로 알맞게 연결하시오.

(1) 이승만 •

(2) 김구 •

• ㉠ 자주 독립적 통일 정부를 수립해야 한다.

• ㉡ 남쪽만이라도 임시 정부 혹은 위원회 같은 것을 조직하자.

9 서술형 ➕ 11종 공통

유엔(국제 연합)이 남한에서만 총선거를 하기로 결정한 까닭을 쓰시오.

_____
_____

[10-11] 다음은 대한민국 정부의 수립 과정입니다. 물음에 답하시오.

> ㉠ 헌법 공포　　　　㉡ 5·10 총선거 실시
> ㉢ 초대 대통령 선출　㉣ 대한민국 정부 수립

10 ➕ 11종 공통

위 ㉠~㉣을 사건이 일어난 순서대로 기호를 쓰시오.

(　　　) → (　　　) → (　　　) → (　　　)

11 ➕ 11종 공통

위 ㉠~㉣에 대한 설명으로 알맞지 <u>않은</u> 것은 어느 것입니까? (　　　)

① ㉠ - 헌법은 제헌 국회에서 통과되었다.
② ㉡ - 국회 의원을 뽑는 첫 번째 민주 선거였다.
③ ㉢ - 초대 대통령으로 취임한 사람은 이승만이었다.
④ ㉣ - 광복 3주년을 맞는 1948년 8월 15일에 일어난 일이다.
⑤ ㉣ - 대한민국 정부는 북한의 조선 민주주의 인민 공화국과 같은 날에 수립되었다.

12 ➕ 11종 공통

대한민국 정부 수립의 역사적 의미를 알맞게 설명한 친구의 이름을 모두 쓰시오.

> • 우빈: 한반도에 통일 정부가 수립되었어.
> • 수지: 대한민국 임시 정부의 전통을 이었어.
> • 창민: 우리 민족의 오랜 염원이었던 독립 정부를 수립했어.
> • 채영: 북한에 조선 민주주의 인민 공화국이 수립되는 것을 막았어.

(　　　　　　　　　　　)

3 대한민국 정부의 수립과 6·25 전쟁 (2)

1 6·25 전쟁 + 자료1

1 북한군의 남침

- 1950년 6월 25일에 북한군이 남한을 무력으로 통일하고자 38도선 전 지역에서 총공격을 시작했습니다. └ 소련의 도움을 받아 군사력을 키웠어요.
- 전쟁에 대비하지 못한 국군은 북한군의 침략에 맞섰으나, 공격을 이겨 내지 못하고 낙동강 이남까지 후퇴했습니다.

2 국군과 유엔군의 반격

- 유엔이 북한에 침략 행위를 중지할 것을 요구했으나, 북한이 이를 거부하자 미국을 중심으로 16개국이 참여한 유엔군을 남한에 파견했습니다.
- 국군과 유엔군은 인천 상륙 작전을 계기로 전세를 역전하고 서울을 되찾았습니다.
  └ 미국 맥아더 장군의 지휘 아래 국군과 유엔군이 인천에 상륙하여 실시한 군사 작전이에요.

3 중국군의 개입

- 북한군이 국군과 유엔군에 밀리자 중국군이 전쟁에 개입했습니다.
- 중국군이 개입하자 국군과 유엔군은 다시 한강 이남으로 후퇴했습니다(1·4 후퇴).

4 정전 협정 체결

- 38도선을 중심으로 치열한 전투가 벌어졌고, 한편에서는 전쟁을 멈추려고 정전 협상을 진행했습니다.
- 1953년 7월에 휴전이 결정되었고, 맞서 싸우던 자리는 휴전선이 되어 남북은 다시 둘로 나누어졌습니다.

+ 6·25 전쟁의 주요 사건

▲ 북한군의 38도선 이남 침공

▲ 인천 상륙 작전

▲ 중국군의 참전

▲ 정전 협정 체결

2 6·25 전쟁의 피해와 영향 자료2

파괴된 수원의 장안문 전쟁으로 많은 문화재가 훼손되거나 불타 없어졌음.

전쟁으로 폐허가 된 서울 전쟁으로 많은 시설이 파괴되었고, 사람들은 삶의 터전을 잃었음.

전쟁고아 많은 어린이가 부모를 잃고 전쟁고아가 되었음.

이산가족 문제 전쟁 중에 가족이 서로 헤어져 생사조차 알 수 없었음.
└ 1983년에 '이산가족을 찾습니다' 방송이 진행되었어요.

용어 사전

- **정전 협정** 전쟁 당사자들이 전쟁을 멈추려고 의논하는 것.
- **휴전선** 6·25 전쟁의 휴전에 따라서 한반도의 가운데를 가로질러 설정된 군사 경계선.
- **이산가족** 남북 분단 등의 사정으로 이리저리 흩어져서 서로 소식을 모르는 가족.

◆ 교과서 통합 대표 자료

자료1 6·25 전쟁의 전개 과정

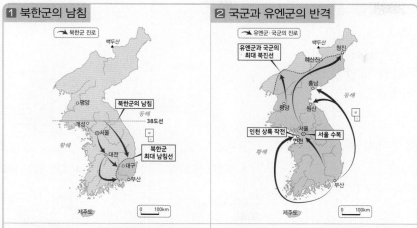

소련의 군사 지원을 받은 북한군은 전차를 앞세워 3일 만에 서울을 차지했음.

국군과 유엔군은 인천 상륙 작전을 펼쳐 전세를 뒤집었음.

중국군이 전쟁에 개입하여 전세가 불리해지자, 국군과 유엔군은 피란민과 함께 흥남 항구를 통해 철수했음.

정전 회담이 시작된 지 2년 만에 정전 협정이 체결되었고, 휴전 상태로 오늘날에 이르렀음.

자료2 6·25 전쟁의 인명 피해

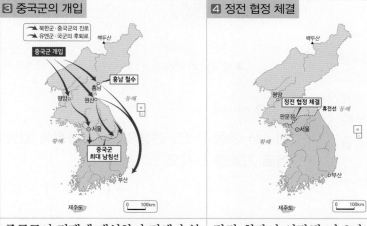

(『통계로 본 6·25 전쟁』, 2014)

▶ 6·25 전쟁으로 인해 국군과 유엔군뿐만 아니라 민간인도 큰 피해를 입었습니다.

1

1950년 6월 25일에 북한군이 남한을 무력으로 통일하고자 38도선 전지역에서 총공격을 시작했습니다.

(○ , ×)

2

( ) 상륙 작전을 계기로 국군과 유엔군은 전세를 역전하고 서울을 되찾았습니다.

3

38도선을 중심으로 치열한 전투가 벌어졌고, 한편에서는 전쟁을 멈추려고 ( )을/를 진행했습니다.

4

6·25 전쟁으로 인해 많은 군인만 죽거나 다쳤습니다.

(○ , ×)

5

6·25 전쟁 중 가족이 서로 헤어져 생사조차 알 수 없는 ( )와/과 부모를 잃은 전쟁고아가 수 없이 생겨났습니다.

3 대한민국 정부의 수립과 6·25 전쟁 (2)

1 ⊕ 11종 공통

6·25 전쟁이 시작될 당시 남한과 북한의 상황을 선으로 알맞게 연결하시오.

(1) 남한 •

(2) 북한 •

• ㉠ 소련의 도움을 받아 군사력을 키웠음.

• ㉡ 전쟁에 대비하지 못했음.

2 ⊕ 11종 공통

다음 (   ) 안에 공통으로 들어갈 국제 기구를 쓰시오.

> 6·25 전쟁이 일어나자 (   )은/는 북한에 침략 행위를 중지할 것을 요구했으나 북한이 이를 거부하자 미국을 중심으로 16개국이 참여한 (   )군을 파견했습니다.

(   )

3 서술형 ⊕ 11종 공통

다음 선생님의 질문에 알맞은 대답을 쓰시오.

> 6·25 전쟁 중 유엔군이 남한에 파견 되어 국군과 함께 인천 상륙 작전을 전개했습니다. 이 작전이 전쟁의 상황을 어떻게 바꾸어 놓을까요?

_____

_____

[4-6] 다음 지도를 보고, 물음에 답하시오.

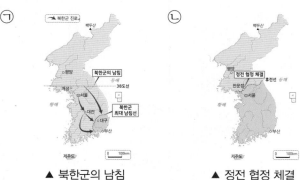

㉠
▲ 북한군의 남침

㉡
▲ 정전 협정 체결

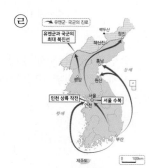

㉢
▲ 중국군의 개입

㉣
▲ 국군과 유엔군의 반격

4 ⊕ 11종 공통

위 ㉠~㉣을 6·25 전쟁의 전개 과정에 알맞게 순서대로 기호를 쓰시오.

(   ) → (   ) → (   ) → (   )

5 서술형 ⊕ 11종 공통

위의 ㉠과 같은 일을 북한군이 한 까닭을 쓰시오.

_____

_____

6 ⊕ 11종 공통

위 ㉠~㉣ 중 다음과 같은 상황이 벌어지는 계기가 된 사건이 나타난 지도를 골라 기호를 쓰시오.

> 북한 지역 대부분을 장악한 후 압록강까지 진격 했던 국군과 유엔군이 다시 후퇴했습니다.

(   )

7 ✚ 11종 공통

6·25 전쟁의 전개 과정 중 가장 마지막에 일어난 사건은 어느 것입니까? ( )

① 유엔군이 파견되었다.
② 정전 협정이 체결되었다.
③ 중국군이 압록강을 넘어 전쟁에 개입했다.
④ 국군과 유엔군이 인천 상륙 작전에 성공했다.
⑤ 북한군이 38도선 전 지역에서 총공격을 시작했다.

8 ✚ 11종 공통

다음 사진전에서 볼 수 있는 사진으로 알맞지 <u>않은</u> 것은 어느 것입니까? ( )

> 우리 민족의 비극, 6·25 전쟁
> 남북한에 큰 피해를 남기고 우리 민족을 둘로 갈라놓은 6·25 전쟁 당시의 모습을 생생하게 볼 수 있는 사진전을 개최합니다.

①
▲ 중국군의 참전

②
▲ 인천 상륙 작전

③
▲ 38도선의 설치

④
▲ 북한군의 38도선 이남 침공

9 ✚ 11종 공통

다음 ( ) 안에 들어갈 알맞은 말을 쓰시오.

> 1953년 7월에 휴전이 결정되었고, 맞서 싸우던 자리는 ( )이/가 되어 남북은 다시 둘로 나누어졌습니다.

( )

10 ✚ 11종 공통

다음에서 설명하는 것은 무엇인지 쓰시오.

> 남북 분단 등의 사정으로 이리저리 흩어져서 서로 소식을 모르는 가족을 말합니다.

( )

11 ✚ 11종 공통

6·25 전쟁의 피해에 대한 설명으로 알맞은 것에 ○표, 알맞지 <u>않은</u> 것에 ×표를 하시오.

(1) 많은 국군과 유엔군이 다치거나 죽었습니다.
( )

(2) 민간인이 다치거나 죽는 경우는 거의 없었습니다.
( )

(3) 건물, 도로, 철도, 다리 등이 파괴되어 복구하는 데 많은 시간과 비용이 들었습니다. ( )

12 동아출판, 아이스크림 외

다음 그래프에 대해 <u>잘못</u> 설명한 친구를 골라 이름을 쓰시오.

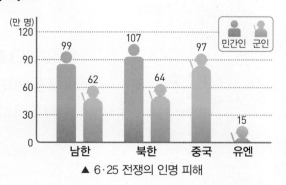
▲ 6·25 전쟁의 인명 피해

> • 민준: 국군 62만 명이 인명 피해를 당했어.
> • 찬우: 북한군과 중국군의 피해는 거의 없었어.
> • 지민: 국군과 유엔군뿐만 아니라 많은 민간인이 죽거나 다쳤어.

( )

2. 사회의 새로운 변화와 오늘날의 우리

▲ 판소리

▲ 풍속화

서민 문화를 통해 당시 사람들의 생활 모습과 생각을 알 수 있습니다.

❶ 새로운 사회를 향한 움직임

1. 영조와 정조의 개혁 정책

영조	• 탕평책을 실시하여 왕권을 강화하고 정치를 안정시키고자 했음. • 세금을 줄이고 가혹한 형벌을 금지했으며, 신문고를 재설치했음.
정조	• 규장각을 설치하여 관리들을 길러냈음. • 상업에 대한 규제를 풀고, 노비에 대한 차별을 줄였음. • ❶ ☐☐☐ 을 건설하여 정치, 군사, 상업의 중심지로 만들고자 했음.

2. 조선 후기 실학과 서민 문화의 등장

❷ ☐☐☐	실학자들은 백성의 생활을 안정시키고 나라의 힘을 기를 수 있는 다양한 방법을 연구했음.
서민 문화	한글 소설, 판소리, 풍속화, 민화, 탈춤 등이 유행했음.

3. 흥선 대원군의 정책과 척화비 건립

정책	서원 정리, 경복궁 재건 등의 정책을 펼쳤음.
척화비 건립	병인양요와 신미양요 이후 전국에 척화비를 세웠음.

4. 강화도 조약

조약 체결	• 조선의 신하 중 조선의 개항을 주장하는 사람이 많아졌음. • 조선은 일본과 강화도 조약을 맺고 개항했음.
의의	조선이 다른 나라와 맺은 최초의 근대적 조약이나 불평등한 조약임.

5. 갑신정변과 동학 농민 운동

갑신정변	김옥균 등은 갑신정변을 일으켜 제도와 사상 등 나라 전체를 개혁하려 했지만 실패했음.
동학 농민 운동	❸ ☐☐☐ 이 이끄는 동학농민군이 봉기했고, 이후 일본을 몰아내려고 다시 봉기했으나 일본군과 관군에게 패했음.

❷ 일제의 침략과 광복을 위한 노력

1. 대한 제국 시기 자주독립과 근대화를 위한 노력

독립 협회	독립문을 세우고 만민 공동회를 개최했음.
대한 제국	근대 시설 마련, 공장과 회사 설립 지원, 유학생 파견, 학교 설립 등의 개혁을 추진했음.

2. 을사늑약과 항일 의병 운동

① 을사늑약: 일제가 대한 제국의 ❹ ☐☐☐ 을 빼앗는 을사늑약을 강제로 체결했습니다.

② 항일 의병 운동: 을미사변과 단발령, 을사늑약 체결, 고종 강제 퇴위와 군대 해산 등에 반발해 항일 의병 운동이 일어났습니다.

의병 지도자는 양반뿐만 아니라 신돌석과 같은 평민 출신도 있었습니다.

3. 3·1 운동과 대한민국 임시 정부의 활동

3·1 운동	독립을 위한 만세 시위인 3·1 운동이 일어나 전국적으로 퍼져 나갔고, 국외에서도 일어났음.
대한민국 임시 정부	비밀 연락망 조직, 독립 자금 모금, 한인 애국단의 활동, **⑤** [ ] 창설 등의 활동을 했음.

4. 일제의 억압과 나라를 되찾으려는 다양한 노력

일제의 민족정신 훼손	1930년대 이후 일본어 강요, 역사 왜곡, 신사 참배 강요, 일본식 성명 강요 등으로 민족정신을 훼손하려 했음.
민족정신을 지키려는 노력	신채호(역사), 조선어 학회(국어), 한용운과 이육사, 윤동주(문학) 등이 민족정신을 지키기 위해 노력했음.

❸ 대한민국 정부의 수립과 6·25 전쟁

1. 대한민국 정부의 수립

① **8·15 광복**: 국내외 독립운동가들의 끊임없는 노력과 제2차 세계 대전에서 연합국이 승리하면서 광복을 맞이했습니다.

② **한반도 분단의 과정**

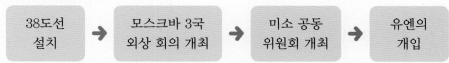

38도선 설치 → 모스크바 3국 외상 회의 개최 → 미소 공동 위원회 개최 → 유엔의 개입

③ **대한민국 정부 수립 과정**

남한만의 총선거 실시 결정	유엔은 남한에서만 총선거를 하기로 결정했음.
제헌 국회 구성과 헌법 제정	남한에서 **⑥** [ ] 총선거가 실시되었고, 제헌 국회에서 통과된 헌법이 공포되었음.
대한민국 정부의 수립	광복 3주년을 맞는 1948년 8월 15일에 대한민국 정부가 수립되었음.

2. 6·25 전쟁

1 북한군의 남침	1950년 6월 25일 북한군이 남한을 공격하자, 국군은 낙동강 이남까지 후퇴했음.
2 국군과 유엔군의 반격	국군과 유엔군은 **⑦** [ ] 작전을 펼쳐 전세를 뒤집음.
3 중국군의 개입	중국군이 전쟁에 개입하면서 국군과 유엔군이 다시 후퇴했음.
4 정전 협정 체결	**⑧** [ ]을 중심으로 치열한 전투가 벌어지는 가운데 정전 협상을 진행해 1953년 7월 휴전이 결정되었음.

★ **3·1 운동이 일어난 지역**

전국에서 만세 시위가 벌어졌고, 국외에서도 만세 시위가 일어났습니다.

★ **대한민국 정부 수립**

이승만 대통령은 1948년 8월 15일에 대한민국 정부 수립을 선포했습니다.

★ **6·25 전쟁 피해 규모**

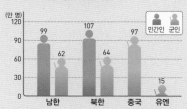

6·25 전쟁으로 인해 국군과 유엔군뿐만 아니라 많은 민간인도 큰 피해를 입었습니다.

1 ⊕ 11종 공통

다음 밑줄 친 부분에 해당하는 일은 무엇입니까?
(   )

조선 후기에 붕당 간에 다툼이 일어나 정치가 혼란스러워지자 영조는 붕당과 상관없이 나랏일을 할 인재를 골고루 뽑아 정치를 해 왕권을 강화하고 정치를 안정시켰습니다.

① 규장각 설치   ② 대동법 실시
③ 탕평책 실시   ④ 수원 화성 건설
⑤『동의보감』보급

2 ⊕ 11종 공통

다음에서 설명하는 조선 후기의 서민 문화는 무엇인지 쓰시오.

• 이야기를 노래 형식으로 표현한 공연입니다.
• 서민과 양반 모두에게 큰 호응을 얻었습니다.

(   )

3 ⊕ 11종 공통

흥선 대원군에 대한 설명으로 알맞지 <u>않은</u> 것은 어느 것입니까? (   )

① 전국에 있는 모든 서원을 정리했다.
② 한양과 전국 각지에 척화비를 세웠다.
③ 어린 고종을 대신해서 나라를 다스렸다.
④ 세도 정치의 잘못된 점을 고치려고 했다.
⑤ 임진왜란 때 불에 탄 경복궁을 다시 지었다.

4 ⊕ 11종 공통

다음 밑줄 친 '개혁 정책'에 해당하는 내용으로 알맞지 <u>않은</u> 것은 어느 것입니까? (   )

갑신정변을 일으킨 사람들은 새 정부를 조직하고 주요 <u>개혁 정책</u>을 발표했습니다.

① 일본에 대한 조공을 없앨 것
② 관리의 부정을 막고 백성을 보호할 것
③ 모든 사람이 평등한 권리를 갖도록 할 것
④ 세금 제도를 고쳐 관리의 부정을 막을 것
⑤ 문벌을 폐지하고 능력에 따라 관리를 임명할 것

5 서술형 ⊕ 11종 공통

다음 밑줄 친 부분에 들어갈 알맞은 내용을 쓰시오.

동학 농민 운동이 일어나자 동학 농민군을 진압하는 데 어려움을 겪은 조선 정부가 청에 도움을 요청했습니다. 청이 조선에 군대를 보내자 일본도 군대를 보냈습니다. 이에 동학 농민군은 외국 군대의 개입을 막으려고 _____

_____

_____

6 ➕ 11종 공통

다음과 같은 까닭으로 조선 정부와 백성이 한 일로 알맞지 <u>않은</u> 것은 어느 것입니까? (   )

> 서양 여러 나라의 간섭과 침탈이 심해지자, 조선 정부는 조선이 자주국임을 알리고 백성들을 단결시킬 필요를 느꼈습니다.

① 독립문 건설
② 독립 협회 설립
③ 『독립신문』 발간
④ 조선 총독부 설치
⑤ 만민 공동회 개최

7 동아출판, 아이스크림 외

다음 지도에 나타난 항일 의병 운동이 일어나게 된 원인으로 알맞지 <u>않은</u> 것은 어느 것입니까? (   )

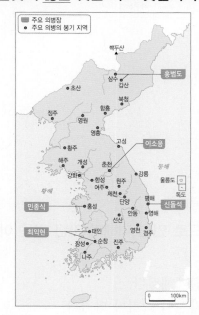

① 을미사변
② 단발령 실시
③ 을사늑약 체결
④ 강화도 조약 체결
⑤ 고종 황제 강제 퇴위

8 ➕ 11종 공통

다음 (   ) 안에 들어갈 알맞은 사람을 보기 에서 골라 이름을 쓰시오.

> **보기**
> • 안중근   • 안창호   • 이회영

(1) (   )은/는 이토 히로부미가 만주에 온다는 소식을 듣고 하얼빈역에서 그를 저격했습니다.

(2) (   )은/는 만주에 신흥 강습소(신흥 무관 학교)를 세우고 많은 독립운동가와 항일 독립군을 키워 냈습니다.

9 ➕ 11종 공통

3·1 운동에 대한 설명으로 알맞은 것을 보기 에서 모두 골라 기호를 쓰시오.

> **보기**
> ㉠ 전국으로 퍼져 나갔지만 국외에서는 일어나지 않았다.
> ㉡ 일제가 전국에서 발생한 만세 시위를 잔인하게 진압했다.
> ㉢ 학생들과 시민들이 탑골 공원에 모여 독립 선언서를 낭독하고 만세 시위를 벌였다.
> ㉣ 제1차 세계 대전 후 전쟁에서 진 나라들의 식민지들이 독립하게 되었고, 이에 자극을 받아 일어났다.

(   )

10 ➕ 11종 공통

대한민국 임시 정부의 활동으로 알맞지 <u>않은</u> 것은 어느 것입니까? (   )

① 독립 자금을 모았다.
② 한국광복군을 창설해 전쟁을 준비했다.
③ 봉오동 전투와 청산리 대첩을 주도했다.
④ 비밀 연락망을 조직해 국내의 독립운동을 지휘했다.
⑤ 주권이 국민에게 있음을 밝히고 민주주의 정치 체제를 갖췄다.

11 ⊕ 11종 공통

우리 민족이 광복을 맞이할 수 있었던 까닭을 알맞게 말한 친구를 모두 골라 이름을 쓰시오.

> • 영곤: 우리 민족이 독립하려고 노력했기 때문이야.
> • 정원: 미군과 소련군이 한반도에 들어왔기 때문이야.
> • 한영: 일본이 제2차 세계 대전에서 승리했기 때문이야.
> • 승현: 연합국이 제2차 세계 대전에서 승리했기 때문이야.
> • 혜주: 중국, 일본, 미국 등에 머물던 동포들이 국내로 돌아왔기 때문이야.

(   )

12 ⊕ 11종 공통

다음 ㉠~㉣을 사건이 일어난 순서대로 기호를 쓰시오.

> ㉠ 미소 공동 위원회가 개최되었다.
> ㉡ 미국은 한국의 문제를 유엔에 넘겼다.
> ㉢ 미국과 소련 두 나라 간의 서로 다른 입장으로 합의를 이루지 못했다.
> ㉣ 미국, 영국, 소련의 외무 장관이 모스크바에 모여 한반도 문제 처리 방안에 대해 회의했다.

(   ) → (   ) → (   ) → (   )

13 서술형 ⊕ 11종 공통

대한민국 정부 수립의 역사적 의미를 쓰시오.

_____

_____

14 ⊕ 11종 공통

다음 지도의 ㉠에 들어갈 알맞은 나라를 쓰시오.

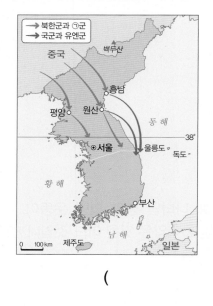

(   )

15 ⊕ 11종 공통

6·25 전쟁으로 인한 피해가 아닌 것은 어느 것입니까? (   )

① 국토가 황폐해졌다.
② 많은 민간인이 죽거나 다쳤다.
③ 건물, 도로, 철도 등이 파괴되었다.
④ 전쟁 중에 부모를 잃은 아이들이 수없이 생겨났다.
⑤ 학교에서 일본어로 된 교과서로 공부하게 되었다.

1 ⊕ 11종 공통

정조의 개혁 정책이 <u>아닌</u> 것은 어느 것입니까?
( )

① 노비에 대한 차별을 줄였다.
② 임진왜란 때 불에 탔던 경복궁을 고쳐 지었다.
③ 규장각에서 학자들과 나라의 문제를 상의했다.
④ 자유로운 경제 활동을 할 수 있게 제도를 고쳤다.
⑤ 수원 화성을 건설해 정치, 군사, 상업의 중심지로 만들고자 했다.

2 ⊕ 11종 공통

다음에서 설명하는 지도는 무엇인지 쓰시오.

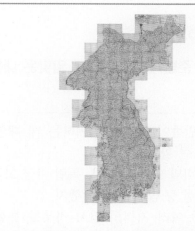

• 조선 시대 실학자 김정호가 제작하였습니다.
• 우리나라의 산, 강, 길 등이 자세히 표현되어 있습니다.
• 조선 시대의 여러 지도 중에서 가장 정확하고 상세하다고 평가받고 있습니다.

( )

3 ⊕ 11종 공통

다음 ㉠~㉣을 사건이 일어난 순서대로 알맞게 나열한 것은 어느 것입니까? ( )

㉠ 미국이 통상을 요구하며 강화도를 침략했다.
㉡ 프랑스가 통상을 요구하며 강화도를 침략했다.
㉢ 조선이 강화도에서 일본과 조약을 맺고 개항했다.
㉣ 흥선 대원군이 한양과 전국 각지에 척화비를 세웠다.

① ㉠→㉡→㉢→㉣   ② ㉠→㉢→㉡→㉣
③ ㉡→㉠→㉣→㉢   ④ ㉢→㉠→㉡→㉣
⑤ ㉢→㉡→㉠→㉣

4 ⊕ 11종 공통

갑신정변의 한계로 알맞은 것을 두 가지 고르시오.
(,)

① 일본의 힘에 의지했다.
② 고종이 직접 정변을 주도했다.
③ 조선의 제도를 개혁하지 않고 그대로 두려고 했다.
④ 김옥균을 도와주기로 했던 미국이 약속을 지키지 않고 물러났다.
⑤ 준비가 부족한 상태에서 개혁을 시도해 많은 사람의 지지를 받지 못했다.

5 ⊕ 11종 공통

다음과 같은 요구안을 내세웠던 사건은 무엇입니까?
( )

• 노비 문서는 불태워 버릴 것
• 일본과 통하는 사람들은 엄하게 벌줄 것
• 이유 없이 세금을 함부로 거두어들이지 말 것
• 백성의 재물을 탐하는 관리의 죄를 조사하여 벌줄 것

① 갑신정변   ② 병인양요   ③ 신미양요
④ 을미사변   ⑤ 동학 농민 운동

6 ● 11종 공통

다음 밑줄 친 '이 사건'의 이름을 쓰시오.

> 고종과 명성황후가 러시아 힘을 빌려 일본의 간섭에서 벗어나고자 노력했습니다. 이에 위기를 느낀 일본은 경복궁을 습격해 이 사건을 일으켰습니다. 이후 고종은 러시아 공사관으로 피신하였습니다.

(   )

7 ● 11종 공통

고종이 을사늑약이 무효임을 국제 사회에 알리려 하자 일제가 한 일을 두 가지 고르시오. (,   )

① 단발령 선포
② 고종 강제 퇴위
③ 만민 공동회 개최
④ 헤이그 특사 파견
⑤ 대한 제국의 군대 해산

8 ● 11종 공통

안중근 의사가 말한 이토 히로부미의 죄목으로 알맞지 않은 것은 어느 것입니까? (   )

① 명성황후를 시해한 죄
② 동양의 평화를 깨뜨린 죄
③ 국권을 강제로 빼앗은 죄
④ 무고한 일본인들을 학살한 죄
⑤ 대한 제국의 황제를 폐위시킨 죄

9 ● 11종 공통

일제의 식민 통치에 대한 설명으로 알맞지 않은 것은 어느 것입니까? (   )

① 독립운동을 탄압했다.
② 우리 민족이 국외로 이주하도록 도왔다.
③ 조선 총독부라는 통치 기구를 만들었다.
④ 우리나라의 토지를 빼앗으려고 토지 조사 사업을 벌였다.
⑤ 군대에서의 경찰인 헌병들에게 한국인들을 감시하게 했다.

10 서술형   ● 11종 공통

다음 대화에서 준범이의 대답으로 알맞은 내용을 쓰시오.

> • 상영: 우리 민족이 광복을 맞이하는 데 대한민국 임시 정부가 큰 활약을 했어.
> • 준범: 맞아. 비밀 연락망 조직, 독립 자금 모금, 한국광복군 창설 등 많은 활동을 했지.
> • 상영: 그런데 여러 지역의 임시 정부를 통합해서 대한민국 임시 정부를 수립한 까닭은 무엇일까?
> • 준범: _____

_____

_____

11 ➕ 11종 공통

우리 민족이 광복을 맞이할 수 있었던 배경에 대한 설명으로 옳은 것에 ○표, 옳지 않은 것에 ✕표를 하시오.

(1) 제2차 세계 대전에서 연합국이 패배했습니다.
(   )

(2) 국내외 독립운동가들이 독립을 위해 끊임없이 노력했습니다.
(   )

12 ➕ 11종 공통

모스크바 3국 외상 회의에서 한반도와 관련해 결정된 사항을 두 가지 고르시오. (,   )

① 한국의 독립
② 임시 정부 수립
③ 대한민국 정부 수립
④ 남한만의 총선거 실시
⑤ 정부 수립 전 신탁 통치 실시

13 ➕ 11종 공통

대한민국 정부 수립과 관련하여 다음과 같은 주장을 한 사람은 누구입니까? (   )

> 통일 정부를 몹시 기다리지만 잘되지 않으니, 우리 남쪽만이라도 임시 정부 혹은 위원회 같은 것을 조직해 38 이북에서 소련이 물러나도록 세계의 여론에 호소해야 한다.

① 김구   ② 서재필   ③ 안중근
④ 유관순   ⑤ 이승만

14 ➕ 11종 공통

다음 ㉠~㉣을 6·25 전쟁의 전개 과정에 알맞게 순서대로 기호를 쓰시오.

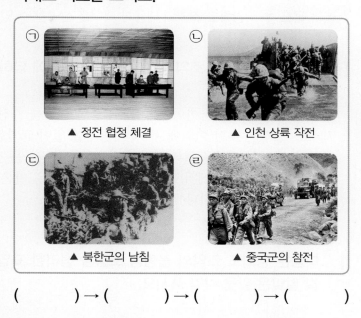

㉠ ▲ 정전 협정 체결   ㉡ ▲ 인천 상륙 작전
㉢ ▲ 북한군의 남침   ㉣ ▲ 중국군의 참전

(   ) → (   ) → (   ) → (   )

15 서술형   동아출판, 아이스크림 외

다음 그래프를 통해 알 수 있는 6·25 전쟁의 피해를 쓰시오.

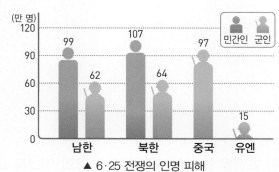

▲ 6·25 전쟁의 인명 피해

_____

_____

_____

평가 주제	강화도 조약과 강화도 조약의 의의
평가 목표	강화도 조약의 내용과 의의를 설명할 수 있다.

[1-2] 다음은 강화도 조약의 일부입니다. 물음에 답하시오.

> 제1조 조선은 자주국이며, 일본과 평등한 권리를 가진다.
> 제4조 조선은 부산 이외에 두 개의 항구를 열어 교역한다.
> 제7조 조선의 해안을 일본 사람이 자유롭게 측량하는 것을 허가한다.
> 제10조 조선의 항구에서 죄를 지은 일본 사람은 일본의 법에 따라 일본 관리가 심판한다.

1 다음은 강화도 조약의 불평등 조항을 정리한 표입니다. ㉠, ㉡에 들어갈 알맞은 말을 각각 쓰시오.

조항	불평등 조항인 이유
제1조	(㉠)이/가 조선을 간섭하는 것을 막고 일본의 침략을 더욱 쉽게 만듦.
제7조	일본이 우리나라의 해안을 관측해 정보를 얻고 군함과 같은 배들이 자유롭게 접근할 수 있게 됨.
제10조	(㉡)들이 조선 땅에서 더욱 자유롭게 지낼 수 있게 함.

도움 강화도 조약을 맺게 된 배경을 떠올려 봅니다.

2 위 조항을 참고하여 강화도 조약의 의의를 쓰시오.

도움 강화도 조약 이후 조선은 서양의 다른 나라들과도 조약을 맺어 교류를 시작했습니다.

2 단원

평가 주제	일제의 식민 통치와 국외 독립운동 알아보기
평가 목표	일제의 식민 통치 시기 국외 독립운동가들의 활동을 쓸 수 있다.

[1-3] 다음은 일제의 식민 통치 시기 국외 독립운동가들의 활동입니다. 물음에 답하시오.

> ㈎ (㉠)은/는 민족의 실력을 양성하려고 노력한 독립운동가입니다. 그는 국권을 빼앗기기 이전 평양에 대성 학교를 설립했으며, 국권 피탈 이후 그는 흥사단을 세워 한국인들의 실력 양성 운동에 앞장섰습니다.
>
> ㈏ (㉡)은/는 명문가의 자손으로, 그의 집안은 조선에서 손꼽히는 부자였습니다. (㉡)와/과 그의 형제들은 전 재산을 팔아 독립운동 자금을 마련하여 신흥 강습소(신흥 무관 학교)를 세워 독립군을 길러냈습니다.
>
> ㈐ 최재형은 부를 쌓아 자신의 재산을 독립운동에 바쳤습니다. 그는 안중근의 의거를 도왔습니다.

1 위의 ㉠, ㉡에 들어갈 알맞은 독립운동가의 이름을 쓰시오.

㉠ (   ), ㉡ (   )

> 도움 일제의 식민 통치 시기 활동했던 독립운동가를 떠올려 봅니다.

2 ㈎, ㈏의 밑줄 친 부분과 관련된 지역을 보기 에서 골라 쓰시오.

> 보기
>
> • 일본　　• 만주　　• 미국　　• 연해주　　• 제주도

㈎ 흥사단: (   )

㈏ 신흥 강습소(신흥 무관 학교): (   )

> 도움 일제의 탄압과 수탈이 계속되자 국내 활동이 어려워진 독립운동가들은 다른 나라로 건너가 활동을 이어나갔습니다.

3 ㈐의 밑줄 친 '안중근의 의거'의 내용을 쓰시오.

_____

_____

> 도움 국권을 지키기 위한 안중근의 노력을 떠올려봅니다.

● 정답과 풀이 22쪽

평가 주제	대한민국 정부 수립과 역사적 의의
평가 목표	대한민국 정부 수립 과정과 역사적 의의를 설명할 수 있다.

[1-3] 다음 글을 읽고, 물음에 답하시오.

⑺ 이제 무기한 연기된 회의가 재개될 기색도 보이지 않으며 통일 정부를 몹시 기다리지만 잘되지 않으니, 우리 남쪽만이라도 임시 정부 혹은 위원회 같은 것을 조직해 38 이북에서 소련이 물러나도록 세계의 여론에 호소해야 한다.

⑻ 한국이 있어야 한국 사람이 있고 민주주의도 공산주의도 또 무슨 단체도 있을 수 있는 것이다. 그러면 자주독립적 통일 정부를 수립해야 하는 이때에 어찌 개인이나 자기 집단의 욕심을 탐해 국가 민족의 백 년 계획을 그르칠 사람이 있으랴.

⑼ 유구한 역사와 전통에 빛나는 <u>우리들 대한 국민은 기미 삼일 운동으로 대한민국을 건립하여 세계에 선포한 위대한 독립 정신을 계승하여</u> …… 단기 4281년 7월 12일 이 헌법을 제정한다.
제1조 대한민국은 민주 공화국이다.
제2조 대한민국의 주권은 국민에게 있고 모든 권력은 국민으로부터 나온다.
– 『제헌 헌법』, 1948년 7월

1 위의 ⑺, ⑻는 대한민국 정부 수립 과정에서 나온 서로 다른 주장입니다. 각각 누구의 주장인지 쓰시오.

⑺ (   ), ⑻ (   )

도움 대한민국 정부 수립 방법을 두고 남한만의 총선거를 주장하는 쪽과 통일 정부를 주장하는 쪽이 대립했습니다.

2 ⑼의 밑줄 친 부분을 통해 알 수 있는 점을 한 가지만 쓰시오.

_____

_____

도움 제헌 헌법은 5·10 총선거로 구성된 제헌 국회에서 통과되어 공포되었습니다.

3 대한민국 정부 수립의 역사적 의의를 쓰시오.

_____

_____

도움 국권 피탈 이후 우리 민족의 염원을 떠올려 봅니다.

동아출판 초등 무료 스마트러닝

동아출판 초등 **무료 스마트러닝**으로
초등 전 과목 · 전 영역을 쉽고 재미있게!

백점수학 1-1 동영상 학습
응용력을 높여주는 문제 풀이 강의

과목별 · 영역별 특화 강의

전 과목 개념 강의

국어 독해 지문 분석 강의

구구단 송

그림으로 이해하는 비주얼씽킹 강의

과학 실험 동영상 강의

과목별 문제 풀이 강의

서비스 제공 교재 동아전과 | 백점 시리즈 | 큐브수학 | 빠작 초등 국어 | 초능력 | 초고필 | 하이탑 초등 과학

강의가 더해진, **교과서 맞춤 학습**

백점

사회 5·2

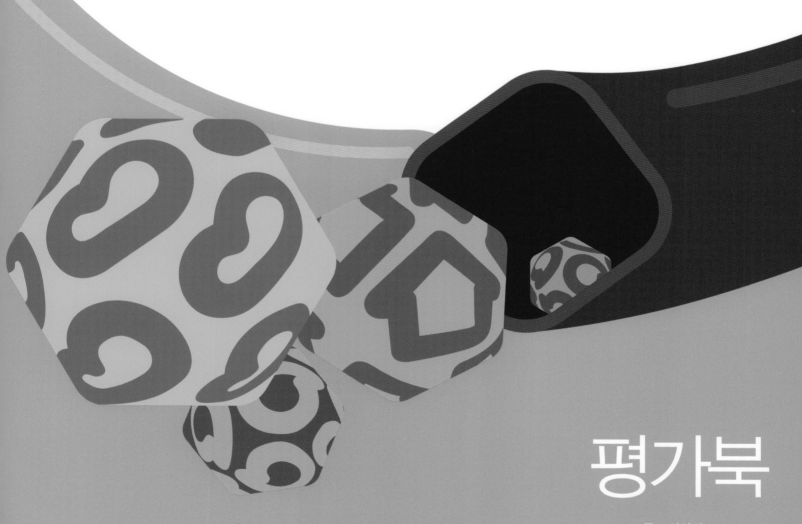

평가북

● 묻고 답하기
● 중단원 평가, 대단원 평가
● 수행 평가

동아출판

평가북 구성과 특징

1 **단원별 개념 정리**가 있습니다.
- **묻고 답하기:** 단원의 핵심 내용을 묻고 답하기로 빠르게 정리할 수 있습니다.

2 **단원별 다양한 평가**가 있습니다.
- **중단원 평가, 대단원 평가, 수행 평가:** 다양한 유형의 문제를 풀어봄으로써 수시로 실시되는 학교 시험을 완벽하게 대비할 수 있습니다.

백점

BOOK 2 평가북

사회 5·2

✏ 빈칸에 알맞은 답을 쓰세요.

1 한반도와 주변 지역에서 우리 역사 속 최초로 등장한 국가는 어디입니까?

2 미송리식 토기, 탁자식 고인돌, ( )은/는 고조선을 대표하는 문화유산입니다.

3 ( )은/는 부여에서 내려온 주몽이 압록강 근처 졸본에 세운 나라입니다.

4 고구려, 백제, 신라 모두 전성기에 영역을 크게 넓혔고, ( ) 유역을 차지했습니다.

5 백제는 삼국 중에 가장 먼저 ( ) 때 전성기를 맞았습니다.

6 신라는 ( )와/과 동맹을 맺고 백제와 고구려를 멸망시킨 후, ( )와/과의 전쟁에서 승리하여 삼국 통일을 이루었습니다.

7 고구려의 유민인 대조영이 고구려 유민들과 말갈족을 이끌고 동모산 지역에 세운 나라는 어디입니까?

8 익산 ( ) 석탑은 우리나라에 남아 있는 석탑 중에서 가장 크고 오래되었습니다.

9 통일 신라 시대에 화강암을 쌓아 올려 동굴처럼 만든 인공 절은 무엇입니까?

10 ( )은/는 고구려의 문화를 이어받았기 때문에 고구려와 문화유산의 생김새가 비슷합니다.

1 단원

1 고조선의 건국 이야기에서 (   )은/는 평양성을 수도로 정하고, 나라 이름을 조선이라 하였습니다.

2 건국 이야기에서 (   )을/를 세운 주몽은 활을 잘 쏘았다고 전해집니다.

3 주몽의 아들인 비류와 (   )은/는 고구려를 떠나 각각 나라를 세웠습니다.

4 건국 이야기에 따르면 신라를 세운 박혁거세는 큰 (   )에서 태어났다고 전해집니다.

5 서쪽으로는 요동 지역을 차지하고 남쪽으로는 백제를 공격해 한강 북쪽을 차지한 고구려의 왕은 누구입니까?

6 (   ) 때 신라는 삼국 통일을 이루었습니다.

7 당은 발해를 '바다 동쪽의 크게 번영한 나라'라는 뜻에서 '(   )'(이)라고 불렀습니다.

8 하늘의 해와 달, 별 등을 관찰하는 시설로 알려져 있는 신라의 문화유산은 무엇입니까?

9 가야 지역은 (   )을/를 이용해 칼과 창, 갑옷 등을 만들었으며, 다른 나라와 활발히 교류하였습니다.

10 석굴암과 불국사는 불교 사상을 잘 표현한 (   )의 문화유산입니다.

1 ⊕ 11종 공통

다음 ( ) 안에 들어갈 알맞은 나라를 쓰시오.

> 청동기 시대에 한반도와 그 주변 지역에서는 권력을 가진 사람이 다스리는 집단들이 생겨났고, 이들 중 강한 집단은 주변의 다른 집단을 정복하여 세력을 키웠습니다. 이 과정에서 우리 역사 속 최초의 국가인 ( )이/가 세워졌습니다.

( )

2 ⊕ 11종 공통

다음 밑줄 친 부분을 보고 알 수 있는 당시 고조선 사회가 중요시한 것은 무엇입니까? ( )

> 옛날에 환인의 아들인 환웅은 인간 세상을 널리 이롭게 하려고 <u>바람, 비, 구름을 다스리는 신하와 무리 삼천 명을 이끌고 내려와 세상을</u> 다스렸다.

① 농업   ② 미술   ③ 과학
④ 무역   ⑤ 상업

3 ⊕ 11종 공통

다음 ㉠, ㉡에 들어갈 알맞은 숫자를 쓰시오.

> 고조선에는 법 조항 (㉠) 개가 있었는데, 오늘날에는 (㉡) 개 만이 전해지고 있으며, 이를 보고 당시 사람들의 생활 모습을 짐작할 수 있습니다.

㉠ ( ), ㉡ ( )

4 서술형 ⊕ 11종 공통

다음 고조선의 법 조항을 통해 알 수 있는 고조선 사회의 생활 모습을 두 가지 쓰시오.

> 도둑질한 사람은 데려다 노비로 삼으며, 죄를 면하려면 50만 전을 내야 한다.

_____

_____

5 ⊕ 11종 공통

다음 중 고조선의 문화유산을 모두 고르시오.

(, ,)

①
▲ 미송리식 토기

②
▲ 비파형 동검

③
▲ 『삼국유사』

④
▲ 탁자식 고인돌

6 ➕ 11종 공통

고구려, 백제, 신라를 건국한 사람이 알맞게 짝지어
진 것은 어느 것입니까? (   )

① 신라 – 온조   ② 백제 – 주몽
③ 고구려 – 주몽   ④ 백제 – 박혁거세
⑤ 고구려 – 박혁거세

[7-8] 다음은 삼국의 전성기를 나타낸 지도입니다.
물음에 답하시오.

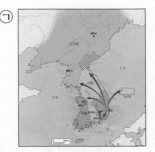
▲ 신라의 전성기

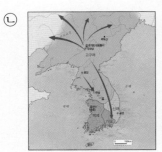
▲ 고구려의 전성기

▲ 백제의 전성기

7 ➕ 11종 공통

위 ㉠~㉢을 고구려, 백제, 신라가 전성기를 맞았던
순서대로 기호를 쓰시오.

(   ) → (   ) → (   )

8 ➕ 11종 공통

아래 ㉡ 시기의 고구려에 대한 설명으로 알맞은 것을
두 가지 고르시오. (　　 ,　　)

① 대가야를 흡수했다.
② 요동 지역을 차지했다.
③ 가야 연맹을 소멸시켰다.
④ 평양성으로 수도를 옮겼다.
⑤ 백제에게 한강 유역을 빼앗겼다.

9 ➕ 11종 공통

다음 (   ) 안에 들어갈 신라의 전성기를 이끈 왕은
누구입니까? (   )

> (   )은/는 백제 연합군과 함께 고구려가 차
> 지했던 한강 유역을 빼앗았습니다. 이후 한강 유역
> 을 놓고 신라와 백제가 전쟁을 벌였고, 그 결과 신
> 라가 승리하여 한강 유역을 차지했습니다.

① 법흥왕   ② 진흥왕   ③ 장수왕
④ 문무왕   ⑤ 광개토대왕

10 서술형 ➕ 11종 공통

위 **9**번 답의 왕이 신라의 영토 경계를 대내외적으로
알리고자 한 일을 쓰시오.

_____

_____

[11-13] 다음은 삼국의 통일 과정을 나타낸 지도입니다. 물음에 답하시오.

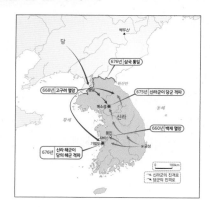

11 ➕ 11종 공통

위의 지도에서 한반도에 있던 고구려, 백제, 신라의 삼국을 하나로 통일한 나라를 쓰시오.

(   )

12 ➕ 11종 공통

위의 지도에서 신라와 당이 전쟁을 벌인 까닭은 무엇입니까? (   )

① 당의 영토를 빼앗기 위해서
② 당이 한반도 전체를 차지하려고 해서
③ 당이 백제와 연합하여 신라를 공격해서
④ 당이 고구려와 연합하여 신라를 공격해서
⑤ 당이 백제와 고구려 부흥 운동을 지원해서

13 ➕ 11종 공통

위의 지도에 나타난 삼국 통일 과정에 대해 <u>잘못</u> 설명한 것을 보기 에서 골라 기호를 쓰시오.

보기

㉠ 문무왕 때 신라가 삼국 통일을 이루었다.
㉡ 김춘추는 당과 동맹을 맺고 왕위에 올랐다.
㉢ 신라는 백제와 고구려를 차례대로 멸망시켰다.
㉣ 당이 한반도 전체를 차지하려고 하자 신라는 당을 상대로 전쟁을 벌였으나 패했다.

(   )

14 서술형 ➕ 11종 공통

다음 지도의 ㉠에 들어갈 국가를 쓰고, ㉠의 역사가 우리나라의 역사인 까닭을 쓰시오.

---

15 ➕ 11종 공통

백제 무령왕릉에서 발견된 유물이 <u>아닌</u> 것은 어느 것입니까? (   )

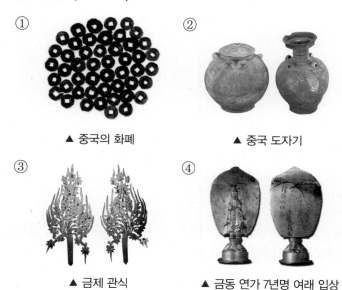

① ▲ 중국의 화폐

② ▲ 중국 도자기

③ ▲ 금제 관식

④ ▲ 금동 연가 7년명 여래 입상

16 ✚ 11종 공통

우리나라에 남아 있는 석탑 중에서 가장 크고 오래된 석탑은 무엇입니까? (   )

① 황룡사 9층 목탑
② 상경성 발해 석등
③ 경주 불국사 다보탑
④ 익산 미륵사지 석탑
⑤ 경주 불국사 3층 석탑

17 ✚ 11종 공통

다음은 경주에 남아 있는 신라의 문화유산입니다. 이를 통해 알 수 있는 점을 두 가지 고르시오.
(,   )

▲ 봉수형 유리병

▲ 신라 금관

① 신라의 인구
② 신라의 문화
③ 신라의 대외 관계
④ 신라 사람들의 이름
⑤ 신라 사람들의 평균 수명

18 ✚ 11종 공통

가야에 대해 잘못 설명한 친구를 골라 ○표 하시오.

(1)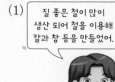
질 좋은 철이 많이 생산 되어 철을 이용해 칼과 창 등을 만들었어.

(   )

(2)
삼국과 갈등을 겪어서 다른 나라와 전혀 교류가 없었어.

(   )

19 ✚ 11종 공통

통일 신라의 문화유산인 석굴암에 대한 설명으로 알맞지 않은 것은 어느 것입니까? (   )

① 유네스코 세계 유산으로 지정되었다.
② 화강암을 쌓아 올려 동굴처럼 만들었다.
③ 내부에 불교와 관련된 다양한 조각이 있다.
④ 일제 강점기에 해체되어 지금은 남아 있지 않다.
⑤ 지붕은 여러 개의 돌을 둥글게 쌓아 올려 기둥을 세우지 않고도 튼튼하게 유지될 수 있다.

20 서술형 ✚ 11종 공통

오른쪽 문화유산을 통해 알 수 있는 발해 문화의 특징을 쓰시오.

_____

_____
▲ 상경성 발해 석등

1
단원

✏️ 빈칸에 알맞은 답을 쓰세요.

1 신라 말에 여러 호족 중에서 세력을 키운 견훤은 후백제를, 궁예는 (   )을/를 세웠습니다.

---

2 왕건이 궁예를 몰아내고 세운 나라의 이름은 무엇입니까?

---

3 서희는 거란의 장수와 담판을 벌였고 그 결과 송과 외교 관계를 끊고, 거란과 교류할 것을 약속했으며 (   )을/를 확보했습니다.

---

4 거란의 3차 침입 이후 고려는 국경 지역에 (   )을/를 쌓고 수도 개경을 둘러싼 성을 쌓아 외적의 침입에 대비했습니다.

---

5 여진이 고려의 국경을 침입하자 윤관의 의견에 따라 만든 기병 중심의 특수 부대는 무엇입니까?

---

6 여진은 쇠퇴하였고, 북쪽의 유목 민족이던 (   )이/가 힘을 키웠습니다.

---

7 몽골의 1차 침입 이후 고려는 도읍을 개경에서 (   )(으)로 옮기고 몽골과 싸웠습니다.

---

8 청자의 (   ) 기법은 표면에 무늬를 내고, 거기에 다른 흙을 메운 후 유약을 발라 굽는 방법입니다.

---

9 초조대장경이 불에 타 없어지자 부처의 힘으로 몽골의 침입을 이겨 내기 위해 다시 만든 대장경을 무엇이라고 합니까?

---

10 목판은 보관하기 어렵지만, (   )은/는 금속으로 만들어져 부서지거나 휘어지지 않고, 보관이 쉽습니다.

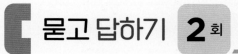
✏️ 빈칸에 알맞은 답을 쓰세요.

1 신라, 후백제, 후고구려를 (　　　　)(이)라고 합니다.

2 태조 (　　　　)은/는 나라 이름을 고구려를 계승한다는 뜻으로 '고려' 라고 했으며, 수도를 송악으로 옮겼습니다.

3 서희는 고려와 송의 관계를 끊기 원하는 거란의 침입 의도를 파악하고, 적의 진영으로 가서 (　　　　)와/과 담판을 벌였습니다.

4 강감찬을 비롯한 고려군이 돌아가는 거란군을 귀주에서 크게 물리친 사건은 무엇입니까?

5 윤관이 부대를 이끌고 여진을 공격한 뒤, 고려는 (　　　　)을/를 세웠다가 이후 여진에게 돌려줬습니다.

6 (　　　　)은/는 근거지를 강화도에서 진도와 제주도로 옮겨 가며 맞서 싸웠으나 고려와 몽골의 연합군의 공격으로 실패하였습니다.

7 (　　　　)의 침입으로 초조대장경, 황룡사 9층 목탑 등의 문화유산이 불탔습니다.

8 고려 시대를 대표하는 예술품인 (　　　　)은/는 높은 온도를 견디는 흙과, 높은 온도로 일정하게 도자기를 구울 수 있는 가마, 비색을 내는 제작 기법을 모두 갖추어야 만들 수 있었습니다.

9 (　　　　)은/는 글자가 고르고 틀린 글자도 거의 없어서 고려의 목판 제조술, 조각술, 인쇄술 등의 기술이 매우 뛰어났음을 알 수 있습니다.

10 (　　　　)은/는 오늘날 전해지는 금속 활자 인쇄본 중 가장 오래된 것입니다.

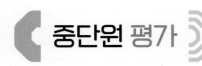
1 ➕ 11종 공통

신라 말의 상황에 대한 설명으로 옳지 <u>않은</u> 것을 보기 에서 골라 기호를 쓰시오.

> 보기 🖊
> ㉠ 정치가 혼란해졌다.
> ㉡ 귀족들이 왕위 다툼을 했다.
> ㉢ 왕권이 강화되고 나라가 안정되었다.
> ㉣ 지방에서 새로운 정치 세력인 호족이 등장했다.

( )

2 ➕ 11종 공통

다음 ㉠~㉣을 고려의 건국과 후삼국 통일 과정에 알맞게 순서대로 기호를 쓰시오.

> 보기 🖊
> ㉠ 신라 항복   ㉡ 고려 건국
> ㉢ 후삼국 통일   ㉣ 후백제 멸망

( ) → ( ) → ( ) → ( )

3 서술형 ➕ 11종 공통

다음과 같은 고려의 건국 과정에서 왕건이 궁예를 몰아내고 왕이 된 까닭을 쓰시오.

> 왕건은 궁예가 세력을 키우자 그의 신하가 되어 후고구려의 건국을 도왔습니다. 그 후 궁예를 몰아내고 고려를 세웠습니다.

_____

_____

4 ➕ 11종 공통

다음 질문에 대한 답변에서 <u>잘못</u> 설명한 내용은 어느 것입니까? ( )

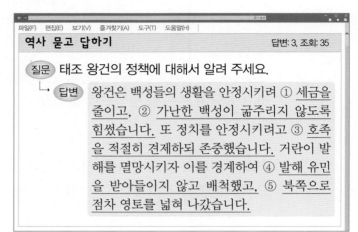

> 역사 묻고 답하기   답변: 3, 조회: 35
>
> 질문 태조 왕건의 정책에 대해서 알려 주세요.
>
> └ 답변 왕건은 백성들의 생활을 안정시키려 ① 세금을 줄이고, ② 가난한 백성이 굶주리지 않도록 힘썼습니다. 또 정치를 안정시키려고 ③ 호족을 적절히 견제하되 존중했습니다. 거란이 발해를 멸망시키자 이를 경계하여 ④ 발해 유민을 받아들이지 않고 배척했고, ⑤ 북쪽으로 점차 영토를 넓혀 나갔습니다.

5 ➕ 11종 공통

다음 ( ) 안에 들어갈 알맞은 말에 ○표 하시오.

> 거란은 당이 멸망한 이후 당의 북쪽 지역에서 세력을 키워 나라를 세웠습니다. 이후 거란이 발해를 멸망시키고 송이 건국되자 고려는 (송 , 거란)과 우호적으로 지내면서 (송 , 거란)을 더욱 경계 했습니다.

6 ➕ 11종 공통

다음 거란의 1차 침입 당시 대화를 읽고, ( ) 안에 들어갈 알맞은 사람을 쓰시오.

> • 소손녕: 고구려는 신라를 계승하였으므로, 고구려의 옛 땅은 우리 거란의 것이다.
> • ( ): 아니다. 우리가 바로 고구려의 후계자이다. 그래서 나라 이름을 고려라 한 것이다.

( )

7 비상교과서, 아이스크림 외

다음 (　　) 안에 들어갈 알맞은 사람은 누구입니까?
(　　)

> 거란의 1차 침입 이후 거란이 다시 침입해왔습니다. 거란의 침입을 받아 한때 개경이 함락되기도 했지만, 고려가 거란과의 관계 회복을 약속하자 거란군이 철수하였습니다. 이 때 (　　　)의 군대가 돌아가는 거란군을 끈질기게 공격해 타격을 주었으며, 포로가 되었던 고려 사람들을 구출하기도 했습니다.

① 서희　　　　② 양규　　　　③ 윤관
④ 김숙흥　　　⑤ 김윤후

8 서술형　➕11종 공통

다음과 같은 상황에서 고려가 어떻게 대응하였는지 쓰시오.

> 강동 6주를 돌려 달라는 거란의 요구를 고려가 거부하자, 거란은 고려를 다시 침입해 왔습니다.

_____

9 ➕11종 공통

다음 사람들의 공통점은 무엇입니까? (　　　　)

▲ 서희

▲ 강감찬

① 귀주 대첩에서 활약했다.
② 몽골이 고려를 침입했을 때 몽골에 끝까지 저항했다.
③ 거란의 1차 침입 당시 적의 진영으로 가서 담판을 벌였다.
④ 고려가 거란의 침입을 극복하는 과정에서 큰 활약을 했다.
⑤ 거란의 1차 침입 당시 거란과 싸우지 말고 항복하자고 했다.

10 아이스크림, 천재교육 외

다음 ㉠, ㉡에 들어갈 말이 알맞게 짝지어진 것은 어느 것입니까? (　　　　)

> 위의 그림은 「척경입비도」라는 조선 시대의 그림입니다. 고려 시대에 별무반을 이끌었던 (　㉠　) 이/가 여진을 공격한 뒤 (　㉡　)을/를 개척하고 '고려의 영토'라고 새겨진 비석을 세우는 모습이 나타나 있습니다.

	㉠	㉡		㉠	㉡
①	양규	동북 9성	②	윤관	강동 6주
③	윤관	동북 9성	④	강감찬	강동 6주
⑤	강감찬	동북 9성			

11 ✚ 11종 공통

다음 ( ) 안에 들어갈 알맞은 민족은 무엇입니까?
( )

> 북쪽의 유목 민족이던 ( )은 칭기즈 칸을 중심으로 부족을 통일하고 세력이 더욱 강해지면서 주변 나라에 물자를 많이 바칠 것을 요구했습니다.

① 몽골   ② 말갈   ③ 거란
④ 여진   ⑤ 돌궐

[12-13] 다음 지역 카드를 보고, 물음에 답하시오.

> 몽골의 1차 침입 이후 고려가 도읍을 옮긴 지역에 있는 고려의 왕궁터

▲ 앞면   ▲ 뒷면

12 ✚ 11종 공통

위의 지역 카드에 해당하는 지역은 어디입니까?
( )

① 개경   ② 강화도   ③ 거제도
④ 백령도   ⑤ 영종도

13 ✚ 11종 공통

위의 지역 카드에서 설명하는 곳으로 고려가 도읍을 옮긴 까닭이 아닌 것은 어느 것입니까? ( )

① 몽골은 바다에서 전투를 하는 것에 약했기 때문에
② 강화도의 면적이 넓어 많은 사람이 지낼 수 있었기 때문에
③ 뱃길로 육지의 세금과 각종 물건을 옮길 수 있었기 때문에
④ 몽골이 강화도로 강제로 도읍을 옮기도록 요구했기 때문에
⑤ 강화도는 물살이 매우 빠르고 갯벌이 넓어 몽골군이 침략하기 어려운 지역이었기 때문에

14 ✚ 11종 공통

다음 지도의 ㉠에 대한 설명으로 옳지 않은 것은 어느 것입니까? ( )

① 몽골과 끝까지 싸워 승리하였다.
② 고려 조정과 몽골에 끝까지 저항했다.
③ 무신 정권이 권력을 지키기 위해 만든 군대이다.
④ 근거지를 강화도에서 진도와 제주도(탐라)로 옮겨 다녔다.
⑤ 고려가 전쟁을 멈추는 조건으로 개경으로 돌아가자 이에 반발하였다.

15 ✚ 11종 공통

다음 고려의 문화유산에 대한 설명으로 알맞지 않은 것은 어느 것입니까? ( )

▲ 청자 기와

▲ 청자 베개

① 만드는 것이 어려웠다.
② 고려 시대를 대표하는 예술품이다.
③ 귀족부터 일반 백성까지 널리 사용했다.
④ 당시 귀족들의 화려한 문화를 엿볼 수 있다.
⑤ 특정한 제작 기법을 갖추어야 만들 수 있다.

16 ⊕ 11종 공통

다음 ㉠, ㉡에 들어갈 알맞은 말을 각각 쓰시오.

청자 제작 기술은 (㉠)에서 들어왔으나 고려는 (㉡) 기법을 적용해 독창적인 예술품을 만들었습니다. (㉡) 기법은 표면에 무늬를 새기고, 흙을 메워 넣어 굽는 방법입니다.

㉠ (   ), ㉡ (   )

17 ⊕ 11종 공통

다음은 팔만대장경판을 만드는 과정 중 어떤 과정에 해당합니까? (   )

① 바람이 잘 드는 그늘에서 1년간 말리기
② 나무를 잘라 바닷물에 2년간 담가 두기
③ 나무를 알맞은 크기로 자른 뒤 소금물에 삶기
④ 귀퉁이를 구리판으로 감싸고 옻칠해 보관하기
⑤ 일정한 크기로 잘라 글자를 새기고 틀린 글자 보관하기

18 서술형 ⊕ 11종 공통

팔만대장경판으로 알 수 있는 고려 기술의 우수성을 한 가지만 쓰시오.

_____

_____

19 ⊕ 11종 공통

목판 인쇄술과 금속 활자 인쇄술의 특징을 알맞게 연결한 것은 어느 것입니까? (   )

① 목판 인쇄술 – 보관하기 쉬웠다.
② 목판 인쇄술 – 판을 새로 짤 수 있었다.
③ 금속 활자 인쇄술 – 보관하기 어려웠다.
④ 금속 활자 인쇄술 – 갈라지고 휘어지는 성질이 있었다.
⑤ 금속 활자 인쇄술 – 여러 종류의 책을 만드는 데 효율적이었다.

20 ⊕ 11종 공통

『직지심체요절』에 대해 잘못 설명한 친구는 누구입니까? (   )

① 태현: 현재 프랑스 국립 도서관에 보관되어 있어.
② 소미: 유네스코 세계 기록 유산으로 등재되어 있어.
③ 천수: 본래 상, 하 두 권인데 현재는 하권만 전해지고 있어.
④ 진우: 오늘날 전해지는 목판 인쇄본 중 가장 오래된 것이야.
⑤ 연정: 불교의 가르침 중에서 깨달음에 관한 내용을 정리한 것이야.

✏ 빈칸에 알맞은 답을 쓰세요.

1 고려 말 (   )의 횡포로 나라 안팎이 매우 혼란스러웠습니다.

2 조선은 (   ) 정치 이념을 내세우며 세운 나라입니다.

3 조선의 유교 정신이 담긴 건축물 중 토지의 신과 곡식의 신에게 제사를 지내는 곳은 어디입니까?

4 세종은 (   )을/를 설치해 학자들이 학문과 정책을 연구하도록 하였습니다.

5 과학 기술자이자 발명가인 (   )은/는 조선 세종 때 노비 신분을 벗고 발탁되어 혼천의 등 다양한 과학 기구를 만들었습니다.

6 조선 시대에 편찬된 책으로 우리 땅과 기후에 맞는 농사법을 정리한 책은 무엇입니까?

7 양반과 상민 사이에 있는 신분으로 관청에서 일하거나 전문직에 종사하였던 신분은 무엇입니까?

8 도요토미 히데요시가 명으로 가는 길을 빌려달라는 구실로 부산으로 침략해 온 사건을 무엇이라고 합니까?

9 정묘호란은 조선이 명을 가까이하고 (   )을/를 멀리하자 조선을 굴복시키고자 쳐들어온 사건입니다.

10 청이 조선을 침입하자 인조는 (   )(으)로 피신하여 청에 맞서 싸웠습니다.

✏️ 빈칸에 알맞은 답을 쓰세요.

1 (   )들 중 일부는 홍건적과 왜구의 침입을 물리치며 성장한 신흥 무인 세력과 손잡고 고려 사회의 문제를 해결하고자 했습니다.

2 태조 이성계는 고조선을 잇는다는 의미로 나라 이름을 조선이라 정하였고, 도읍을 개경에서 (   )(으)로 옮겼습니다.

3 조선의 유교 정신이 담긴 건축물 중 (   )은/는 역대 왕과 왕비의 위패를 모시고 제사를 지내던 곳입니다.

4 세종은 읽고 쓰기 편한 독창적 문자인 (   )을/를 창제했습니다.

5 조선의 과학 문화유산으로 물이 흐르는 것을 이용하여 자동으로 시간을 알려 주는 기계는 무엇입니까?

6 조선 시대의 (   )은/는 크게 양인과 천인으로 나뉘었습니다.

7 중국과 우리나라의 충신과 효자, 열녀의 이야기를 담은 조선 시대의 책은 무엇입니까?

8 (   )이/가 이끄는 수군은 거북선, 화포 등의 발달한 무기를 이용해 옥포에서 일본군과 싸워 첫 승리를 거두었습니다.

9 임진왜란 때 의병 (   )은/는 경상도 의령과 함안 일대에서 의병을 모아 일본군과 싸워 이겼습니다.

10 후금은 세력을 더욱 키워 나라 이름을 (   )(으)로 고치고 정묘호란 때 맺은 '형제의 관계'를 '임금과 신하의 관계'로 바꾸자고 했습니다.

1 ➕ 11종 공통

다음 ( ) 안에 공통으로 들어갈 세력은 무엇인지 쓰시오.

> ( )은/는 고려 말 등장한 새로운 정치 세력으로 성리학을 공부하고 과거 시험으로 관리가 된 사람들입니다. ( ) 중 일부는 신흥 무인 세력과 손잡고 고려 사회의 문제를 해결하고자 했습니다.

( )

2 ➕ 11종 공통

다음은 조선의 건국 과정입니다. ㉠에 들어갈 사건이 아닌 것은 어느 것입니까? ( )

고려 말 새로운 세력의 등장

↓

㉠

↓

이성계와 조선 개국파의 조선 건국

① 이성계의 아들인 이방원이 정몽주를 죽였다.
② 고려 개혁파와 조선 개국파가 갈등을 일으켰다.
③ 이성계가 신진 사대부와 함께 토지 제도를 개혁했다.
④ 이성계를 중심으로 한 세력이 개경(개성)에서 한양으로 도읍을 옮겼다.
⑤ 이성계가 위화도에서 군대를 되돌려 반대 세력을 몰아내고 권력을 잡았다.

3 ➕ 11종 공통

다음 ㈎에 들어갈 주장으로 알맞은 것을 모두 고르시오. (, ,)

> 기존의 잘못된 규칙과 제도를 바꾸는 등 고려를 유지하면서 개혁해야 합니다.

㈎

▲ 정몽주   ▲ 정도전

① "고려를 대신하는 새로운 왕조를 세워야 합니다."
② "관리들의 부정부패를 줄이면 고려의 문제를 해결할 수 있습니다."
③ "고려의 문제가 너무 많아서 일부를 고쳐서는 해결할 수 없습니다."
④ "관리부터 임금까지 모든 부분에 문제가 있으니 모든 것을 새롭게 시작해야 합니다."
⑤ "나라 안과 밖이 혼란스러운데 임금까지 바꾸면 사회 문제를 해결하기 더욱 어렵습니다."

4 서술형 ➕ 11종 공통

조선이 한양을 도읍으로 정한 까닭을 쓰시오.

_____

_____

5 ➕ 11종 공통

다음 ( ) 안에 들어갈 알맞은 말을 쓰시오.

> 조선은 ( ) 정치 이념을 내세우며 세운 나라로서 백성을 나라의 근본으로 삼았습니다.

( )

6 ➕ 11종 공통

다음에서 설명하는 건축물의 모습으로 알맞은 것을 골라 ○표 하시오.

- 한양의 사대문 중 하나입니다.
- 남쪽 문으로 예의를 존중한다는 의미를 담았습니다.

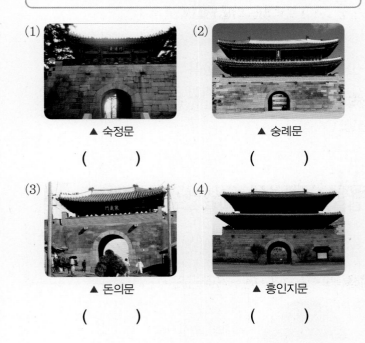

(1) ▲ 숙정문 (　　　)

(2) ▲ 숭례문 (　　　)

(3) ▲ 돈의문 (　　　)

(4) ▲ 흥인지문 (　　　)

7 서술형 ➕ 11종 공통

다음과 같은 조선의 과학 문화유산이 백성들의 생활에 준 도움을 쓰시오.

▲ 앙부일구　　　▲ 혼천의　　　▲ 『칠정산』

_____

_____

8 ➕ 11종 공통

『농사직설』에 담긴 내용을 알맞게 말한 친구를 찾아 이름을 쓰시오.

우리 땅과 기후에 맞는 농사법을 담고 있어.

농민들이 따라야 할 유교 윤리를 알려 주는 책이야.

▲ 예나　　　▲ 민수

(　　　　　　　)

[9-10] 다음은 세종대왕 집권 시기의 국경을 나타낸 지도입니다. 물음에 답하시오.

9 ➕ 11종 공통

위 지도의 ㉠, ㉡에 들어갈 알맞은 말을 쓰시오.

㉠ (　　　　　　　), ㉡ (　　　　　　　)

10 ➕ 11종 공통

위의 지도를 통해 알 수 있는 점은 무엇입니까?
(　　　)

① 세종은 국방에는 소홀했다.
② 조선의 국경은 고려 말과 동일했다.
③ 조선의 국경은 발해와 인접해 있었다.
④ 4군 6진을 개척해 조선의 국경을 확대했다.
⑤ 세종이 집권할 때 조선을 침입한 외적이 없었다.

11 11종 공통

조선 시대에 다음과 같은 생활을 한 신분은 무엇입니까? (   )

의료 행위나 통역, 법 등을 담당하는 관리나 지방의 행정 업무를 돕는 향리를 했습니다.

① 왕   ② 양반   ③ 중인
④ 상민   ⑤ 천민

12 11종 공통

다음에서 설명하는 책의 이름을 쓰시오.

중국과 우리나라의 충신과 효자, 열녀의 이야기를 담아 백성들이 일상생활에서 유교 윤리를 실천할 수 있도록 편찬한 책입니다. 글자를 모르는 백성들도 책에 실린 그림을 보고 이야기를 이해할 수 있었습니다.

(   )

13 11종 공통

조선 시대의 훌륭한 예술가이자 율곡 이이의 어머니인 다음 ㉠에 들어갈 사람은 누구입니까?

(   )

① 김만덕   ② 신윤복   ③ 신사임당
④ 혜경궁 홍씨   ⑤ 민회빈 강씨

14 11종 공통

다음 ㉠에 들어갈 사람은 누구입니까? (   )

인물 탐구 보고서

㉠

• 시대: 조선시대
• 업적
 – 판옥선과 거북선을 만들었습니다.
 – 명량 대첩에서 일본군을 크게 무찔렀습니다.

① 원균   ② 신립   ③ 권율
④ 곽재우   ⑤ 이순신

15 11종 공통

다음에서 설명하는 전법의 이름을 쓰시오.

학이 날개를 펼친 듯한 형태로 전선을 배치해 적을 공격하는 방법입니다. 이 전법으로 한산도 대첩에서 일본 수군을 크게 물리쳤습니다.

(   )

16 비상교육, 아이스크림 외

다음 ( ) 안에 공통으로 들어갈 이름을 쓰시오.

◀ ( ) 동상

( )은/는 의령 지역에서 의병을 일으켜 일본군을 물리쳤습니다. 붉은 옷을 입고 싸웠기 때문에 '홍의 장군'으로 불렸습니다.

( )

17 서술형 ➕ 11종 공통

다음은 병자호란이 일어나기 전의 상황입니다. 이러한 상황에서 광해군은 어떤 외교를 펼쳤는지 쓰시오.

후금이 명을 위협하고 있소. 조선, 우리를 도와주시오.

• 명은 세력이 약해져 가고 있었고, 여진은 후금을 세우고 명을 위협했습니다.
• 명은 후금을 물리치려고 조선에 군사 지원을 요청했습니다.

_____

_____

[18-20] 다음은 병자호란의 전개 과정입니다. 물음에 답하시오.

후금이 나라 이름을 청으로 고치고 조선을 다시 침입함.

⬇

인조가 (㉠)(으)로 피신하여 청에 맞서 싸움.

⬇

㉡

⬇

인조가 (㉢)에서 청 태종에게 항복했음.

18 ➕ 11종 공통

위의 ㉠에 들어갈 알맞은 장소의 이름을 쓰시오.

( )

19 ➕ 11종 공통

위 ㉡에 들어갈 사건을 두 가지 고르시오. (,)

① 광해군이 중립 외교를 펼침.
② 소현 세자와 봉림 대군이 청에 인질로 끌려감.
③ 명이 후금을 물리치려고 조선에 군사를 요청함.
④ 강화도가 함락되어 피란 가 있던 왕족과 대신들이 청의 포로가 됨.
⑤ 신하들은 청군과 끝까지 싸워야 한다는 견해와 싸움을 멈추고 화해하자는 견해로 나뉘어 있었음.

20 ➕ 11종 공통

오른쪽 비석과 관련된 위 ㉢에 들어갈 장소는 어디입니까?

( )

① 강화도   ② 거제도
③ 삼전도   ④ 울릉도
⑤ 여의도

1 ➕ 11종 공통

다음 고조선의 법 조항을 통해 알 수 있는 고조선의 생활 모습이 <u>아닌</u> 것은 어느 것입니까? (　　　)

> • 사람을 죽인 사람은 사형에 처한다.
> • 남에게 상해를 입힌 사람은 곡식으로 갚는다.
> • 남의 물건을 훔친 사람은 데려다 노비로 삼으며, 죄를 면하려면 50만 전을 내야 한다.

① 신분 제도가 있었다.
② 화폐의 개념이 있었다.
③ 개인의 재산을 인정했다.
④ 모든 사람이 평등하게 생활했다.
⑤ 큰 죄는 법으로 엄격하게 다스렸다.

2 아이스크림, 천재교육 외

다음 ㉠, ㉡에 들어갈 알맞은 사람을 보기 에서 골라 각각 쓰시오.

> 보기 ●
> • 비류   • 온조   • 주몽   • 박혁거세

> (1) 알에서 태어난 (㉠)은/는 활을 잘 쏘았다고 전해집니다. 살던 곳에서 도망칠 때 자라와 물고기가 다리를 놓아주었다고 합니다. 이후 (㉠) 일행은 무사히 도망쳐서 고구려를 세웠습니다.
>
> (2) 신라를 세운 (㉡)은/는 큰 알에서 태어났다고 전해집니다. 이를 신기하게 여긴 사람들은 (㉡)이/가 성장하자 임금으로 모셨고, 이후 신라를 세웠습니다.

㉠ (　　　　　　　　　), ㉡ (　　　　　　　　　)

3 ➕ 11종 공통

다음 중 고구려의 전성기를 이끈 왕을 두 명 고르시오.
(　　,　　)

① 법흥왕
② 장수왕
③ 진흥왕
④ 근초고왕
⑤ 광개토대왕

4 ➕ 11종 공통

다음 ㉠에 들어갈 사건은 무엇입니까? (　　　)

① 발해 건국
② 신라의 대가야 흡수
③ 신라 군대의 당 군대 격파
④ 고구려, 광개토대왕릉비 건립
⑤ 신라, 평양 지역으로 수도 천도

5 ➕ 11종 공통

다음에서 설명하는 나라를 쓰시오.

> • 대조영이 동모산 지역에 세운 나라입니다.
> • 당은 '바다 동쪽의 크게 번영한 나라'라는 뜻에서 이 나라를 '해동성국'이라고 불렀습니다.

(　　　　　　　　　)

[6-7] 다음 보기 를 보고, 물음에 답하시오.

보기

▲ 무용총 접객도

▲ 무령왕릉

▲ 금동 대향로

▲ 첨성대

6 ⊕ 11종 공통

신라의 문화유산을 보기 에서 찾아 기호를 쓰시오.

( )

7 서술형 비상교과서, 아이스크림 외

다음은 위의 ⓒ에서 출토된 유물입니다. 이를 통해 알 수 있는 점을 쓰시오.

▲ 중국 화폐

▲ 중국 도자기

▲ 일본 소나무로 만든 관

8 ⊕ 11종 공통

고려를 세운 왕건이 펼친 정책으로 옳지 않은 것은 어느 것입니까? ( )

① 불교를 장려했다.

② 백성의 세금을 줄였다.

③ 발해 유민을 받아들였다.

④ 남쪽으로 점차 영토를 넓혀 나갔다.

⑤ 호족을 견제하되 존중하면서 나라를 다스렸다.

9 ⊕ 11종 공통

다음 친구가 설명하는 인물은 누구인지 쓰시오.

거란의 침입 의도를 파악하고 거란의 장수 소손녕과 담판을 벌였어요. 담판의 결과 고려는 송과 관계를 끊고 거란과 교류할 것을 약속했으며, 강동 6주를 차지하게 되었어요.

( )

10 ⊕ 11종 공통

몽골이 고려에 침입한 까닭을 알맞게 말한 친구는 누구입니까? ( )

① 한빈: 고려가 거란과 교류했기 때문이야.

② 지은: 고려가 먼저 몽골을 침입했기 때문이야.

③ 규빈: 고려가 몽골에 물자를 바칠 것을 요구했기 때문이야.

④ 다빈: 고려가 교류하자는 몽골의 제안을 거절했기 때문이야.

⑤ 유진: 고려에 온 몽골의 사신이 돌아가는 길에 죽었기 때문이야.

11 ➕ 11종 공통

다음 지도의 ㉠과 같이 근거지를 옮겨 가며 고려와 몽골 연합군에 저항한 군대의 이름을 쓰시오.

(   )

12 서술형 ➕ 11종 공통

다음과 같이 고려청자를 만들 때 필요한 것을 세 가지 쓰시오.

▲ 청자 투각 칠보무늬 뚜껑 향로   ▲ 청자 투각 의자

13 ➕ 11종 공통

다음에서 설명하는 책은 무엇입니까? (   )

> • 오늘날 전해지는 금속 활자 인쇄본 중 가장 오래된 것입니다.
> • 불교의 가르침 중에서 깨달음에 관한 내용을 정리한 것으로 본래 상, 하 두 권인데 현재는 하권만 전해지고 있습니다.

① 『경국대전』   ② 『훈민정음』
③ 『삼강행실도』   ④ 『초조대장경』
⑤ 『직지심체요절』

14 ➕ 11종 공통

고려 말에 등장한 사회 개혁 방법과 이를 주장한 사람이 알맞게 짝지어진 것은 어느 것입니까? (   )

> ㉠ 기존의 잘못된 규칙과 제도를 바꾸고 관리들을 잘 관리한다면 문제를 해결할 수 있습니다.

> ㉡ 문제가 적지 않아서 일부를 고쳐서는 해결할 수 없고, 임금님도 문제가 있으니 모든 것을 새롭게 시작해야 합니다.

	㉠	㉡
①	정도전	정몽주
②	정도전	정약용
③	정몽주	정도전
④	정몽주	이순신
⑤	정약용	장영실

15 ➕ 11종 공통

임금이 덕으로써 나라를 다스려 만년 동안 큰 복을 누리라는 뜻으로 지은 건축물의 이름은 무엇입니까?

(   )

① 보신각   ② 경복궁   ③ 덕수궁
④ 숭례문   ⑤ 돈의문

16 ➕ 11종 공통

다음에서 설명하는 과학 문화유산은 무엇입니까?
( )

'스스로 종을 쳐서 시각을 알려 주는 물시계'라는 의미로 2시간마다 십이지신에 해당하는 동물 인형이 종과 북을 울려 시각을 알려주었습니다.

① 자격루   ② 측우기   ③ 혼천의
④『칠정산』   ⑤ 앙부일구

17 ➕ 11종 공통

다음 중 세종대왕 시기의 업적이 <u>아닌</u> 것은 어느 것입니까? ( )

① 집현전을 설치해 학자들을 키웠다.
②『칠정산』이라는 역법서를 만들었다.
③ 외적의 침입에 대비해 천리장성을 쌓았다.
④ 천문 현상을 연구하고자 혼천의를 만들었다.
⑤ 우리 땅에서 나는 약재의 정보를 책으로 정리했다.

18 ➕ 11종 공통

조선 시대 신분에 따른 생활 모습이 알맞게 짝지어진 것을 보기 에서 모두 골라 기호를 쓰시오.

보기 ●
㉠ 천민 – "매일 양반의 집에서 허드렛일을 하니 몸이 너무 힘들구려."
㉡ 상민 – "관리가 되어 나라를 다스려 보니 쉬운 일이 아님을 느끼고 있소."
㉢ 양반 – "오늘은 지역의 선비들과 유교의 가르침이 담긴 책을 공부하는 날이오."
㉣ 중인 – "어제 외국에서 사신이 왔다네. 통역을 해야 하니 오늘도 바쁠 것 같소."

( )

19 ➕ 11종 공통

다음 친구가 존경하는 인물은 누구인지 쓰시오.

• 선생님: 오늘은 내가 가장 존경하는 역사 속 인물에 대해 이야기해 봅시다.
• 정현: 저는 임진왜란을 승리로 이끈 ( )을/를 존경합니다. ( )와/과 수군은 거북선, 화포 등의 무기를 이용해 옥포에서 일본군과 싸워 첫 승리를 거둔 후 한산도 대첩, 명량 대첩 등 모든 전투에서 승리했습니다.

( )

20 서술형 ➕ 11종 공통

다음과 같은 병자호란의 결과를 한 가지만 쓰시오.

후금은 세력을 더욱 키워 나라 이름을 청으로 고치고 정묘호란 때 맺은 '형제의 관계'를 '임금과 신하의 관계'로 바꾸자고 했지만 조선이 청의 요구를 거절하자 청은 조선을 다시 침입했습니다.

_____

_____

● 정답과 풀이 27쪽

평가 주제	고구려, 백제, 신라의 문화유산 알아보기
평가 목표	고구려, 백제, 신라의 문화유산을 구분하고, 그 특징을 설명할 수 있다.

[1-3] 다음은 고구려, 백제, 신라의 문화유산입니다. 물음에 답하시오.

ㄱ ▲ 금동 연가 7년명 여래 입상

ㄴ ▲ 익산 미륵사지 석탑

ㄷ ▲ 황룡사 9층 목탑

ㄹ ▲ 금동 대향로

ㅁ ▲ 무용총 접객도

ㅂ ▲ 첨성대

1 위 고구려, 백제, 신라의 문화유산을 구분하여 기호를 쓰시오.

(1) 고구려

(2) 백제

(3) 신라

2 위의 ㄱ, ㄴ, ㄷ과 모두 관계있는 종교의 이름을 쓰시오.

(   )

3 고구려, 백제, 신라가 위 **2**번 답의 종교를 백성에게 장려하고 이 종교와 관련된 문화유산을 만든 까닭을 쓰시오.

_____

_____

평가 주제	목판 인쇄술과 금속 활자 인쇄술 알아보기
평가 목표	목판 인쇄술과 금속 활자 인쇄술을 비교하여 쓸 수 있다.

[1-2] 다음 자료를 보고, 물음에 답하시오.

1 위와 같은 과정으로 제작된 오늘날 세계에서 가장 오래된 금속 활자 인쇄본은 무엇인지 쓰시오.

(   )

2 다음은 위와 같은 금속 활자 인쇄술의 장점과 한계를 정리한 표입니다. 밑줄 친 부분에 들어갈 내용으로 알맞은 것을 두 가지 쓰시오.

장점	_____ _____
한계	인쇄 기술은 발달했지만, 한자를 읽고 쓰는 사람이 많지 않았기 때문에 지식과 정보의 확산으로 이어지지 못했습니다.

✏️ 빈칸에 알맞은 답을 쓰세요.

1 영조와 정조는 (   )을/를 실시하여 왕권을 강화하고 정치를 안정시키고자 했습니다.

2 조선 후기에 등장한 새로운 문물과 현실 문제에 관심을 두고 다양한 분야를 연구한 학문은 무엇입니까?

3 조선 후기의 서민 문화 중 (   )은/는 이야기를 노래 형식으로 표현한 공연입니다.

4 왕실과 혼인 관계를 맺은 가문들이 국정을 독점하는 정치를 무엇이라고 합니까?

5 어린 고종이 왕이 되자, 고종의 아버지 (   )은/는 고종을 대신해서 나라를 다스렸습니다.

6 (   )은/는 프랑스가 통상을 요구하며 강화도를 침략한 사건입니다.

7 프랑스와 미국에 두 차례나 침략을 당한 이후 흥선 대원군은 한양과 전국 각지에 (   )을/를 세웠습니다.

8 조선은 (   )에서 일본과 최초의 근대적 조약을 맺고 개항했습니다.

9 김홍집을 비롯한 일부 사람들은 (   )과의 관계를 유지하면서 서양의 기술을 받아들여 개화해야 한다고 주장했습니다.

10 청일 전쟁에서 유리해진 일본이 조선의 정치에 심하게 간섭하자 (   ) 농민군은 일본을 몰아내려고 다시 봉기했습니다.

✏ 빈칸에 알맞은 답을 쓰세요.

1 정조는 (   )을/를 설치하여 관리들을 길러냈으며, 신분 때문에 능력을 발휘하지 못하던 인재들을 뽑아서 썼습니다.

2 조선 후기의 실학자 김정호는 우리나라의 지도인 (   )을/를 제작했습니다.

3 조선 후기의 서민 문화로 동물, 문자, 꽃, 나무 등을 그려 복을 바라는 마음을 담은 그림을 무엇이라고 합니까?

4 (   ) 이후 왕들이 어린 나이로 왕위에 오르자 왕의 외척이 나라의 권력을 잡는 세도 정치가 나타났습니다.

5 흥선 대원군은 세금을 내지 않으면서 재산을 쌓던 (   )을/를 일부만 남기고 정리했습니다.

6 미군이 군함을 이끌고 통상을 요구하며 강화도를 침략한 사건을 무엇이라고 합니까?

7 강화도 조약은 다른 나라와 맺은 최초의 (   ) 조약이었으나 불평등한 조약이었습니다.

8 김옥균을 비롯한 (   ) 개화파는 청의 간섭을 물리치고 서양의 기술, 사상, 제도까지 받아들여 개화해야 한다고 주장했습니다.

9 (   )은/는 우정총국의 개국 축하 잔치를 틈타 일으킨 정변입니다.

10 (   )은/는 주모자가 누구인지 알지 못하도록 참여한 사람들의 이름을 원을 중심으로 돌려가며 작성한 문서입니다.

1 ➕ 11종 공통

다음은 조선 후기의 상황을 정리한 표입니다. ( ) 안에 공통으로 들어갈 말을 쓰시오.

임진왜란 즈음	조선의 지배층이 ( )을/를 이루어 정치를 이끌어 나갔음.
조선 후기	( ) 간에 의견 대립이 자주 일어나면서 정치가 혼란스러워졌음.

(   )

2 ➕ 11종 공통

다음 중 영조가 펼친 정책이 <u>아닌</u> 것은 어느 것입니까?

(   )

① 세금을 줄였다.
② 탕평책을 실시했다.
③ 신문고를 재설치했다.
④ 수원 화성을 건설했다.
⑤ 많은 책을 편찬해 학문과 제도를 정비했다.

3 ➕ 11종 공통

다음에서 설명하는 문화유산을 보기 에서 골라 기호를 쓰시오.

┌─ 보기 ●─────────────────────┐
│ ㉠ 규장각   ㉡ 수원 화성   ㉢ 신문고 │
└──────────────────────────┘

(1) 정조가 정치, 군사, 상업의 중심지로 삼으려고 건설한 도시 (   )

(2) 학자들이 학문을 연구하고 나라의 정치를 의논하던 왕실의 도서관 (   )

4 ➕ 11종 공통

조선 후기 실학자들의 주장으로 알맞지 <u>않은</u> 것은 어느 것입니까? (   )

① "상업과 공업을 발달시켜야 한다."
② "청의 문물을 적극적으로 받아들여야 한다."
③ "우리의 지리, 역사, 언어, 자연 등을 연구해야 한다."
④ "토지 제도를 개혁하여 백성들도 땅을 가질 수 있도록 해야 한다."
⑤ "성리학을 발전시켜 일반 백성들보다 양반들이 더 잘사는 나라를 만들어야 한다."

5 서술형 ➕ 11종 공통

다음과 같은 문화가 조선 후기에 발달한 배경을 쓰시오.

▲ 민화

▲ 탈춤

▲ 판소리

_____

_____

6 비상교과서, 천재교과서 외

다음과 같이 당시 사람들의 생활 모습을 담고 있는 조선 후기의 서민 문화는 무엇입니까? (   )

▲ 신윤복의 「단오풍정」

▲ 김홍도의 「서당도」

① 민화
② 탈놀이
③ 풍속화
④ 판소리
⑤ 한글 소설

7 ➕ 11종 공통

탈춤에 대한 설명으로 알맞은 것을 보기 에서 모두 골라 기호를 쓰시오.

보기
㉠ 긴 이야기를 노래로 들려주는 공연이다.
㉡ 주로 사람이 많이 모이는 곳에서 공연되었다.
㉢ 실용적인 목적에 따라 그린 대중적인 그림이다.
㉣ 서민들의 생각과 감정을 솔직하게 표현하여 인기를 얻었다.

(   )

8 ➕ 11종 공통

흥선 대원군이 추진한 정책으로 알맞지 않은 것은 어느 것입니까? (   )

① 전국 각지에 탕평비를 세웠다.
② 통상 수교 거부 정책을 펼쳤다.
③ 국왕 중심으로 정치를 운영했다.
④ 서원을 일부만 남기고 모두 정리했다.
⑤ 임진왜란 때 불에 탔던 경복궁을 고쳐 지었다.

9 서술형 ➕ 11종 공통

다음과 같은 정책이 백성의 불만을 산 까닭은 무엇인지 쓰시오.

임진왜란 때 불탄 경복궁을 다시 지었습니다.

_____

_____

10 ➕ 11종 공통

다음 문화유산과 관련 있는 역사적 사건은 무엇인지 쓰시오.

▲ 수자기

(   )

11 ✚ 11종 공통

다음 두 사건의 공통점은 무엇입니까? (   )

• 병인양요   • 신미양요

① 미국이 강화도를 침략한 사건이었다.
② 일본이 강화도를 침략한 사건이었다.
③ 프랑스가 강화도를 침략한 사건이었다.
④ 조선이 개항하는 직접적인 계기가 된 사건이었다.
⑤ 서양이 조선에 통상을 요구하며 강화도를 침략한 사건이었다.

[12-13] 다음을 보고, 물음에 답하시오.

'서양의 오랑캐가 침범하는데도 그들과 싸우지 않으면 화해하자는 것이요, 화해를 주장하는 것은 나라를 파는 일이다.'

12 ✚ 11종 공통

위와 같은 내용이 새겨져 있는 흥선 대원군이 세운 비석의 이름을 쓰시오.

(   )

13 ✚ 11종 공통

위 **12**번의 답을 전국 각지에 세운 목적으로 알맞은 것은 어느 것입니까? (   )

① 서원을 모두 없애기 위해서
② 왕실의 권위를 세우기 위해서
③ 서양 세력과 외교 관계를 맺기 위해서
④ 세도 정치의 잘못된 점을 알리기 위해서
⑤ 서양과 교류하지 않겠다는 의지를 널리 알리기 위해서

14 ✚ 11종 공통

다음 조약에 대한 설명으로 알맞지 <u>않은</u> 것은 어느 것입니까? (   )

제1조   조선은 자주국이며, 일본과 평등한 권리를 가진다.
제4조   조선은 부산 이외에 두 개의 항구를 열어 교역한다.
제7조   조선의 해안을 일본 사람이 자유롭게 측량하는 것을 허가한다.
제10조 조선의 항구에서 죄를 지은 일본 사람은 일본의 법에 따라 일본 관리가 심판한다.

① 일본의 압박으로 체결되었다.
② 이 조약의 결과 조선이 개항을 하게 되었다.
③ 일본은 조선에 군함을 보내 통상을 요구했다.
④ 서양의 다른 나라들과 조약을 맺은 뒤 일본과 맺은 조약이다.
⑤ 조선이 다른 나라와 맺은 최초의 근대적 조약이지만, 불평등한 조약이다.

15 ✚ 11종 공통

다음과 같은 개혁안을 내세웠던 사건은 무엇인지 쓰시오.

1. 청에 바치던 조공을 없앨 것
2. 모든 사람이 평등한 권리를 갖도록 하고, 능력에 따라 관리를 임명할 것
3. 세금 제도를 개혁하여 관리의 부정을 막고 백성을 보호하며, 재정을 넉넉하게 할 것

(   )

16 ➕ 11종 공통

갑신정변을 주도한 사람으로 알맞지 <u>않은</u> 사람은 누구입니까? (   )

① 김홍집   ② 김옥균   ③ 박영효
④ 서재필   ⑤ 서광범

17 서술형 ➕ 11종 공통

갑신정변의 의의와 한계점을 쓰시오.

_____

_____

_____

18 ➕ 11종 공통

다음에서 설명하는 사람은 누구입니까? (   )

동학 농민 운동의 지도자로, 고부 군수의 횡포를 막기 위해 사람들을 모아 동학 농민군을 일으켰습니다.

① 김옥균   ② 김홍집   ③ 전봉준
④ 조병갑   ⑤ 최제우

19 ➕ 11종 공통

동학 농민 운동의 전개 과정 중 네 번째로 일어난 일을 보기 에서 골라 기호를 쓰시오.

보기 ●
ㄱ 청일 전쟁이 일어났다.
ㄴ 동학 농민군이 일본을 몰아내려고 다시 일어났다.
ㄷ 공주 우금치에서 벌어진 전투에서 동학 농민군이 패했다.
ㄹ 동학 농민군이 조선 정부와 협상해 개혁안을 약속받고 전주성에서 물러났다.
ㅁ 동학 농민 운동의 지도자가 동학 농민군을 일으켰고, 전라도 일대로 세력을 넓혔다.

(   )

20 ➕ 11종 공통

다음 조선 후기의 사건들을 일어난 순서대로 알맞게 나열한 것은 어느 것입니까? (   )

ㄱ 병인양요   ㄴ 신미양요
ㄷ 갑신정변   ㄹ 동학 농민 운동
ㅁ 강화도 조약 체결

① ㄱ-ㄴ-ㅁ-ㄷ-ㄹ
② ㄴ-ㄷ-ㅁ-ㄹ-ㄱ
③ ㄷ-ㅁ-ㄱ-ㄴ-ㄹ
④ ㄹ-ㄷ-ㄱ-ㅁ-ㄴ
⑤ ㅁ-ㄹ-ㄷ-ㄴ-ㄱ

✏ 빈칸에 알맞은 답을 쓰세요.

1 고종과 명성황후가 러시아의 힘을 빌려 일본의 간섭에서 벗어나려고 하자 일본이 명성황후를 시해한 사건을 무엇이라고 합니까?

2 ( )은/는 정부의 지원으로 『독립신문』을 발간하고, 독립 협회를 설립했습니다.

3 러시아와의 전쟁에서 승리한 일제는 대한 제국의 외교권을 빼앗는 조약인 ( )을/를 강제로 체결했습니다.

4 을미사변과 ( )에 반발하여 양반 유생들을 중심으로 의병이 일어났습니다.

5 안중근이 동양의 평화를 해치는 원흉으로 지목해 1909년에 하얼빈역에서 저격한 사람은 누구입니까?

6 대한 제국의 국권을 강제로 빼앗은 일제는 한국인들을 지배하고자 ( )(이)라는 통치 기구를 만들었습니다.

7 안창호는 미국 샌프란시스코에 ( )을/를 세워 한국인들의 실력 양성을 위한 운동에 앞장섰습니다.

8 ( ) 당시 만세 시위에 참여했던 경기도 화성 제암리에서는 군인들이 주민들을 교회에 모아 놓고 무자비하게 학살했습니다.

9 한인 애국단원 ( )은/는 일본 왕의 생일을 기념하는 행사가 열린 상하이 훙커우 공원에서 폭탄을 던지는 의거를 실행했습니다.

10 대한민국 임시 정부는 여러 지역에 흩어져 싸우던 독립군을 모아 ( )을/를 창설해 일본군과의 전쟁을 준비했습니다.

✏️ 빈칸에 알맞은 답을 쓰세요.

1 독립 협회가 자주독립 의식을 높이고자 (   )을/를 세우고 만민 공동회를 개최했습니다.

2 러시아 공사관에서 경운궁(덕수궁)으로 돌아온 고종은 환구단에서 황제로 즉위했으며, (   )을/를 선포했습니다.

3 고종은 네덜란드 (   )에 특사를 파견해 을사늑약이 무효임을 알리고자 노력했으나 성과를 거두지 못했습니다.

4 평민 의병장으로 강원도, 경상도, 충청도 지역에서 활약했으며, '태백산 호랑이'라고 불리기도 했던 사람은 누구입니까?

5 국권 피탈 이전 안창호가 국권을 찾는 데 필요한 인재를 기르기 위해 평양에 세운 학교의 이름은 무엇입니까?

6 조선 총독부는 토지의 소유자를 확인한다는 명분으로 (   )을/를 실시 했고, 이 사업으로 농민은 땅을 잃기도 했습니다.

7 만주에 신흥 강습소(신흥 무관 학교)를 세우고 많은 독립운동가를 키워 낸 사람은 누구입니까?

8 1919년 9월에 중국 상하이에서 (   )이/가 수립됐습니다.

9 순종의 장례식을 계기로 학생들이 벌인 만세 운동을 무엇이라고 합니까?

10 일제 강점기에 (   )은/는 한글을 보급하는 데 힘썼고, 사전을 편찬하려 했으나 일제의 방해로 성공하지 못했습니다.

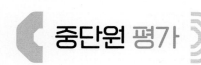

중단원 평가

[1-2] 다음 글을 읽고, 물음에 답하시오.

일본이 경복궁에 침입해 을미사변을 일으킨 후 고종은 일본의 영향력을 약화하고 자신의 안전을 지키기 위해 (   ) 공사관으로 피신했습니다.

1 ➕ 11종 공통

윗글의 (   ) 안에 들어갈 알맞은 나라는 어디입니까? (   )

① 청   ② 미국   ③ 일본
④ 러시아   ⑤ 프랑스

2 서술형 ➕ 11종 공통

윗글과 같은 상황이 조선을 둘러싼 러시아, 일본의 세력 관계에 끼친 영향을 쓰시오.

_____

_____

3 ➕ 11종 공통

다음 (   ) 안에 공통으로 들어갈 신문의 이름을 쓰시오.

• 갑신정변의 주역 중 한 명인 서재필은 정변 실패 후 일본을 거쳐 미국으로 떠났다가 조선 정부의 부름으로 고국에 돌아와 (   )을/를 발간했습니다.
• 서재필은 정부의 지원으로 (   )을 발간해 나라 안팎의 소식을 사람들에게 알리고 조선의 자주 독립을 강조했습니다.

(   )

4 ➕ 11종 공통

독립 협회가 한 일로 알맞은 것을 보기 에서 모두 골라 기호를 쓰시오.

┌─ 보기 ●
│ ㉠ 독립문 건설
│ ㉡ 만민 공동회 개최
│ ㉢ 대한 제국 수립 선포
│ ㉣ 공장과 회사 설립 지원
└

(   )

5 ➕ 11종 공통

다음에서 설명하는 장소의 이름을 쓰시오.

황제가 하늘에 제사를 지내던 곳으로, 고종이 황제로 즉위한 곳입니다.

(   )

6 ✚ 11종 공통

다음 ( ) 안에 들어갈 알맞은 말은 무엇입니까?

( )

> 일제의 특사로 대한 제국에 온 이토 히로부미는 고종 황제의 거부에도 (　　　)을/를 빼앗는 을사늑약을 강제로 체결했습니다.

① 입법권 　　② 외교권 　　③ 사법권
④ 경찰권 　　⑤ 행정권

7 ✚ 11종 공통

다음 ( ) 안에 들어갈 알맞은 사건을 두 가지 고르시오. (,)

> (　　　)에 반발하여 양반 유생들을 중심으로 의병이 일어났습니다. 여러 혼란 속에서 고종이 러시아 공사관으로 거처를 옮긴 이후 고종이 해산 명령을 내리자 의병은 스스로 해산했습니다.

① 을미사변
② 아관파천
③ 단발령 실시
④ 을사늑약 체결
⑤ 대한 제국의 군대 해산

8 ✚ 11종 공통

다음 인물과 인물이 한 일을 선으로 알맞게 연결하시오.

(1) 안창호 ・　　　　　・ ㉠ 오산 학교 설립

(2) 이승훈 ・　　　　　・ ㉡ 대성 학교 설립

9 ✚ 11종 공통

다음 ( ) 안에 공통으로 들어갈 신문을 쓰시오.

> • 『황성신문』, (　　　) 등은 일제의 침략 행위를 비판하는 기사를 실어 많은 사람들의 애국심을 높였습니다.
> • (　　　)은/는 영국인 베델이 사장이었기 때문에 일제를 비판하는 기사를 실을 수 있었습니다.

( )

2 단원

10 ✚ 11종 공통

다음 글에서 밑줄 친 '이 사람'을 보기 에서 골라 기호를 쓰시오.

> 이 사람은 을사늑약을 강제로 맺게 한 이토 히로부미를 하얼빈 역에서 사살하였습니다. 이토 히로부미 저격 직후 그 자리에서 붙잡혔고, 일본 측에 넘겨져 뤼순 감옥에서 재판을 받았습니다.
> 이 사람은 재판에서 일본의 만행을 밝히며, 일제의 침략 행위를 비판하였고, 결국 일본인만으로 구성된 법정에서 사형을 선고 받았습니다.

보기 ●

㉠ ▲ 안창호　　　㉡ ▲ 안중근　　　㉢ ▲ 최재형

( )

11 ✚ 11종 공통

다음 ( ) 안에 들어갈 알맞은 기구는 무엇입니까?
( )

> 대한 제국의 국권을 강제로 **빼앗은** 일제는 한국인들을 지배하고자 ( )(이)라는 통치 기구를 만들었습니다.

① 흥사단
② 독립 협회
③ 조선 총독부
④ 만민 공동회
⑤ 신흥 무관 학교

13 ✚ 11종 공통

독립운동가의 활동과 관련해 ㉠, ㉡에 들어갈 말을 알맞게 짝지은 것은 어느 것입니까? ( )

안창호	미국 샌프란시스코에서 (㉡)을/를 세워 한국인들의 실력 양성을 위한 운동에 앞장섰음.
㉠	만주에 신흥 강습소를 세우고 많은 독립 운동가와 항일 독립군을 키워 냈음.

　　㉠　　㉡　　　　　㉠　　㉡
① 안중근　흥사단　② 이회영　흥사단
③ 이회영　대성 학교　④ 최재형　흥사단
⑤ 최재형　대성 학교

12 ✚ 11종 공통

다음에서 설명하는 것은 무엇인지 쓰시오.

> 이 땅에서 나가시오. 조사 결과 이 땅은 당신 땅이 아닌 것으로 확인되었소.

조선 총독부는 토지의 소유자를 확인한다는 명분으로 위와 같은 사업을 벌였습니다. 이 사업으로 농민은 땅을 잃기도 했습니다. 일제는 토지 소유자들에게 세금을 더 많이 거둬들여 한국인을 억압하는 데 사용했습니다.

( )

14 ✚ 11종 공통

다음 지도와 같이 전개된 민족 운동의 이름을 쓰시오.

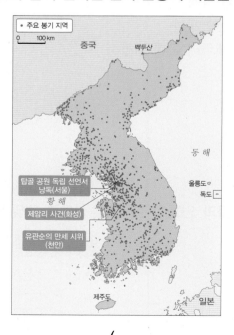

( )

15 서술형 ⊕ 11종 공통

다음 밑줄 친 단체의 활동을 한 가지만 쓰시오.

> 대한민국 임시 정부의 김구는 한인 애국단을 조
> 직하고, 무력으로 일제에 저항했습니다.

_____

_____

16 ⊕ 11종 공통

대한민국 임시 정부의 활동으로 알맞지 <u>않은</u> 것은 어느 것입니까? (   )

① 독립 자금을 모았다.
② 다른 나라와 외교를 하며 독립운동을 펼쳤다.
③ 한국광복군을 창설해 일본과의 전쟁을 준비했다.
④ 비밀 연락망을 조직해 국내의 독립운동을 지휘했다.
⑤ 3·1 운동이 전국적으로 퍼져나갈 수 있도록 노력했다.

17 ⊕ 11종 공통

다음 지도에 나타난 독립군이 활약한 전투와 관련된 사람을 두 명 고르시오. (,   )

① 안중근   ② 안창호   ③ 김좌진
④ 홍범도   ⑤ 유관순

18 ⊕ 11종 공통

다음에서 설명하는 학생 독립운동은 어느 것입니까?
(   )

> 일본인 학생과 한국인 학생을 차별하는 현실에
> 분노한 학생들이 항의하며 벌인 시위로, 이에 공감
> 한 전국의 많은 학생이 시위에 참여했습니다. 이
> 운동은 3·1 운동 이후 우리나라에서 일어난 가장
> 큰 항일 운동입니다.

① 애국 계몽 운동   ② 동학 농민 운동
③ 항일 의병 운동   ④ 6·10 만세 운동
⑤ 광주 학생 항일 운동

19 서술형 ⊕ 11종 공통

민족 말살 통치 시기 일제가 우리의 민족정신을 훼손하기 위해 도입한 정책을 두 가지 쓰시오.

_____

_____

20 ⊕ 11종 공통

다음 대화에서 설명하는 사람은 누구입니까?
(   )

우리 민족의 우수성을 알리고자 『조선 상고사』를 비롯한 여러 역사책을 썼어.

을지문덕, 이순신과 같은 훌륭한 인물의 이야기를 책으로 펴내기도 했어.

① 안중근   ② 윤동주   ③ 신채호
④ 이육사   ⑤ 한용운

✏️ 빈칸에 알맞은 답을 쓰세요.

1 독립을 위한 우리 민족의 노력과 제2차 세계 대전에서 일본의 항복으로 8·15 (   )을/를 맞이했습니다.

2 일본이 항복하자 미국과 소련은 일본군의 무장 해제를 위해 (   )을/를 경계로 남쪽에는 미군이, 북쪽에는 소련군이 각자 주둔했습니다.

3 1945년 12월 말에 소련의 수도 (   )에서 미국, 영국, 소련의 외무장관이 모여 한반도 문제 처리 방법을 회의했습니다.

4 한반도 임시 정부 구성 방법을 논의하기 위해 열린 미국과 소련의 회의는 무엇입니까?

5 광복 3주년을 맞는 1948년 8월 15일에 (   )이/가 수립되었습니다.

6 1950년 북한군이 남한을 무력으로 통일하고자 일으킨 전쟁은 무엇입니까?

7 북한이 침략 행위를 중지하지 않자 미국을 중심으로 16개국이 참여한 (   )이/가 남한에 파견되었습니다.

8 (   )이 개입하자 국군과 유엔군은 다시 한강 이남으로 후퇴했습니다.

9 1953년 7월에 (   )이/가 결정되었고, 맞서 싸우던 자리는 휴전선이 되어 남북은 다시 둘로 나누어졌습니다.

10 6·25 전쟁 중 서로 헤어져 만나지 못하는 가족을 무엇이라고 합니까?

✏ 빈칸에 알맞은 답을 쓰세요.

1 국내외 독립운동가들의 노력과 제2차 세계 대전에서 (   )의 승리로 우리나라는 광복을 맞이했습니다.

2 1945년 미국, 영국, 소련의 외무 장관이 모여 한반도의 임시 정부 수립, 정부 수립 전 신탁 통치를 결정한 회의는 무엇입니까?

3 유엔은 (   )에서만 총선거를 하기로 결정했습니다.

4 남한에서 1948년 5월 10일에 실시된 국회 의원을 뽑는 첫 번째 민주 선거는 무엇입니까?

5 제헌 국회 의원들은 (   )을/를 초대 대통령으로 선출했습니다.

6 1950년 6월 25일에 북한군의 (   )(으)로 전쟁이 시작되었습니다.

7 국군과 유엔군은 (   )을/를 계기로 전세를 역전하고 서울을 되찾았습니다.

8 중국군이 전쟁에 개입하여 전세가 불리해지자, 국군과 유엔군은 피란민과 함께 (   ) 항구를 통해 철수하였습니다.

9 38도선을 중심으로 치열한 전투가 벌어졌고, 한편에서는 전쟁을 멈추려고 (   ) 협상을 진행했습니다.

10 6·25 전쟁 중에 많은 어린이가 부모를 잃고 전쟁(   )이/가 되었습니다.

중단원 평가

1 ➕ 11종 공통

우리 민족이 광복을 맞이할 수 있었던 배경으로 알맞은 것을 보기 에서 모두 골라 기호를 쓰시오.

> 보기
> ㉠ 독립을 위해 우리 민족이 노력했기 때문에
> ㉡ 연합국이 제2차 세계 대전에서 승리했기 때문에
> ㉢ 우리 민족이 일본과의 전쟁에서 승리했기 때문에
> ㉣ 일본이 잘못을 뉘우치고 스스로 물러났기 때문에

( )

2 ➕ 11종 공통

다음 ㉠, ㉡에 들어갈 알맞은 말을 보기 에서 골라 쓰시오.

> 일본이 항복하자 미군과 소련은 일본군의 무장 해제를 위해 38도선을 경계로 남쪽에는 (㉠)이, 북쪽에는 (㉡)이 각자 주둔했습니다.

> 보기
> • 미군   • 중국군   • 소련군   • 일본군

㉠ ( ), ㉡ ( )

3 ➕ 11종 공통

모스크바 3국 외상 회의의 결정 사항을 알맞게 말한 친구의 이름을 쓰시오.

정부 수립 전 신탁 통치를 할 것을 결정했어.

남한에서만이라도 총선거를 실시할 것을 결정했어.

▲ 민하   ▲ 정민

( )

4 서술형 ➕ 11종 공통

다음 밑줄 친 회의가 무산된 까닭을 쓰시오.

> 임시 정부 구성 방법을 논의하기 위해 <u>미소 공동 위원회</u>가 열렸지만 무산되었습니다.

_____

_____

5 ➕ 11종 공통

대한민국 정부 수립 과정 중 다음과 같은 주장을 한 사람을 보기 에서 골라 이름을 쓰시오.

> "우리 남쪽만이라도 임시 정부 혹은 위원회 같은 것을 조직해 38 이북에서 소련이 물러나도록 세계의 여론에 호소해야 한다."

> 보기

▲ 김구   ▲ 이승만

( )

6 ➕ 11종 공통

5·10 총선거의 결과로 구성된 국회에서 한 일을 보기 에서 모두 골라 기호를 쓰시오.

> 보기
> ㉠ 헌법을 제정했다.
> ㉡ 38도선을 설정했다.
> ㉢ 이승만을 초대 대통령으로 선출했다.
> ㉣ 자주 독립적인 통일 정부 수립을 주장했다.

( )

[7-9] 다음은 6·25 전쟁 과정을 나타낸 지도입니다. 물음에 답하시오.

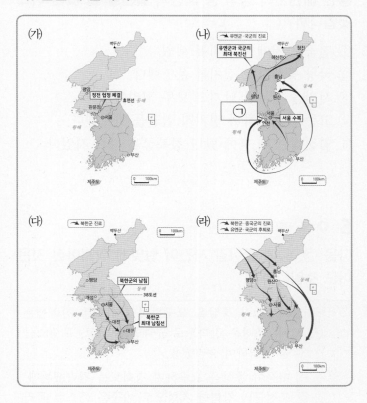

7 ➕ 11종 공통

위 (가)~(라)를 일어난 순서대로 기호를 쓰시오.

(　　) → (　　) → (　　) → (　　)

8 ➕ 11종 공통

위 (나) 지도의 ㉠에 들어갈 알맞은 사건을 쓰시오.

(　　　　　　)

9 서술형 ➕ 11종 공통

6·25 전쟁 중 (라)와 같은 상황이 나타나게 된 까닭을 쓰시오.

_____

_____

10 ➕ 11종 공통

다음 (　) 안에 들어갈 알맞은 말을 쓰시오.

6·25 전쟁 중 38도선을 중심으로 치열한 전투가 벌어졌고 한편에서는 전쟁을 멈추려고 (　　　)을/를 진행했습니다. 협상 끝에 마침내 1953년 7월에 휴전이 결정되었습니다.

(　　　　　　)

11 ➕ 11종 공통

다음 규영이의 일기에서 (　) 안에 공통으로 들어갈 말을 쓰시오.

19△△년 △△년 △△일

뉴스에서 (　　　　)이/가 상봉하는 모습을 봤다. 전쟁 중 헤어진 가족을 (　　　　)(이)라고 하는데, 이들이 서로 만나서 소식을 나누며 우는 모습을 보니 나도 슬프고 감격스러웠다.

(　　　　　　)

12 ➕ 11종 공통

6·25 전쟁으로 사람들이 겪은 어려움을 알맞게 설명한 친구의 이름을 모두 쓰시오.

• 경민: 이산가족과 전쟁 고아들이 수없이 생겨났어.
• 산하: 인구가 급격히 증가해서 주택 부족 문제, 식량 부족 문제 등이 발생했어.
• 연준: 건물, 도로, 철도, 다리 등이 파괴되어 복구하는 데 많은 시간과 비용이 들었어.

(　　　　　　)

1 서술형 ➕ 11종 공통

다음 비석을 통해 알 수 있는 영조의 개혁 정책의 내용을 쓰시오.

두루 사귀면서 편을 가르지 않는 것이 군자의 공정한 마음이요, 편을 가르고 두루 사귀지 않는 것은 소인의 사사로운 마음이다.

_____

_____

2 ➕ 11종 공통

다음 (　) 안에 들어갈 알맞은 나라는 어디입니까?
(　　　)

실학자들은 다양한 분야를 연구하며 사회가 발전하도록 노력했는데, 그중 상공업에 관심을 두었던 실학자는 (　　)의 문물을 받아들여 백성들의 삶을 풍요롭게 하는데 이용하자고 주장했습니다.

① 청　　　　② 일본　　　　③ 미국
④ 러시아　　⑤ 프랑스

3 ➕ 11종 공통

다음은 사진 전시회 초대장입니다. (　) 안에 공통으로 들어갈 말을 쓰시오.

조선 후기의 (　　) 문화
조선 후기 일반 백성이 즐겼던 한글 소설, 판소리, 풍속화, 민화, 탈춤 등 다양한 (　　) 문화와 관련된 사진을 보면서 당시 사람들의 생활 모습과 문화를 상상해 보세요!

(　　　　　　　　)

4 ➕ 11종 공통

흥선 대원군의 정책 중 백성의 불만을 산 것은 어느 것입니까? (　　　)

① 전국 각지에 척화비를 세웠다.
② 국왕 중심으로 정치를 운영했다.
③ 서원을 일부만 남기고 모두 정리했다.
④ 고종을 대신하여 정치적 실권을 차지했다.
⑤ 임진왜란 때 불에 탔던 경복궁을 다시 지었다.

5 ➕ 11종 공통

다음 ㉠, ㉡에 들어갈 사건이 알맞게 짝지어진 것은 어느 것입니까? (　　　)

㉠	프랑스가 통상을 요구하며 강화도를 침략했는데, 조선은 강화도로 군대를 보냈고, 프랑스군을 공격하여 승리했음.
㉡	미국이 통상을 요구하며 강화도를 침략했는데, 조선군의 강력한 저항으로 미군은 스스로 물러갔음.

　　㉠　　　㉡　　　　　　㉠　　　㉡
① 신미양요　병인양요　② 신미양요　병자호란
③ 병인양요　신미양요　④ 병인양요　정묘호란
⑤ 병자호란　신미양요

6 ➕ 11종 공통

갑신정변에 대한 설명으로 알맞지 않은 것은 어느 것입니까? (　　　)

김옥균을 중심으로 사람들은 ① 우정총국의 개국 축하 잔치를 틈타 정변을 일으켰습니다. 이들은 ② 새 정부를 조직하고 주요 개혁 정책을 발표했습니다. ③ 갑신정변 참가자들이 정권을 잡자 청군이 개입했지만, 일본의 지원을 받으면서 정변은 성공을 거두었습니다. 갑신정변은 ④ 새로운 국가를 만들려는 개혁 시도였습니다. 그러나 ⑤ 일본의 힘에 의지하고 준비가 부족한 상태에서 개혁을 시도한 점 때문에 많은 사람의 지지를 받지 못했습니다.

7 ➕ 11종 공통

다음은 동학 농민 운동의 전개 과정입니다. ㉠에 들어갈 내용으로 알맞은 것은 어느 것입니까? (   )

전봉준과 동학 농민군이 전라도 일대로 세력을 넓혔다.

조선은 청에 도움을 요청했고, 청이 조선에 군대를 보내자 일본도 군대를 보냈다.

㉠

청일 전쟁에서 유리해진 일본이 조선의 정치에 더욱 심하게 간섭하자 동학 농민군이 다시 봉기했다.

동학 농민군은 우금치 전투에서 패배했고, 전봉준은 체포되어 처형됐다.

① 일본이 조선에 군함을 보내 통상을 요구했다.
② 조선이 강화도에서 일본과 조약을 맺고 개항했다.
③ 흥선 대원군이 한양과 전국 각지에 척화비를 세웠다.
④ 동학 농민 운동의 지도자가 관군에게 잡혀 처형을 당했다.
⑤ 동학 농민군이 조선 정부와 협상해 개혁안을 약속받고 스스로 흩어졌다.

8 ➕ 11종 공통

대한 제국이 추진했던 개혁이 <u>아닌</u> 것은 어느 것입니까? (   )

① 독립문을 세웠다.
② 공장과 회사 설립을 지원했다.
③ 학교를 세워 인재를 양성했다.
④ 여러 가지 근대 시설을 마련했다.
⑤ 외국에 유학생을 보내 기술을 습득하게 했다.

9 서술형 ➕ 11종 공통

다음과 같은 상황 직후 일제가 벌인 일을 두 가지 쓰시오.

고종은 을사늑약이 무효임을 알리고자 네덜란드 헤이그에서 열린 만국 평화 회의에 이준, 이상설, 이위종을 특사로 파견하였습니다.

_____

_____

10 ➕ 11종 공통

안중근에 대해 <u>잘못</u> 말한 친구를 골라 ○표 하시오.

(1) 이토 히로부미를 저격했어.

(   )

(2) 뤼순 감옥에서 숨을 거뒀어.

(   )

(3) 대한 제국을 일본의 식민지로 만드는 데 앞장섰어.

(   )

(4) 연해주로 가서 의병을 모았어.

(   )

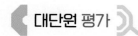

11 ⊕ 11종 공통

다음과 같은 이유로 이토 히로부미를 처단한 사람은 누구인지 쓰시오.

내가 이토를 저격한 까닭은
1. 명성황후를 시해한 죄요.
2. 대한 제국 황제를 폐위한 죄요.
3. 5조약과 7조약을 강제로 체결한 죄요.
4. 무고한 한국인들을 학살한 죄요.
5. 국권을 강탈한 죄요.
......
14. 동양의 평화를 깨뜨린 죄요.

(   )

12 ⊕ 11종 공통

다음 중 이회영에 대해 <u>잘못</u> 말한 친구는 누구입니까? (   )

① 정화: 민족의 독립을 위해 많은 노력을 했어.
② 준범: 이회영 일가는 조선에서 손꼽히는 부자였어.
③ 화영: 만주에 신흥 강습소를 세우고 항일 독립군을 키워냈어.
④ 영준: 조선 총독부의 중요한 자리에 올라가 군사 교육을 담당했어.
⑤ 나연: 나라를 일본에 빼앗기자 이회영과 형제들의 가족들은 고향을 떠나 만주 지역으로 갔어.

13 ⊕ 11종 공통

3·1 운동의 배경으로 알맞은 것은 어느 것입니까?
(   )

① 8·15 광복
② 을사늑약 체결
③ 대한민국 임시 정부 수립
④ 일제의 제암리 사건 자행
⑤ 제1차 세계 대전 패전국의 식민지 국가들의 독립

14 ⊕ 11종 공통

대한민국 임시 정부가 한 일이 <u>아닌</u> 것을 보기 에서 골라 기호를 쓰시오.

보기
㉠ 독립 자금을 모금했다.
㉡ 한국광복군을 창설했다.
㉢ 신흥 강습소를 설립했다.
㉣ 다른 나라와 외교를 하며 독립운동을 펼쳤다.
㉤ 비밀 연락망을 조직해 국내의 독립운동을 지휘했다.

(   )

15 ⊕ 11종 공통

다음 ㉠~㉤을 사건이 일어난 순서대로 기호를 쓰시오.

㉠ 8·15 광복
㉡ 6·25 전쟁
㉢ 5·10 총선거
㉣ 대한민국 정부 수립
㉤ 모스크바 3국 외상 회의 개최

(   ) → (   ) → (   ) → (   ) → (   )

16 ⊕ 11종 공통

다음 사건 이후의 상황으로 알맞은 것은 어느 것입니까? (   )

> 임시 정부 구성 방법을 논의하기 위해 미소 공동 위원회가 열렸지만, 미국과 소련 간의 서로 다른 입장으로 합의를 이루지 못했습니다.

① 우리 민족이 광복을 맞이했다.
② 모스크바 3국 외상 회의가 개최되었다.
③ 미국이 한국의 문제를 유엔(국제 연합)에 넘겼다.
④ 38도선 북쪽에는 소련군이, 남쪽에는 미군이 각각 차지했다.
⑤ 김구를 비롯한 대한민국 임시 정부의 주요 인물들이 귀국했다.

17 ⊕ 11종 공통

정부 수립과 관련하여 다음과 같은 주장을 한 사람은 누구인지 쓰시오.

> 한국이 있어야 한국 사람이 있고 민주주의도 공산주의도 또 무슨 단체도 있을 수 있는 것이다. 그러면 자주독립적 통일 정부를 수립해야 하는 이때에 어찌 개인이나 자기 집단의 욕심을 탐해 국가 민족의 백 년 계획을 그르칠 사람이 있으랴.

(   )

18 서술형 ⊕ 11종 공통

다음 선생님의 질문에 알맞은 답변을 한 가지만 쓰시오.

대한민국 정부 수립의 역사적 의미는 무엇일까요?

_____

_____

[19-20] 다음 보기 는 6·25 전쟁의 주요 사건들입니다. 물음에 답하시오.

보기
▲ ㉠ 북한군의 38도선 이남 침공
▲ ㉡ 중국군의 참전
▲ ㉢ 인천 상륙 작전
▲ ㉣ 정전 협정 체결

19 ⊕ 11종 공통

위 보기 에서 ㉠~㉣ 중 가장 마지막에 일어난 사건을 찾아 기호를 쓰시오.

(   )

20 ⊕ 11종 공통

위와 같은 6·25 전쟁으로 사람들이 겪은 어려움이 아닌 것은 어느 것입니까? (   )

① 국토가 황폐해졌다.
② 건물, 도로, 공장 등이 파괴되었다.
③ 부모를 잃은 전쟁 고아들이 생겨났다.
④ 급속한 경제 성장으로 환경이 오염되었다.
⑤ 군인뿐만 아니라 민간인도 큰 피해를 입었다.

| 평가 주제 | 동학 농민 운동의 전개와 의의 |
| 평가 목표 | 동학 농민 운동의 전개 과정과 의의를 설명할 수 있다. |

[1-3] 다음은 동학 농민 운동의 전개 과정입니다. 물음에 답하시오.

1차 봉기	**1**	동학 농민 운동의 지도자 (㉠)은/는 고부 군수의 횡포를 막기 위해 사람들을 모아 동학 농민군을 일으켰고, 이들은 전라도 일대로 세력을 넓혔음.
	2	조선은 동학 농민군 진압에 어려움을 겪자 청에 도움을 요청했고, 청이 조선에 군대를 보내자 일본도 군대를 보냈음.
	3	동학 농민군은 외국 군대의 개입을 막으려고 조선 정부와 협상해 개혁안을 약속받고 (㉡)에서 물러났음.
청일 전쟁	**4**	동학 농민군이 물러난 후에 일본과 청은 조선에서 영향력을 넓히려고 전쟁을 벌였음.
2차 봉기	**5**	전쟁에서 유리해진 일본이 조선의 정치에 심하게 간섭하자 동학 농민군은 일본을 몰아내려고 다시 봉기했음.
	6	동학 농민군은 우금치 전투에서 패배했고, (㉠)은/는 체포되어 처형됐음.

1 위의 표의 ㉠, ㉡에 들어갈 알맞은 말을 각각 쓰시오.

㉠ (   ), ㉡ (   )

2 위와 같은 동학 농민 운동이 일어난 배경을 쓰시오.

_____

_____

3 위의 전개 과정을 통해 알 수 있는 동학 농민 운동의 의의를 쓰시오.

_____

_____

평가 주제	6·25 전쟁의 전개와 영향
평가 목표	6·25 전쟁의 전개 과정과 피해 상황을 서술할 수 있다.

[1-2] 다음은 6·25 전쟁의 주요 사건이 담긴 사진입니다. 물음에 답하시오.

보기

㉠	㉡	㉢	㉣
▲ 인천 상륙 작전	▲ 정전 협정 체결	▲ 북한군의 남침	▲ 중국군의 참전

1 위의 ㉠~㉣을 6·25 전쟁의 전개 과정의 순서에 맞게 기호를 쓰시오.

(   ) → (   ) → (   ) → (   )

2 다음은 위와 같은 전쟁의 피해와 영향을 정리한 표입니다. 빈칸에 들어갈 말을 쓰시오.

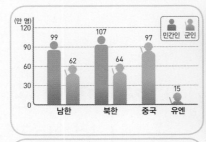

(가) _____ _____	많은 어린이가 부모를 잃고 ((나))이/가 되었습니다.	남북 분단 등의 사정으로 가족이 서로 헤어져서 만나지 못하는 ((다))이/가 생겨났습니다.

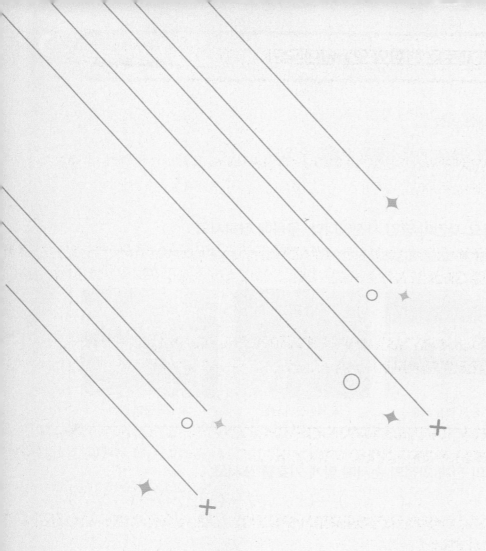

여기까지 온 너,
이미 넌 백점이야

초등 고학년을 위한 중학교 **필수 영역** 초고필

국어

비문학 독해 1·2 / 문학 독해 1·2 / 국어 어휘 / 국어 문법

수학

유리수의 사칙연산 / 방정식 / 도형의 각도

한국사

한국사 1권 / 한국사 2권

평가북

초등학교   학년   반   번   이름

강의가 더해진, 교과서 맞춤 학습

백점

사회 5·2

친절한 해설북

● 한눈에 보이는 **정확한 답**
● 한번에 이해되는 **자세한 풀이**

동아출판

친절한 해설북 구성과 특징

1 자료 다시 보기
• 문제와 관련된 자료를 다시 한번 확인하면서 학습 내용에 대해 깊이 있게 이해할 수 있습니다.

2 서술형 채점 TIP
• 서술형 문제 풀이에는 채점 기준과 채점 TIP을 구체적으로 제시하고 있습니다. 또한 '이런 답도 가능해!'를 통해 다양한 예시 답안을 확인할 수 있습니다.

차례

백점 사회 빠른 정답

QR코드를 찍으면 **정답과 해설**을 쉽고 빠르게 확인할 수 있습니다.

모바일
빠른 정답

1. 옛사람들의 삶과 문화

1 나라의 등장과 발전 (1)

기본 개념 문제

1 청동기 2 환웅 3 × 4 ○ 5 박혁거세

문제 학습

1 청동기 2 고조선 3 ⓔ 당시 사람들이 농업을 중요하게 생각했음을 알 수 있습니다. 4 단군왕검 5 (1) ○ (2) × 6 ㉡, ㉣ 7 ③ 8 문화 범위 9 ⓔ 나라를 세웠습니다. 10 ① 11 ㉠ 주몽, ㉡ 백제 12 (2) ○

1 이 과정에서 우리 역사 속 최초의 국가인 고조선이 세워졌습니다.

2 제시된 글은 고조선의 건국 이야기입니다.

> **자료 다시보기**
>
> **고조선의 건국 이야기**
>
> 옛날에 환인의 아들인 환웅은 인간 세상을 널리 이롭게 하려고 바람, 비, 구름을 다스리는 신하와 무리 삼천 명을 이끌고 내려와 세상을 다스렸다. 어느 날 곰과 호랑이가 환웅을 찾아와 사람이 되게 해 달라고 빌었다. 환웅은 쑥과 마늘을 주면서 이것을 먹고 100일 동안 햇빛을 보지 않으면 사람이 될 것이라고 하였다. 곰과 호랑이는 동굴로 들어가 이를 지키려고 했으나 호랑이는 중간에 포기하였다. 하지만 곰은 환웅이 말한 것을 잘 지켜 여자로 변해 웅녀가 되었다. 웅녀는 환웅과 결혼해 아들을 낳았고, 그 아들이 이후에 단군왕검이 되었다. 단군왕검은 평양성을 수도로 정하고, 나라 이름을 조선이라 하였다.

3 환웅이 바람, 비, 구름을 다스리는 신하를 데리고 내려왔다는 점에서 농업을 중시했다는 것을 알 수 있습니다.

> **채점 tip** 당시 사람들이 농업을 중요하게 생각했다는 내용을 썼으면 정답으로 합니다.

4 단군왕검은 평양성을 수도로 정하고, 나라 이름을 조선이라 하였습니다.

5 (2) 고조선은 우리 역사 속 최초의 국가입니다.

6 ㉠ 사람을 죽인 사람은 사형에 처했습니다. ㉡ 여덟

개의 법 조항 중 오늘날에는 세 개만이 전해지고 있습니다.

> **자료 다시보기**
>
> **고조선의 8조법을 통해 알 수 있는 생활 모습**
>
> | 법 조항의 내용 | 알 수 있는 생활 모습 |
> |---|---|
> | 사람을 죽인 사람은 사형에 처한다. | 큰 죄는 법으로 엄격하게 다스렸음. |
> | 남을 다치게 한 사람은 곡식으로 갚는다. | 개인의 재산을 인정했음. |
> | 도둑질한 사람은 데려다 노비로 삼으며, 죄를 면하려면 50만 전을 내야 한다. | 신분 제도가 있었고, 화폐의 개념이 있었음. |
>
> • 법 조항을 보고 당시 사람들의 생활 모습을 짐작할 수 있습니다.

7 고조선은 청동기 문화를 바탕으로 다른 부족을 정복하거나 통합하면서 세력을 키웠습니다. ③은 구석기 시대의 유물입니다.

> **자료 다시보기**
>
> **고조선을 대표하는 문화유산**
>
>
>
> ▲ 미송리식 토기   ▲ 탁자식 고인돌   ▲ 비파형 동검
>
> • 미송리식 토기, 탁자식 고인돌, 비파형 동검은 고조선을 대표하는 문화유산입니다.

8 고조선은 오늘날 한반도 북부 지역과 중국의 동북쪽 지역을 중심으로 발전했습니다.

9 온조는 백제, 주몽은 고구려, 박혁거세는 신라를 세웠습니다.

> **채점 tip** 한반도 지역에 나라를 세운 인물이라는 내용을 알맞게 썼으면 정답으로 합니다.

10 박혁거세는 지금의 경주 지역을 중심으로 신라를 세웠습니다.

11 부여에서 내려온 주몽은 압록강 근처 졸본에 고구려를 세웠고, 고구려의 왕자인 온조가 고구려에서 남쪽으로 내려와 한강 지역에 백제를 세웠습니다.

12 신라는 박혁거세가 지금의 경주 지역을 중심으로 세운 나라입니다. (1) ㈎는 백제의 건국 이야기입니다.

① 나라의 등장과 발전 (2)

11쪽 **기본 개념 문제**

1 ○ 2 장수왕 3 진흥왕 4 삼국 통일 5 ×

12쪽~13쪽 **문제 학습**

1 ② 2 ④ 3 진흥왕 4 ⓒ → ⊙ → ⓒ 5 광개토대왕, 예 신라가 고구려의 영향을 받았음을 알 수 있습니다. 6 정현 7 ① 8 ⓒ → ⊙ → ⓒ → ⓔ 9 ② 10 ⊙ 대조영, ⓒ 동모산 11 해동성국 12 예 당의 역사서에 발해를 세운 대조영은 고구려의 후예라고 기록되어 있기 때문입니다.

1 근초고왕은 남쪽 지역으로 영토를 넓히고 고구려를 공격하여 황해도 일부 지역을 차지하였으며 중국, 일본과도 활발하게 교류했습니다. ②는 고구려의 광개토대왕이 한 일입니다.

2 ④ 장수왕은 아버지 광개토대왕의 업적을 기리기 위해서 광개토대왕릉비를 세웠습니다.

자료 다시보기

고구려의 전성기(5세기)
• 고구려는 국내성(지안)으로 수도를 옮기고 꾸준히 정복 활동을 벌여 광개토대왕과 장수왕 때 전성기를 맞았습니다.
• 광개토대왕: 서쪽으로는 요동 지역을 차지하고 남쪽으로는 백제를 공격해 한강 북쪽을 차지했습니다.
• 장수왕: 평양성으로 수도를 옮기고 백제를 공격하여 한강 유역을 차지했습니다.

3 신라는 진흥왕 때 백제와 전쟁을 벌여 한강 유역을 차지했고, 대가야를 흡수하여 가야 연맹을 소멸시켰습니다.

4 삼국의 전성기는 '백제(4세기) → 고구려(5세기) → 신라(6세기)'의 순서로 나타났습니다.

5 제시된 그릇은 '광개토대왕'이 새겨진 청동 그릇이며, 새겨진 글자를 통해 신라가 고구려의 영향을 받았음을 알 수 있습니다.

채점 기준	상	그릇에 새겨진 왕의 이름과 이를 통해 알 수 있는 사실을 모두 알맞게 쓴 경우
	중	그릇에 새겨진 왕의 이름과 이를 통해 알 수 있는 사실 중 한 가지만 알맞게 쓴 경우

6 신라는 6세기에 전성기를 맞아 영토를 크게 넓혔습니다. 장수왕은 고구려의 전성기를 이끈 왕입니다.

7 신라의 김춘추(태종 무열왕)는 당과 동맹을 맺고 왕위에 오른 후 백제를 멸망시켰습니다.

자료 다시보기

신라의 삼국 통일 과정(7세기)

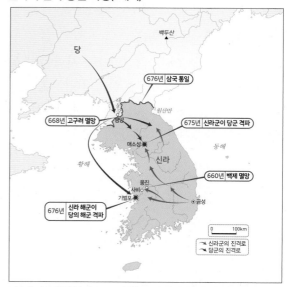

• 신라의 김춘추(태종 무열왕)는 당과 동맹을 맺고 왕위에 오른 후 백제를 멸망시켰습니다.
• 무열왕에 이어 왕이 된 문무왕은 당과 함께 고구려를 멸망시켰습니다.
• 백제와 고구려가 멸망하자 당은 동맹을 깨고 한반도 전체를 차지하려고 했습니다.
• 신라는 당을 상대로 전쟁을 벌여 승리했습니다.
• 문무왕 때 신라는 삼국 통일을 이루었습니다.

8 신라의 삼국 통일은 한반도에 있던 여러 나라를 처음으로 통일한 것에 의의가 있습니다.

9 문무왕 때 신라는 삼국 통일을 이루었습니다.

10 발해는 대조영이 동모산 지역에 세운 나라입니다.

11 발해는 고구려의 옛 땅과 말갈족의 여러 부족이 살고 있는 북동쪽으로 영토를 넓혀 나갔습니다. 당에서는 이런 발해를 가리켜 해동성국이라고 불렀습니다.

12 이 밖에도 발해가 일본에 보낸 외교 문서를 보면 발해의 왕을 '고려 국왕'이라고 칭하고, 발해에 보낸 일본 사신을 '견고려사(고구려에 보낸 사신)'라고 불렀기 때문입니다.

채점 tip 제시된 예시 답안의 내용을 알맞게 썼으면 정답으로 합니다.

1 나라의 등장과 발전 (3)

15쪽　　기본 개념 문제

1 ○　2 미륵사지　3 첨성대　4 석굴암　5 ×

16쪽~17쪽　　문제 학습

1 고분　2 (1) ○　3 예 백제가 중국, 일본과 교류했다는 것을 알 수 있습니다.　4 ㉡　5 민규　6 첨성대　7 (1) ㉠ (2) ㉢ (3) ㉡　8 ④　9 예 건축 기술의 우수성과 예술적 가치를 높게 평가받았기 때문입니다.　10 불국사　11 발해　12 (2) ○

1 제시된 글은 역사적으로 가치가 있는 옛 무덤인 고분에 대한 설명입니다.

2 금동 연가 7년명 여래 입상은 고구려 땅이 아닌 곳에서 발견된 문화유산으로 현재 남아 있는 불상 가운데 삼국 시대를 대표하는 금동불입니다. (2) 금동 대향로는 백제 사람들의 뛰어난 공예 기술과 예술 감각이 나타난 문화유산입니다.

3 무령왕릉에서는 백제의 문화유산 외에 중국, 일본과 관련된 유물이 함께 발견되었습니다.

　채점 tip 백제가 주변 국가와 교류했다는 것을 알 수 있다고 썼으면 정답으로 합니다.

4 ㉡ 무용총은 고구려의 고분입니다.

자료 다시보기

백제의 문화유산

무령왕릉	무령왕릉에서는 백제의 문화유산 외에 중국, 일본과 관련된 유물이 함께 발견되었음.
미륵사	• 미륵사: 백제 무왕 때 지은 절로, 백제에서 규모가 가장 컸다고 전해짐. • 익산 미륵사지 석탑: 우리나라에 남아 있는 석탑 중에서 가장 크고 오래되었음.

5 신라는 불교의 힘을 빌려서 다른 나라의 침입을 막고 나라의 힘을 모으려고 목탑을 만들었습니다.

6 첨성대는 신라 시대에 만들어진 건축물로 하늘의 해와 달, 별 등을 관찰하는 시설로 알려져 있습니다.

7 ㉠ 무용총 접객도는 고구려, ㉡ 봉수형 유리병은 신라, ㉢ 미륵사지 석탑은 백제의 문화유산입니다.

자료 다시보기

신라 고분에서 발견된 유물

▲ 봉수형 유리병　　▲ 신라 금관

• 봉수형 유리병은 서역에서 만들어져 신라에 들어온 것으로, 신라의 대외 관계를 보여주는 유물입니다.

• 고분에서 발견된 금관과 금 장신구를 통해 신라의 뛰어난 금속 공예 기술을 알 수 있습니다.

8 가야 사람들은 질 좋은 철이 많이 생산되어 철을 이용해 칼과 창, 갑옷 등을 만들었으며, 다른 나라와 활발히 교류하였습니다.

9 석굴암은 건축 기술의 우수성뿐만 아니라 석굴암 내부의 예술적인 가치가 높게 평가되어 유네스코 세계 유산으로 지정되었습니다.

　채점 tip 석굴암의 건축 기술이 뛰어나다는 내용을 썼으면 정답으로 합니다.

10 불국사는 신라 사람들이 부처의 나라를 이루려는 마음을 담아 지은 절입니다.

자료 다시보기

불국사의 문화유산

▲ 무구 정광 대다라니경

▲ 불국사 3층 석탑　　▲ 다보탑

11 발해는 고구려의 문화를 이어받아 다양한 문화유산을 남겼으며, 고구려의 문화를 바탕으로 당과 말갈 등의 문화를 받아들여 독자적인 문화를 이루었습니다.

12 상경성 발해 석등과 같은 문화유산을 통해 발해에서 불교문화가 발달했음을 알 수 있습니다.

2 독창적 문화를 발전시킨 고려 (1)

19쪽   기본 개념 문제

1 왕건 2 ○ 3 불교 4 강동 6주 5 ×

20쪽~21쪽   문제 학습

1 호족 2 ㉠ 견훤, ㉡ 궁예 3 왕건 4 ⑩ 고구려를 계승한다는 뜻으로 나라 이름을 '고려'라고 했습니다. 5 ㉢ → ㉠ → ㉡ 6 ④ 7 ③ 8 서희 9 ㉺ 10 ⑤ 11 ④ 12 ⑩ 돌아가는 거란군을 끈질기게 공격해 타격을 주었다. 포로가 되었던 고려 사람들을 구출하기도 했다.

1 제시된 글은 신라 말에 등장한 호족에 대한 설명입니다.

2 후백제는 견훤이, 후고구려는 궁예가 세운 나라입니다. 신라, 후백제, 후고구려(훗날 고려)를 후삼국이라고 합니다.

3 왕건은 송악(개성)의 호족으로 궁예를 몰아내고 고려를 세웠습니다.

4 왕건은 나라 이름을 고구려를 계승한다는 뜻으로 '고려'라고 했으며, 수도를 송악으로 옮겼습니다.

채점 기준	상	고구려 계승과 관련된 내용을 알맞게 쓴 경우
	중	고구려와 관련이 있는 나라임을 알리기 위해서라고만 쓴 경우

자료 다시보기

고려의 건국과 후삼국 통일 과정

• 왕건은 나라 이름을 고구려를 계승한다는 뜻으로 '고려'라고 했으며, 수도를 송악으로 옮겼습니다.
• 이후 신라의 항복을 받은 고려는 견훤의 투항 이후 힘이 약해진 후백제를 공격하여 후삼국을 통일하였습니다.

5 후삼국 통일 과정은 '㉢ 고려의 건국 → ㉠ 신라의 항복 → ㉡ 후백제와의 전쟁에서 고려의 승리'의 순서로 이루어졌습니다.

6 ④ 왕건은 정치를 안정시키려고 호족을 적절히 견제하되 존중하였습니다.

자료 다시보기

태조 왕건의 정책

민생 안정	• 불교를 장려했으며 백성의 생활을 안정시키려 세금을 줄였음. • 가난한 백성이 굶주리지 않도록 힘썼음.
호족 포섭	정치를 안정시키려고 호족을 적절히 견제하되 존중하였음.
민족 통합	거란이 발해를 멸망시키자 발해 유민을 받아들였음.
북진 실시	북쪽으로 점차 영토를 넓혀 나갔음.

7 고려는 거란이 세력을 점차 확장하고 발해까지 멸망시키자 거란을 경계했습니다.

8 서희는 고려와 송의 관계를 끊기 원하는 거란의 침입 의도를 파악하고, 적의 진영으로 가서 소손녕과 담판을 벌였습니다.

9 서희의 외교 담판은 거란의 1차 침입 당시 일어난 일입니다.

10 서희는 거란의 장수와 담판을 벌였고 그 결과 압록강 동쪽의 강동 6주를 차지하게 되었습니다.

자료 다시보기

서희의 외교 담판

배경	고려가 거란의 추가 공격을 막아 내자, 거란의 장수 소손녕은 고려를 위협하며 시간을 끌었음.
과정	서희는 고려와 송의 관계를 끊기 원하는 거란의 침입 의도를 파악하고, 소손녕과 담판을 벌였음.
결과	고려는 송과 관계를 끊고 거란과 교류할 것을 약속했고, 압록강 동쪽의 강동 6주를 차지하게 되었음.

11 서희는 소손녕과 담판을 하여 거란을 물러나게 했고, 양규는 돌아가는 거란군을 끈질기게 공격하여 타격을 주었습니다.

12 거란의 2차 침입 당시 고려군은 돌아가는 거란군을 끈질기게 공격해 많은 피해를 주었습니다.

채점 tip 제시된 예시 답안 두 가지를 모두 알맞게 썼으면 정답으로 합니다.

2 독창적 문화를 발전시킨 고려 (2)

기본 개념 문제

1 거란 **2** 귀주 대첩 **3** 별무반 **4** 강화도 **5** ○

문제 학습

1 ㉣ **2** ④ **3** ⑩ 고려는 국경 지역에 천리장성을 쌓았습니다. 수도 개경을 둘러싼 성을 쌓았습니다. **4** (2) ○ **5** ⑤ **6** 윤관 **7** ⑤ **8** (1) ○ (2) ○ (3) × **9** ④ **10** ④ **11** ⑩ 삼별초는 근거지를 강화도에서 진도와 제주도로 옮겨 가며 고려 정부와 몽골에 맞서 싸웠습니다. **12** 가은

1 강동 6주를 돌려 달라는 거란의 요구를 고려가 거부하자 이를 구실로 거란은 고려를 다시 침입해 왔습니다.

2 강감찬을 비롯한 고려군은 물러나는 거란군을 추격해 귀주에서 큰 승리를 거두었습니다. 이를 귀주 대첩이라고 합니다.

> **자료 다시보기**
>
> **거란의 3차 침입 과정**
> **1** 거란은 강동 6주를 내놓을 것을 요구하면서 고려를 침입하였습니다.
> **2** 고려군은 침입해 온 거란군을 공격해 곳곳에서 승리를 거두었습니다.
> **3** 거란군은 고려의 수도인 개경까지 내려왔으나, 개경의 방어가 튼튼하자 돌아가기로 결정하였습니다.
> **4** 고려군은 물러나는 거란군을 추격해 귀주에서 큰 승리를 거두었습니다.

3 거란의 침입을 모두 물리친 고려는 성을 쌓아 외적의 침입에 대비하였습니다.

> **채점 tip** 고려가 수도를 둘러싼 성을 쌓고, 국경 지역에 천리장성을 쌓았다는 내용을 알맞게 썼으면 정답으로 합니다.

4 별무반은 윤관의 의견에 따라 만든 기병 중심 부대입니다. (1)은 삼별초에 대한 설명입니다.

5 여진의 침입은 '㉢ 여진의 고려 국경 침입 → ㉣ 별무반의 여진 공격 → ㉠ 고려의 동북 9성 축조 → ㉡ 여진에게 동북 9성 반환'의 순서로 일어났습니다.

6 윤관은 별무반을 이끌고 여진을 공격했습니다. 별무반은 윤관의 의견에 따라 만든 기병 중심 특수 부대입니다.

> **자료 다시보기**
>
> 「척경입비도」
>
>
>
> 윤관 ─ '고려의 영토'라고 새겨져 있는 비석을 세우는 모습
>
> 「척경입비도」는 윤관이 동북 9성을 개척하는 모습을 그린 조선 시대의 그림입니다.

7 고려에 온 몽골의 사신이 돌아가는 길에 죽자, 몽골은 이를 이유로 고려를 침입하였습니다.

8 (3) 고려는 몽골의 침입에 항복하여 몽골(원)의 간섭을 받기는 했지만 나라를 유지할 수는 있었습니다.

9 몽골군의 계속된 침략으로 백성들의 피해는 심해졌습니다. 김윤후를 비롯한 백성들은 흙으로 만든 작은 성인 처인성에서 몽골군을 물리쳤습니다.

10 ④ 고려는 몽골의 침입을 7차례나 받으면서 저항하다 결국 항복하였습니다.

> **자료 다시보기**
>
> **몽골군에 맞선 고려의 저항**
> • 고려의 승려였던 김윤후는 처인성에서 주민들과 힘을 합쳐 몽골군 사령관을 사살하였고, 충주성에서는 노비들과 힘을 합쳐 몽골군을 물리쳤습니다.
> • 몽골군의 계속된 침략으로 백성들의 피해는 심해졌지만, 강화도로 간 고려의 지배층은 백성들의 고통을 외면한 채 화려한 생활을 누리기도 했습니다.

11 삼별초는 끝까지 맞서 싸웠으나 고려와 몽골의 연합군의 공격으로 실패하였습니다.

채점 기준	상	'강화도', '진도', '제주도'라는 단어를 포함하여 알맞게 쓴 경우
	중	'강화도', '진도', '제주도' 중 일부 단어만 포함하여 알맞게 쓴 경우

12 고려는 원(몽골이 세운 나라)의 간섭을 받기는 했지만 끈질긴 항쟁과 외교적인 노력으로 나라를 유지할 수 있었습니다.

② 독창적 문화를 발전시킨 고려 (3)

27쪽 **기본 개념 문제**

1 ✕ **2** 몽골 **3** 목판 **4** 『직지심체요절』 **5** ○

28쪽 ~ 29쪽 **문제 학습**

1 고려청자(상감 청자) **2** 상감 **3** ④ **4 예** 높은 온도를 견디는 흙이 필요합니다. 높은 온도로 일정하게 도자기를 구울 수 있는 가마가 필요합니다. **5** 초조대장경, 재조대장경 **6** ⑤ **7** ㉢ **8** 민석 **9** (1) ㉡ (2) ㉠ **10** ⑤ **11** 『직지심체요절』 **12 예** 한자를 읽고 쓰는 사람이 많지 않아 고려 사회의 지식과 정보의 확산으로 이어지지 못했기 때문입니다.

1 고려청자는 고려 시대를 대표하는 예술품입니다.

2 청자 제작 기술은 중국에서 들어왔으나 고려는 상감 기법을 적용하여 상감 청자를 만들어 냈습니다.

3 그릇, 베개, 의자, 향로, 주전자 등 다양한 생활용품을 청자로 만들었습니다.

> **자료 다시보기**
>
> **고려청자의 특징**
>
>
>
> ▲ 청자 상감 운학무늬 매병
>
> • 고려 시대를 대표하는 예술품입니다.
> • 청자 제작 기술은 중국에서 들어왔으나 고려는 상감 기법을 적용해 상감 청자라는 독창적인 예술품을 만들었습니다.
> • 상감 기법은 표면에 무늬를 새기고, 흙을 메워 넣어 굽는 방법입니다.

4 이 밖에도 비색을 내는 제작 기법을 갖추어야 합니다.

채점 기준		
상	'흙', '가마', '제작 기법' 중 두 가지를 알맞게 쓴 경우	
중	'흙', '가마', '제작 기법' 중 한 가지만 알맞게 쓴 경우	

5 초조대장경은 처음 만든 대장경이라는 의미입니다. 팔만대장경은 다시 만든 대장경이라는 뜻의 '재조대장경'이라고도 합니다.

6 팔만대장경은 부처의 힘으로 몽골의 침입을 이겨 내려고 만든 것입니다.

7 팔만대장경판을 만들기 위해서는 가장 먼저 대장경판이 될 나무를 잘라 바닷물에 담가 두어야 합니다.

> **자료 다시보기**
>
> **팔만대장경판을 만드는 과정**
>
>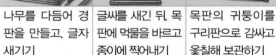
>
> | 1 나무를 잘라 바닷물에 2년간 담가 두기 | 2 나무판자가 갈라지지 않도록 소금물에 삶기 | 3 바람이 잘 드는 그늘에서 1년간 잘 말리기 |
> |---|---|---|
> | 4 나무를 다듬어 경판을 만들고, 글자 새기기 | 5 글씨를 새긴 뒤, 목판에 먹물을 바르고 종이에 찍어내기 | 6 목판의 귀퉁이를 구리판으로 감싸고 옻칠해 보관하기 |

8 팔만대장경판은 목판으로 유네스코 세계 기록 유산으로 등재되어 있습니다.

9 목판 인쇄술은 같은 책을 많이 인쇄할 수 있고, 금속 활자 인쇄술은 판을 새로 짤 수 있어 여러 종류의 책을 만들 수 있습니다.

10 ⑤는 금속 활자 인쇄술의 장점입니다. 목판 인쇄술은 같은 책을 많이 인쇄하는 데 효율적입니다.

11 『직지심체요절』은 유럽에서 만든 금속 활자보다 70여 년 앞서 제작되었으며, 유네스코 세계 기록 유산으로 등재되어 있습니다.

> **자료 다시보기**
>
> **『직지심체요절』**
>
> • 오늘날 전해지는 금속 활자 인쇄본 중 가장 오래된 것입니다.
> • 유럽에서 만든 금속 활자본보다 70여 년 앞서 제작되었습니다.
> • 유네스코 세계 기록 유산으로 등재되어 있습니다.

12 인쇄술의 발달이 정보의 생산과 유통으로 이어지지 못해 고려 사회에 변화를 일으키기에는 힘이 약했습니다.

채점 기준		
상	한자를 읽고 쓰는 사람이 많지 않아 지식과 정보의 확산으로 이어지지 못했다고 쓴 경우	
중	글자를 읽고 쓰는 사람이 많지 않았다고만 쓴 경우	

③ 민족 문화를 지켜 나간 조선 (1)

31쪽　기본 개념 문제

1 위화도　**2** ×　**3** 한양　**4** 유교　**5** 돈의문

32쪽~33쪽　문제 학습

1 (1) ○　(2) ×　**2** ⑤　**3** 예 요동 정벌을 반대했던 이성계는 위화도에서 군대를 되돌려 개경에 돌아와 반대 세력을 몰아내고 권력을 잡았습니다.　**4** 토지
5 (1) ⓒ　(2) ㉠　**6** ㉣ → ㉠ → ⓒ → ⓒ　**7** 한양
8 예 한양은 한강이 흘러 교통이 편리하고, 물자를 옮기기에 좋았기 때문입니다.　**9** 유교　**10** 경복궁
11 (2) ○　**12** ④

1 (2) 신진 사대부와 신흥 무인 세력은 관리에게 지급되던 토지를 줄이는 과전법을 실시했습니다.

2 신진 사대부는 고려 말에 새롭게 등장한 세력입니다.

3 이성계는 위화도 회군을 하여 반대 세력을 몰아내고 권력을 잡았습니다.

채점 기준	상	위화도 회군과 권력을 잡았다는 내용을 모두 알맞게 쓴 경우
	중	위화도 회군을 했다고만 쓴 경우

자료 다시보기

조선의 건국 과정

① 위화도 회군
요동을 정벌하려고 출전한 이성계의 군대가 돌아옴.

② 토지 제도 개혁
이성계와 신진 사대부는 관리에게 지급되던 토지를 줄이는 과전법을 실시함.

③ 신진 사대부의 대립
혼란한 나라의 상황을 해결하는 방법에 대한 의견이 서로 달랐음.

④ 조선 건국
이성계의 아들인 이방원이 정몽주를 죽였고, 이성계가 조선을 건국함.

4 이성계와 신진 사대부는 권문세족이 불법으로 차지한 토지를 거두어 들이고, 절차에 따라 관리들에게 토지를 다시 지급하는 과전법을 실시했습니다.

5 정도전은 조선 개국파, 정몽주는 고려 개혁파의 대표적인 인물입니다.

자료 다시보기

고려 개혁파와 조선 개국파의 사회 개혁 방법

기존의 잘못된 규칙과 제도를 바꾸고 관리들을 잘 관리한다면 문제를 해결할 수 있습니다.

문제가 적지 않아서 일부를 고쳐서는 해결할 수 없고, 임금님도 문제가 있으니 모든 것을 새롭게 시작해야 합니다.

▲ 정몽주(고려 개혁파)　▲ 정도전(조선 개국파)

신진 사대부마다 고려 말의 어지러운 상황을 해결하고자 하는 방법이 달랐습니다.

6 조선의 건국 과정은 '㉣ 위화도 회군 → ㉠ 토지 제도 개혁 → ⓒ 신진 사대부의 대립 → ⓒ 조선 건국'의 순서로 진행되었습니다.

7 조선은 한양을 도읍으로 정했습니다.

8 이 밖에도 한양은 산으로 둘러싸여 있어 외적을 막아 내기 유리했기 때문입니다.

채점 tip 제시된 예시 답안을 알맞게 썼으면 정답으로 합니다.

9 조선은 유교 정치 이념을 내세운 나라로서, 한양은 유교의 가르침을 실현하기 위한 도읍이었습니다.

10 한양의 주요 건축물은 유교 사상에 따라 위치와 이름이 정해졌습니다.

자료 다시보기

유교 정신이 담긴 건축물

경복궁	임금이 덕으로써 나라를 다스려 만년 동안 큰 복을 누리라는 뜻
종묘	역대 왕과 왕비의 위패를 모시고 제사를 지내던 곳
사직단	토지의 신과 곡식의 신에게 제사를 지내는 곳

11 (1)은 토지의 신과 곡식의 신에게 제사를 지내는 사직단의 모습입니다.

12 서울의 사대문은 숙정문, 흥인지문, 돈의문, 숭례문입니다. ④ 독립문은 대한 제국 시기에 독립 협회가 세운 문입니다.

❸ 민족 문화를 지켜 나간 조선 (2)

35쪽 기본 개념 문제

1 집현전 2 세종 3 4군 6진 4 × 5 신사임당

36쪽~37쪽 문제 학습

1 ④ 2 훈민정음 3 ⑤ 4 ㉡ 5 『향약집성방』
6 ⑩ 북쪽으로 4군 6진을 설치해 조선의 국경을 압록강과 두만강까지 확대했습니다. 남쪽으로는 왜구를 물리치고자 쓰시마섬을 정벌하게 했습니다. 7 쓰시마섬(대마도) 8 ⑩ 조선 시대의 신분은 법적으로 크게 양인과 천인으로 나뉘었습니다. 그러나 실제로는 양반, 중인, 상민, 천민으로 구분했습니다.
9 ㉠, ㉢ 10 ⑴ ○ ⑵ × ⑶ ○ 11 『삼강행실도』 12 신사임당

1 세종은 집현전 학자들과 함께 훈민정음을 창제했으며, 집현전에서는 과학 기구를 만들고 여러 분야의 책을 편찬했습니다.

2 제시된 글은 훈민정음에 대한 설명입니다.

3 과학 기술의 발달로 사람들은 시간과 계절을 정확히 알 수 있었습니다.

자료 다시보기

조선의 과학 문화유산

앙부일구	자격루	간의
해의 그림자를 이용하여 시각을 읽는 기계	물이 흐르는 것을 이용하여 자동으로 시간을 알려 주는 기계	혼천의를 간단하게 만든 것으로, 별의 움직임을 관측하는 기구
혼천의	측우기	『칠정산』
별의 움직임을 관측하는 기구	비가 내린 양을 재는 기구	한양을 기준으로 만든 우리나라의 역법서

4 혼천의의 천체 관측 기록을 바탕으로 『칠정산』을 만들었습니다.

5 『향약집성방』은 우리 땅에서 나는 약재의 정보를 정리한 책입니다.

6 세종은 여진족이 끊임없이 국경을 넘어오자 장수들을 시켜 4군 6진을 개척했으며, 남쪽으로 피해를 많이 주던 왜구를 물리치고자 쓰시마섬(대마도)를 정벌하도록 했습니다.

채점 기준	상	'4군 6진 설치'와 '쓰시마섬 정벌' 두 가지 모두 알맞게 쓴 경우
	중	'4군 6진 설치'와 '쓰시마섬 정벌' 중 한 가지만 알맞게 쓴 경우

7 세종은 왜구를 소탕하기 위하여 쓰시마섬을 정벌했습니다. 이후 왜구의 힘이 약해지자 조선은 일본에 일부 항구를 개방하고 무역을 허락했습니다.

8 양인에는 양반, 중인, 상민이 속했습니다.

채점 기준	상	법적으로는 양인과 천인으로 나뉘나, 실제로는 양반, 중인, 상민, 천민으로 구분했다고 쓴 경우
	중	법적으로 양인과 천인으로 나뉜다고만 쓴 경우

9 조선 시대에 양반은 유교의 가르침이 담긴 책을 공부하고, 과거에 합격하여 관리가 되어 나랏일에 참여하였습니다. ㉠은 중인, ㉢은 천민에 해당합니다.

자료 다시보기

조선 시대의 신분에 따른 생활 모습

양반	중인
양반은 유교의 가르침이 담긴 책을 공부하고, 과거에 합격하여 관리가 되어 나랏일에 참여하였음.	양반과 상민 사이에 있는 신분으로, 관청에서 일하거나 전문직에 종사하였음.
상민	천민
대부분 농사를 지었고, 나라에 세금을 내며, 나라의 큰 공사나 일이 있을 때 불려 가기도 하였음.	가장 낮은 신분층으로 대부분 노비였음. 양반의 집이나 관공서에서 허드렛일이나 물건을 만드는 일을 했음.

10 ⑵ 중인이 의료 행위나 통역, 법 등을 담당하는 관리 일을 했습니다.

11 『삼강행실도』는 유교 윤리를 효자나 충성스러운 신하의 이야기를 한글과 그림으로 기록한 책입니다.

12 율곡 이이의 어머니인 신사임당은 글과 시를 잘 썼으며 그림 실력도 매우 뛰어났습니다.

③ 민족 문화를 지켜 나간 조선 (3)

39쪽　기본 개념 문제

1 임진왜란　**2** 곽재우　**3** 행주　**4** ○　**5** 남한산성

40쪽~41쪽　문제 학습

1 ④　**2** 학익진 전법, 예 이순신은 한산도 대첩에서 학익진 전법으로 일본 수군을 크게 물리쳤습니다.　**3** ③　**4** ③　**5** ⑴ ㉡ ⑵ ㉠　**6** 곽재우　**7** ⑤　**8** 예 광해군을 쫓아내고 인조를 왕으로 세웠습니다.　**9** 정묘호란　**10** ⑤　**11** 인조　**12** ②

1 도요토미 히데요시는 명으로 가는 길을 빌려달라는 구실로 조선을 침략했습니다. 일본군은 부산진과 동래성을 순식간에 함락하고 한양(서울)으로 빠르게 향했습니다.

2 학익진 전법은 학이 날개를 펼친 듯한 형태로 전선을 배치해 적을 공격하는 방법입니다.

채점 기준	상	'학익진 전법'과 '한산도 대첩'이라는 단어를 모두 사용하여 알맞게 쓴 경우
	중	학익진 전법을 써서 일본 수군을 물리쳤다고만 쓴 경우

3 조선 수군은 옥포에서 일본군과 싸워 첫 승리를 거둔 후, 이어지는 전투에서 모두 승리했습니다. ③ 의병은 육지에서 활약했습니다.

4 백성은 자기 고장과 나라를 지키고자 적극적으로 의병에 참여했고 의병은 전국으로 확대되었습니다. ③ 의병은 자발적으로 일어나서 일본군과 싸운 군대입니다.

5 행주 대첩과 명량 대첩은 임진왜란 당시에 권율과 이순신이 활약하여 큰 승리를 거둔 전투입니다.

6 곽재우는 경상도 의령에서 의병을 모아 일본군과 싸워 이겼습니다.

7 광해군은 세력이 약해진 명과 새롭게 강대국으로 성장한 후금 사이에서 신중한 중립 외교를 펼치며 전쟁에 휘말리지 않으려고 했습니다.

8 일부 신하들은 광해군의 중립 외교 정책이 명을 배신하는 것이라고 생각하여 광해군을 내쫓고 인조를 새로운 왕으로 세웠습니다.

채점 기준	상	광해군을 쫓아내고 인조를 왕으로 세웠다고 쓴 경우
	중	광해군을 쫓아냈다고만 쓴 경우

9 정묘호란으로 조선과 후금은 형제 관계를 맺게 되었습니다.

10 병자호란은 청이 조선에 '임금과 신하의 관계'를 요구하며 조선에 침입한 사건입니다.

11 강화도가 함락되어 피란 가 있던 왕족과 대신들까지 포로가 되자 인조는 남한산성에서 나와 삼전도에서 청 태종에게 항복했습니다.

12 서울 삼전도비는 인조가 남한산성에서 내려와 청 태종에게 항복한 사실을 기록한 비석입니다.

42쪽~43쪽　교과서 통합 핵심 개념

1 비파형 동검　**2** 주몽　**3** 대조영　**4** 왕건　**5** 별무반　**6** 강화도　**7** 이성계　**8** 훈민정음

44쪽~46쪽　단원 평가 ❶회

1 ③　**2** ⑴ ㉡ ⑵ ㉢ ⑶ ㉠　**3** 당　**4** ⑵ ○　**5** 예 발해는 고구려의 문화를 이어받았기 때문에, 발해 문화유산은 고구려 문화유산과 생김새가 비슷합니다.　**6** ②　**7** ㉠ 강감찬, ㉡ 귀주 대첩　**8** ⑴ ○ ⑵ ○　**9** 예 전쟁이 끝난 뒤 고려는 몽골이 세운 나라인 원의 간섭을 받았습니다.　**10** ㉡, ㉢, ㉣　**11** 위화도 회군　**12** ④　**13** ⑴ ㉡ ⑵ ㉠　**14** ⑤　**15** 예 바다를 통해 물자를 보급하려던 일본군의 계획을 막았습니다. 전라도와 충청도의 곡창지대를 지킬 수 있었습니다.

1 ③ 다른 사람을 다치게 한 사람은 곡식으로 갚으라고 한 것으로 보아 개인의 재산을 인정했다는 것을 알 수 있습니다.

2 고조선이 한의 침입으로 멸망한 이후 한반도와 그 주변 지역에 철기 문화를 바탕으로 여러 나라가 생겨났습니다.

3 신라는 당을 상대로 전쟁을 벌여 승리하여 삼국 통일을 이뤘습니다.

4 제시된 삼국의 문화유산은 불교와 관련된 문화유산입니다.

5 발해는 고구려의 문화를 바탕으로 당과 말갈 등의 문화를 받아들여 독자적인 문화를 이루었습니다.

채점기준	상	발해가 고구려의 문화를 이어받아, 고구려와 발해 문화유산의 생김새가 비슷하다고 쓴 경우
	중	고구려 문화유산과 생김새가 비슷하다고만 쓴 경우

6 태조 왕건은 고려를 세운 인물입니다.

7 귀주 대첩은 고려군과 돌아가는 거란군이 귀주에서 만나 싸운 전투입니다.

8 몽골이 침입하자 고려는 도읍을 강화도로 옮기고 산성이나 섬으로 들어가서 대응했습니다. (3) 고려는 몽골의 침입을 7차례나 받으면서도 쉽게 항복하지 않고 맞서 싸웠습니다.

9 몽골의 침입을 받은 나라는 대부분 멸망했으나 고려는 나라를 유지할 수 있었습니다.

채점 tip 몽골(원)의 간섭을 받았다는 내용을 썼으면 정답으로 합니다.

> **이런 답도 가능해!**
> 고려는 몽골의 간섭을 받기는 했지만, 끈질긴 항쟁과 외교적인 노력으로 나라를 유지하고 고유의 문화를 지킬 수 있었습니다.

10 고려청자를 통해서 당시 귀족들의 화려한 문화와 생활 모습을 추측할 수 있습니다. ㉠ 고려 사람들은 대부분 불교를 믿었습니다.

11 이성계는 위화도 회군으로 반대 세력을 몰아내고 권력을 잡았습니다.

12 숭례문은 남쪽 문으로 예의를 존중한다는 의미를 담았습니다.

13 세종대왕 집권 시기에 만들어진 시간을 재는 기구에는 앙부일구와 자격루가 있습니다.

14 조선 시대에는 태어날 때부터 신분이 정해져 있어 크게 양인과 천인으로 나뉘었습니다. ⑤ 관청에서 그림을 그리거나 외국 사신을 맞이하며 통역을 담당하는 신분은 중인이었습니다.

15 이순신과 수군의 바다 장악은 의병의 활동과 함께 불리했던 전쟁의 상황을 전환시키는 데 결정적인 역할을 했습니다.

채점기준	상	바다로 물자를 보급하려던 일본군의 계획을 막고 전라도와 충청도의 곡창지대를 지킬 수 있었다고 쓴 경우
	중	일본군의 계획을 막은 것과 전라도와 충청도의 곡창지대를 지킨 것 중 한 가지만 쓴 경우

47쪽~49쪽 단원 평가 ❷회

1 ③ 2 ⓓ 영역을 크게 넓혔습니다. 한강 유역을 차지했습니다. 3 발해 4 ③ 5 준범, 혜인 6 ⑤ 7 ② 8 ⓛ 9 팔만대장경판 10 (1) ⓓ 같은 책을 많이 인쇄하는 데 효율적입니다. (2) ⓓ 목판을 제작하는 데 시간이 오래 걸립니다. 목판은 갈라지거나 휘어지는 나무의 성질 때문에 보관하기 어렵습니다. 11 ⓜ 12 ⓓ 한양은 한강이 흘러 교통이 편리하고, 물자를 옮기거나 농사짓고 생활하기에 좋았기 때문입니다. 한양은 산으로 둘러싸여 있어 외적을 막아내기 유리했기 때문입니다. 13 ② 14 ⑤ 15 ③

1 바람, 비, 구름은 농사짓는 데 중요한 것으로 고조선 건국 이야기를 통해 당시 사람들이 농업을 중요하게 생각했음을 알 수 있습니다.

2 삼국의 전성기는 '백제 → 고구려 → 신라' 순서대로 나타났습니다.

채점기준	상	'영토 확장', '한강 유역 차지'를 모두 쓴 경우
	중	'영토 확장', '한강 유역 차지' 중 한 가지만 쓴 경우

3 발해는 대조영이 세운 나라로 고구려를 계승하였습니다.

4 고분 벽화를 통해 당시 사람들의 생활 모습을 짐작할 수 있습니다.

5 불국사는 신라의 불교문화를 알 수 있는 중요한 문화유산으로, 경상북도 경주시 토함산에 있는 절입니다.

6 왕건은 정치를 안정시키려고 호족을 적절히 견제하되 존중하면서 나라를 다스렸습니다. ⑤ 왕건은 호족을 쫓아내지 않고 포용하는 정책을 펼쳤습니다.

7 제시된 글에 나타난 사건을 서희의 외교 담판이라고 합니다.

8 고려는 몽골의 1차 침입 이후 도읍을 개경에서 강화도로 옮기고 몽골과 싸웠습니다.

9 팔만대장경판은 유네스코 세계 기록 유산으로 등재되어 있으며, 조선 시대에 건축된 이를 보관하는 장경판전도 유네스코 세계 유산으로 등재되어 있습니다.

10 목판은 같은 책을 많이 인쇄하는 데 효율적이지만 나무에 글자를 새기다가 중간에 글자가 틀리면 다시 새겨야 했습니다.

채점 기준	상	목판 인쇄술의 장점과 단점 모두 알맞게 쓴 경우
	중	목판 인쇄술의 장점과 단점 중 한 가지만 알맞게 쓴 경우

11 조선의 건국은 '㉤ → ㉡ → ㉣ → ㉢ → ㉠'의 순으로 일어났습니다.

12 한양은 땅이 넓고 평평하여 많은 사람이 모여 살 수 있었습니다.

채점 tip 제시된 예시 답안을 알맞게 썼으면 정답으로 합니다.

13 세종은 북쪽에서 여진족이 끊임없이 국경을 넘어오자 장수들을 시켜 4군 6진을 개척하게 했습니다.

14 권율이 이끄는 관군과 의병, 행주산성의 백성이 모두 힘을 합쳐 싸워 일본군을 물리쳤습니다.

15 서울 삼전도비에는 인조가 청 태종에게 항복한 사실이 기록되어 있습니다.

50쪽 수행 평가 ❶회

1 단군왕검 **2** ㉠ 예 농업을 중요하게 생각했음을 알 수 있습니다. ㉡ 예 곰을 믿는 부족과 호랑이를 믿는 부족이 환웅 부족과 함께하고 싶어 했다는 것을 알 수 있습니다. ㉢ 예 곰을 믿는 부족이 환웅 부족과 한 세력이 되었다는 것을 알 수 있습니다.

1 고려 시대에 일연이 기록한 역사서인 『삼국유사』에서 고조선의 건국 이야기가 전해집니다.

2 고조선은 우리 역사 속 최초의 국가로 이와 관련된 건국 이야기가 전해집니다.

채점 기준	상	고조선의 건국 이야기에 담겨 있는 뜻을 세 가지 모두 알맞게 쓴 경우
	중	고조선의 건국 이야기에 담겨 있는 뜻을 두 가지만 알맞게 쓴 경우

51쪽 수행 평가 ❷회

1 (1) 고려 (2) 거란 **2** 예 우리가 바로 고구려의 후계자이다. 그래서 나라의 이름을 고려라 한 것이다. **3** 예 강동 6주를 얻었고 송과 관계를 끊고 거란과 교류할 것을 약속했습니다.

1 거란이 고려를 침입해 오자 서희는 거란의 장수 소손녕과 담판을 벌였습니다.

2 서희는 고려와 송의 관계를 끊기 원하는 거란의 침입 의도를 파악하고, 적의 진영으로 가서 소손녕과 담판을 벌였습니다.

채점 기준	상	제시된 단어 두 가지를 모두 포함하여 알맞게 쓴 경우
	중	제시된 단어 한 가지만 포함하여 알맞게 쓴 경우

3 고려는 송과 관계를 끊고 거란과 교류할 것을 약속했고, 압록강 동쪽의 강동 6주를 차지하게 되었습니다.

채점 기준	상	강동 6주를 확보하고, 송과 관계를 끊고 거란과 교류할 것을 약속했다고 알맞게 쓴 경우
	중	송과 관계를 끊기로 약속했다고만 쓴 경우

52쪽 수행 평가 ❸회

1 세종(대왕) **2** (1) ㉢ (2) ㉤ (3) ㉤ (4) ㉠ **3** 예 과학 기술의 발달로 사람들은 시간과 계절을 정확히 알 수 있었고, 농사를 짓는 데 큰 도움을 받았습니다.

1 세종은 집현전을 설치해 백성의 생활에 도움이 될 수 있는 과학 기구를 만들고 여러 분야의 책을 편찬하도록 했습니다.

2 ㉡ 자격루는 물이 흐르는 것을 이용하여 자동으로 시간을 알려주는 기계입니다. ㉣ 혼천의는 별의 움직임을 관측하는 기구입니다.

3 양부일구, 자격루는 시간을 재는 기구였고, 혼천의, 간의 등은 천체를 관측하여 계절의 변화를 관찰하여 농사에 활용하였습니다.

채점 기준	상	시간과 계절을 정확히 알 수 있었고, 농사 관련 내용을 모두 알맞게 쓴 경우
	중	생활하는 데 과학 기술의 도움을 받았다고만 쓴 경우

2. 사회의 새로운 변화와 오늘날의 우리

① 새로운 사회를 향한 움직임 (1)

55쪽 기본 개념 문제

1 탕평책 **2** ○ **3** 실학자 **4** 김정호 **5** 민화

56쪽~57쪽 문제 학습

1 (1) ○ (2) × **2** 영조 **3** 예 백성의 생활을 안정시키고자 세금을 줄였고, 가혹한 형벌을 금지하였습니다. **4** ⓛ, ⓒ, ② **5** 수원 **6** (2) ○ **7** 실학 **8** ④ **9** (1) ⓒ (2) ⓒ **10** 예 한글을 사용하는 사람들이 늘어났기 때문입니다. **11** 풍속화 **12** (3) ○

1 (2) 조선 후기에는 붕당 간에 의견 대립이 자주 일어나면서 정치가 혼란스러워졌습니다.

2 영조가 세운 탕평비를 통해 붕당과 상관없이 나랏일을 할 인재를 골고루 뽑아 정치를 하겠다는 탕평책의 내용을 알 수 있습니다.

3 이 밖에도 규장각을 설치하여 관리들을 길러냈고, 신문고를 재설치했으며, 많은 책을 편찬해 학문과 제도를 정비하였습니다.

채점 tip 제시된 예시 답안의 내용을 알맞게 썼으면 정답으로 합니다.

4 정조는 영조의 탕평책을 이어받아 인재를 고루 뽑아 정치를 안정시키려고 노력했습니다. ㉠ 영조는 백성이 억울한 일을 당하지 않도록 신문고를 재설치했습니다.

> **자료 다시보기**
>
> **정조의 개혁 정책**
> • 영조의 탕평책을 이어받아 인재를 고루 뽑아 정치를 안정시키려고 노력했습니다.
> • 규장각을 설치하여 관리들을 길러냈으며, 신분 때문에 능력을 발휘하지 못하던 인재들을 뽑아서 썼습니다.
> • 상업에 대한 규제를 풀어 여러 상인이 자유롭게 장사를 할 수 있도록 했으며, 노비에 대한 차별을 줄였습니다.
> • 수원에 화성을 건설하여 정치, 군사, 상업의 중심지로 만들고자 했습니다.

5 수원 화성은 거중기와 녹로 등 새로운 과학 기술을 활용하여 만들어진 도시였습니다.

6 정조는 수원에 화성을 건설하여 정치, 군사, 상업의 중심지로 만들고자 했습니다.

7 실학자들은 새로운 문물과 현실 문제에 관심을 두고 다양한 분야를 연구하며 사회를 발전시키려고 노력했습니다.

8 실학자들 중 일부는 새로운 기술을 개발하고 상업과 공업을 발달시켜야 한다고 주장했습니다.

9 유득공은 발해의 역사를 연구하여 발해가 고구려를 계승한 나라임을 밝혔습니다. 김정호가 만든 『대동여지도』는 조선 시대의 여러 지도 중에서 가장 정확하고 상세하다고 평가받고 있습니다.

10 한글을 익힌 사람들이 늘어나자 서민 문화 중 하나인 한글 소설이 널리 보급되었습니다.

채점 tip 한글을 사용하는 사람이 늘었다는 내용을 알맞게 썼으면 정답으로 합니다.

> **자료 다시보기**
>
> **조선 후기 서민 문화**
>
> | 한글 소설 | • 한글을 사용하는 사람들이 늘어나면서 한글 소설이 많이 창작되었음.
• 『홍길동전』, 『춘향전』, 『심청전』, 『흥부전』 등이 있음. |
> | --- | --- |
> | 판소리 | • 이야기를 노래 형식으로 표현한 공연
• 서민과 양반 모두에게 큰 호응을 얻었음. |
> | 풍속화 | • 당시 사람들의 생활 모습을 담은 그림
• 대표적인 화가로는 김홍도와 신윤복이 있음. |
> | 민화 | • 실용적인 목적에 따라 그린 대중적인 그림
• 동물, 문자, 꽃, 나무 등을 그려 복을 바라는 마음을 담았음. |
> | 탈춤 | • 탈을 쓰고 하는 연극으로, 사람이 많이 모이는 곳에서 공연되었음.
• 서민들의 생각과 감정을 솔직하게 표현하여 인기를 얻었음. |

11 조선 후기의 대표적인 풍속 화가로는 김홍도와 신윤복이 있습니다.

12 (1) 탈춤은 주로 사람이 많이 모이는 곳에서 공연되었습니다. (2) 이야기를 노래 형식으로 표현한 공연은 판소리입니다.

1 새로운 사회를 향한 움직임 (2)

59쪽 기본 개념 문제

1 세도 **2** 흥선 대원군 **3** 병인양요 **4** ×
5 척화비

60쪽~61쪽 문제 학습

1 세도 정치 **2** ④ **3** ⑤ **4** ㉢ **5** 서원 **6** ㉟ 경복궁을 다시 지으려고 농사철에 백성들을 동원해 그들의 생활을 힘들게 했기 때문입니다. **7** (1) ㉡ (2) ㉠ **8** ㉠, ㉢, ㉣ **9** (1) ○ **10** 척화비 **11** ㉟ 서양과 교류하지 않겠다는 의지를 널리 알리고 통상 수교 거부 정책을 강화하기 위해서입니다. **12** ㉣ → ㉡ → ㉠ → ㉢

1 세도 정치는 왕실과 혼인 관계를 맺은 가문들이 국정을 독점하는 정치를 말합니다.

2 세도 정치 시기에 벼슬에 나가려고 뇌물을 바친 일부 관리는 뇌물에 쓰인 비용을 도로 찾거나, 재산을 늘리고자 세금을 마음대로 거둬 백성들을 힘들게 했습니다.

3 흥선 대원군은 왕권 강화 정책을 실시하였습니다. 그러나 임진왜란 때 불탄 경복궁을 짓는 정책은 백성의 불만을 사기도 했습니다.

자료 다시보기

흥선 대원군의 개혁 정책
· 세도 가문을 억누르고 인재를 고루 뽑았습니다.
· 세금을 내지 않으면서 재산을 쌓던 서원을 일부만 남기고 정리했습니다.
· 나라의 재정을 튼튼히 하기 위해 양반도 세금을 내도록 했습니다.
· 임진왜란 때 불탄 경복궁을 다시 지으려고 농사철에 백성들을 동원했습니다.
· 경복궁을 다시 짓는 공사에 필요한 돈을 마련하려고 강제로 기부금을 걷는 등 무리한 정책을 펼쳤습니다.

4 흥선 대원군은 세도 정치의 잘못된 점을 고치고 국왕 중심으로 정치를 운영하기 위한 정책을 펼쳤습니다. ㉠과 ㉡은 정조, ㉣은 영조와 정조가 추진한 정책입니다.

5 조선 후기에 수많은 서원이 생기면서 나라의 재정이 악화되었습니다.

6 이 밖에도 공사에 필요한 돈을 마련하려고 강제로 기부금을 걷는 등 무리한 정책을 펼쳤기 때문입니다.

채점 기준	상	농사철에 백성들을 동원하거나, 공사에 필요한 돈을 마련하려고 강제로 기부금을 걷었다고 알맞게 쓴 경우
	중	백성의 생활을 힘들게 했다고만 쓴 경우

7 프랑스가 통상을 요구하며 강화도를 침략한 사건은 병인양요, 미국이 통상을 요구하며 강화도를 침략한 사건은 신미양요입니다.

자료 다시보기

· **병인양요**

침략	프랑스가 통상을 요구하며 강화도를 침략했음.
대응 및 결과	· 조선은 강화도로 군대를 보냈고, 양헌수가 이끄는 부대는 정족산성에서 프랑스군을 공격하여 승리했음. · 프랑스군은 조선군에 패하고 물러가면서 귀중한 책과 무기, 곡식 등을 약탈해 갔음.

· **신미양요**

침략	미군이 군함을 이끌고 통상을 요구하며 강화도를 침략했음.
대응 및 결과	· 조선군은 미군에 맞서 강력하게 저항했으며 미군은 20여 일 후에 스스로 물러갔음. · 미군과의 싸움 과정에서 광성보가 함락되고 어재연을 비롯한 많은 사람이 희생되었음.

8 ㉡은 미국이 강화도를 침략한 신미양요 당시에 볼 수 있었던 모습입니다.

9 프랑스는 외규장각 『의궤』, 미국은 수자기 등을 약탈해 갔고, 두 문화유산은 장기 대여 방식으로 국내로 돌아왔습니다.

10 병인양요와 신미양요 이후 흥선 대원군은 한양과 전국 각지에 척화비를 세워 서양과 교류하지 않겠다는 의지를 널리 알렸습니다.

11 프랑스와 미국에 두 차례나 침략을 당한 이후 흥선 대원군은 한양과 전국 각지에 척화비를 세웠습니다.

채점 기준	상	서양과 교류하지 않겠다는 통상 수교 거부 정책을 강화하기 위해서라고 쓴 경우
	중	대원군의 서양에 대한 경계심이 높아졌기 때문이라고 쓴 경우

12 고종을 대신해 나라를 다스리기 시작한 흥선 대원군은 프랑스와 미국에 침략을 당한 이후 척화비를 세웠습니다.

BOOK **1** 개념북

2 단원

1 새로운 사회를 향한 움직임 (3)

63쪽 기본 개념 문제

1 강화도 조약　2 ○　3 갑신정변　4 전봉준
5 ×

64쪽~65쪽 문제 학습

1 강화도 조약　2 ⑴ ○ ⑵ ○ ⑶ ×　3 **예** 제1조, 청이 조선을 간섭하는 것을 막고 일본의 침략을 더욱 쉽게 만듭니다.　4 기범　5 ①　6 김옥균
7 ①　8 ㉠ 청, ㉡ 3　9 **예** 일본의 힘에 의지하고 준비가 부족한 상황에서 개혁을 시도한 점이 많은 사람의 지지를 받지 못하여 실패로 끝났습니다.
10 ⑤　11 전봉준　12 ㉢ → ㉣ → ㉠ → ㉤ → ㉡

1 강화도 조약은 조선이 다른 나라와 맺은 최초의 근대적 조약이었으나 불평등한 조약이었습니다.

2 ⑶ 강화도 조약은 조선이 개항하는 계기가 되었습니다.

3 제7조는 일본이 우리나라의 해안을 관측해 정보를 얻고 군함과 같은 배들이 자유롭게 접근할 수 있게 하는 조항이고, 제10조는 일본인들이 조선 땅에서 더욱 자유롭게 지낼 수 있게 하는 불평등 조항입니다.

채점 기준	상	불평등 조항을 알맞게 고르고 그 이유를 구체적으로 쓴 경우
	중	불평등 조항을 알맞게 골랐으나, 그 이유를 다소 미흡하게 쓴 경우

자료 다시보기

강화도 조약의 불평등 조항

조항	불평등 조항인 이유
제1조	청이 조선을 간섭하는 것을 막고 일본의 침략을 더욱 쉽게 만듦.
제7조	일본이 우리나라의 해안을 관측해 정보를 얻고 군함과 같은 배들이 자유롭게 접근할 수 있게 됨.
제10조	일본인들이 조선 땅에서 더욱 자유롭게 지낼 수 있게 함.

4 기범 – 일본이 조선에 군함을 보내 통상을 요구한 결과로 맺어진 조약입니다.

5 제시된 개혁안은 갑신정변의 개혁안의 일부입니다.

6 김옥균은 급진 개화파로 청에 의지하는 세력을 몰아내고 새로운 조선을 만들고자 갑신정변을 일으켰습니다. 김홍집은 온건 개화파입니다.

7 일본은 김옥균에게 군사 지원을 약속했으며, 청군의 개입으로 갑신정변은 3일 만에 실패로 끝났습니다.

8 청군의 개입으로 갑신정변은 실패로 끝났고 김옥균, 박영효, 서광범 등은 일본으로 피했습니다.

9 갑신정변은 새로운 국가를 만들려는 개혁 시도였으나 3일 만에 실패로 끝났습니다.

채점 기준	상	예시 답안의 내용을 알맞게 쓴 경우
	중	많은 사람의 지지를 받지 못했다고만 쓴 경우

10 제시된 내용은 동학 농민 운동 당시 동학 농민군이 외국 군대의 개입을 막으려고 조선 정부와 협상해 약속받은 개혁안입니다.

자료 다시보기

동학 농민 운동의 전개

1차 봉기	❶ 동학 농민 운동의 지도자 전봉준은 고부 군수의 횡포를 막기 위해 동학 농민군을 일으켰고, 이들은 전라도 일대로 세력을 넓혔음.
	❷ 조선은 동학 농민군 진압에 어려움을 겪자 청에 도움을 요청했고, 청이 조선에 군대를 보내자 일본도 군대를 보냈음.
	❸ 동학 농민군은 외국 군대의 개입을 막으려고 조선 정부와 협상해 개혁안을 약속받고 전주성에서 물러났음.
청일 전쟁	❹ 동학 농민군이 물러난 후에 일본과 청은 조선에서 영향력을 넓히려고 전쟁을 벌였음.
2차 봉기	❺ 전쟁에서 유리해진 일본이 조선의 정치에 심하게 간섭하자 동학 농민군은 일본을 몰아내려고 다시 봉기했음.
	❻ 동학 농민군은 우금치 전투에서 패배했고, 전봉준은 체포되어 처형됐음.

11 제시된 사람은 동학 농민 운동의 지도자인 전봉준입니다.

12 고부 군수의 횡포를 막기 위해 일어난 동학 농민 운동은 일본의 침입을 막기 위해 다시 일어났으나, 우금치 전투에서 패배하면서 막을 내렸습니다.

❷ 일제의 침략과 광복을 위한 노력 (1)

67쪽 **기본 개념 문제**

1 을미사변 **2** 독립 협회 **3** ○ **4** 을사늑약 **5** ×

68쪽~69쪽 **문제 학습**

1 을미사변 **2** 송하 **3** ④ **4** ⑩ 자주독립 의식을 높이고자 독립문을 세웠습니다. 만민 공동회를 개최했습니다. **5** 환구단 **6** (1) × (2) ○ (3) ○ **7** 을사늑약 **8** ㉢ → ㉠ → ㉡ → ㉣ **9** ⑩ 일제는 헤이그 특사를 구실로 고종을 강제로 물러나게 하고, 대한 제국의 군대를 해산시켰습니다. **10** 항일 의병 운동 **11** ⑤ **12** 신돌석

1 고종과 명성황후가 러시아 세력을 끌어들이는 등 일본의 간섭을 막으려고 하자, 일본은 을미사변을 저질렀습니다.

2 을미사변 이후 고종은 자신의 안전을 지키기 위해 러시아 공사관으로 피신했습니다.

자료 다시보기

을미사변

배경	• 청일 전쟁에서 승리한 일제가 조선의 정치에 깊이 간섭했음. • 고종과 명성황후는 러시아 힘을 빌려 일본의 간섭에서 벗어나려 했음.
전개	위기를 느낀 일본은 경복궁을 습격해 명성황후를 시해함(을미사변).
영향	고종은 일본의 영향력을 약화하고 자신의 안전을 지키기 위해 러시아 공사관으로 피신함(아관파천).

3 『독립신문』을 창간한 서재필을 중심으로 독립 협회를 설립했습니다.

4 독립 협회에서는 독립문을 세우고, 만민 공동회를 개최했습니다.

채점 기준	상	예시 답안의 내용을 두 가지 모두 알맞게 쓴 경우
	중	예시 답안의 내용 중 한 가지만 알맞게 쓴 경우

5 고종은 환구단에서 황제로 즉위하며, 대한 제국을 선포했지만, 결과적으로 국민의 권리를 제대로 보장해주지 못하였고 일본과 러시아의 간섭은 계속되었습니다.

6 (1) 『독립신문』은 서재필이 창간하였으며, 대한 제국 수립 이전의 일입니다. 대한 제국은 사회 여러 분야에 걸쳐 근대적인 개혁을 추진해 나갔습니다.

자료 다시보기

독립 협회

설립 배경	서양 여러 나라의 간섭과 침탈이 심해지자 조선 정부는 조선이 자주국임을 알리고 백성들을 단결시킬 필요성을 느낌.
설립	서재필을 중심으로 정부 관료가 참여하는 독립 협회를 설립했음.
활동	자주독립 의식을 높이고자 독립문을 세우고, 만민 공동회를 개최했음.

7 일제는 러시아와의 전쟁에서 승리한 후 대한 제국에 을사늑약 체결을 강요했습니다.

자료 다시보기

을사늑약

배경	러시아와의 전쟁에서 승리한 일제는 대한 제국에 대한 간섭을 심화했음.
체결 과정	고종이 거부했음에도 일제의 특사로 대한 제국에 온 이토 히로부미는 외교권을 빼앗는 조약을 강제로 체결했음.
대응 과 결과	• 고종은 네덜란드 헤이그에서 열린 만국 평화 회의에 특사를 파견해 을사늑약이 무효임을 국제 사회에 알리고자 노력했으나 성과를 거두지 못했음. • 일제는 고종을 강제로 물러나게 하고, 대한 제국의 군대도 해산시켰음.

8 '㉢ 고종의 대한 제국 선포 → ㉠ 러일 전쟁에서 일제의 승리 → ㉡ 을사늑약 체결 → ㉣ 고종의 을사늑약 무효 노력'의 순서로 일어났습니다.

9 헤이그 특사는 일제의 방해로 성과를 거두지 못했으며 일제는 이 사건을 구실로 고종을 퇴위시키고, 대한 제국의 군대를 해산시켰습니다.

10 제시된 지도는 항일 의병 운동의 전개를 나타낸 것입니다.

11 항일 의병 운동은 을미사변, 단발령 실시, 을사늑약 체결, 고종 황제 퇴위 및 대한 제국의 군대 해산이 원인이 되어 일어났습니다.

12 평민 의병장인 신돌석은 강원도, 경상도, 충청도 지역에서 활약했으며, '태백산 호랑이'라고 불리기도 했습니다.

2 일제의 침략과 광복을 위한 노력 (2)

71쪽 기본 개념 문제

1 × 2 『대한매일신보』 3 이토 히로부미 4 ○
5 이회영

72쪽~73쪽 문제 학습

1 애국 계몽 운동 2 『대한매일신보』 3 ② 4 ㉠
5 ③ 6 조선 총독부 7 ④ 8 태형 9 예 만주와
연해주 등 국외로 떠나는 사람들이 늘어났습니다.
10 흥사단 11 ㉠ 이회영, ㉡ 최재형 12 예 주로
군사 교육을 했으며, 우리 역사와 국어, 지리 교육도
강조했습니다.

1 항일 의병 운동은 의병장을 중심으로 일어난 무장
투쟁 운동입니다.

2 『대한매일신보』는 영국인 베델이 사장이었기 때문
에 일제를 비판하는 기사를 실을 수 있었습니다.

3 안중근은 이토 히로부미가 만주에 온다는 소식을
듣고 1909년에 하얼빈역에서 그를 저격했습니다.

> **자료 다시보기**
>
> **안중근의 활동**
>
> | | |
> |---|---|
> | 안중근의 망명 | 고종이 강제로 퇴위한 이후 안중근은 국내 계몽 운동만으로는 나라를 지킬 수 없다고 생각하고 연해주로 가서 의병을 모아 국내 진입 작전을 펼쳤음. |
> | 안중근의 의거 | • 의병 활동을 하던 안중근은 우리나라를 빼앗는 데 앞장선 이토 히로부미를 사살하는 일이 중요하다고 생각해 의거를 준비했음.
• 이토 히로부미가 만주에 온다는 소식을 들은 안중근은 하얼빈역에서 그를 저격했음. |
> | 안중근의 재판 | 안중근은 그 자리에서 붙잡혔고, 일본 측에 넘겨져 뤼순 감옥에 갇혀 재판을 받았음. |
> | 안중근의 최후 | 안중근은 뤼순 감옥에 갇혀 사형을 선고받았으며, 감옥에서 숨을 거뒀음. |

4 ㉠ 흥사단은 안창호가 미국으로 건너가서 세운 민
족 운동 단체입니다.

5 안중근은 재판에서 이토 히로부미의 죄목 총 15가
지를 들어 일본의 만행을 밝히며, 일제 침략 행위를
비판하였습니다.

6 일제는 1910년 조선 총독부라는 통치 기구를 만들
고, 헌병들에게 경찰의 의무를 주어 한국인들을 감
시하게 했습니다.

7 토지 조사 사업으로 농민들은 땅을 잃기도 했습니다.

8 일제의 헌병들은 한국인들을 감시하고 독립운동을
탄압했습니다. 애국 계몽 운동은 민족의 실력을 키
워 나라를 지키자는 운동입니다.

> **자료 다시보기**
>
> **애국 계몽 운동의 전개**
>
> | | |
> |---|---|
> | 학교의 설립 | • 일제가 우리나라를 빼앗기 전에 안창호는 국권을 찾는 데 필요한 인재를 기르기 위해 대성 학교를 설립했음.
• 이승훈은 오산 학교를 세워 우리글, 우리 역사 등을 가르쳤음. |
> | 신문의 발간 | 『황성신문』, 『대한매일신보』 등은 일제의 침략 행위를 비판하는 기사를 실어 많은 사람의 애국심을 높였음. |

9 이 밖에도 국내 활동이 어려워진 독립운동가들 역
시 다른 나라로 건너가 활동을 이어 나갔습니다.

> **채점 tip** 제시된 예시 답안을 알맞게 쓴 경우 정답으로 합니다.

> **자료 다시보기**
>
> **국외에서의 독립운동**
>
> | | |
> |---|---|
> | 안창호 | 미국 샌프란시스코에서 흥사단을 세워 한국인들의 실력 양성을 위한 운동에 앞장섰음. |
> | 이회영 | • 만주에 신흥 강습소를 세우고 많은 독립운동가와 항일 독립군을 키워 냈음.
• 신흥 무관 학교에서는 주로 군사 교육을 했으며, 우리 역사와 국어, 지리 교육도 강조했음. |

10 안창호는 미국 샌프란시스코에서 흥사단을 세워 한
국인들의 실력 양성을 위한 운동에 앞장섰습니다.

11 이회영은 만주에 신흥 강습소(신흥 무관 학교)를 세
우고 많은 독립 운동가와 항일 독립군을 키워냈습
니다. 연해주에서 부를 쌓은 최재형은 자신의 재산
을 독립운동에 바쳤으며, 안중근의 의거를 도왔습
니다.

12 이회영과 그의 형제들은 신흥 강습소(신흥 무관 학
교)를 세워 독립군을 길러냈습니다.

> **채점 tip** 예시 답안의 내용을 알맞게 썼으면 정답으로 합니다.

❷ 일제의 침략과 광복을 위한 노력 (3)

75쪽　기본 개념 문제

1 3·1　**2** ○　**3** 홍범도　**4** 6·10 만세　**5** ×

76쪽~77쪽　문제 학습

1 3·1 운동　**2** (1) ×　(2) ○　(3) ○　(4) ○　**3** 제암리　**4** ⑩ 3·1 운동 전후로 국내외에서 임시 정부가 만들어졌고, 힘을 하나로 모으기 위해 통합 정부를 수립하려고 노력했습니다.　**5** ⑤　**6** 윤봉길　**7** ㉠ 봉오동 전투, ㉡ 청산리 대첩　**8** (2) ○　**9** ㉠, ㉡, ㉢　**10** 위안부　**11** ⑩ 한글을 보급하는 데 힘썼고, 사전을 편찬하려 했습니다.　**12** (1) ㉡ (2) ㉠

1 제시된 지도는 3·1 운동이 일어난 지역을 나타내고 있습니다.

자료 다시보기

3·1 운동

배경	제1차 세계 대전이 끝나고 전쟁에서 진 나라들의 식민지들이 독립하게 되었고, 한국인들은 이러한 상황을 독립의 좋은 기회로 삼고자 했음.
전개 과정	• 종교계 인사들을 중심으로 한 민족 대표들은 독립 선언서를 작성하고 만세 시위를 준비했음. • 1919년 3월 1일, 서울에서 독립 선언서에 서명한 민족 대표들은 독립 선언식을 했음. • 같은 시각 학생들과 시민들은 탑골 공원에 모여 독립 선언서를 낭독하고 태극기를 흔들면서 만세 시위를 벌였음. • 일제의 탄압에도 만세 시위는 전국적으로 퍼졌음.
일제의 탄압	• 일제는 전국에서 발생한 만세 시위를 잔인하게 진압했음. • 만세 시위에 참여했던 경기도 화성 제암리에서는 군인들이 주민들을 교회에 모아 놓고 무자비하게 학살했음.

2 1919년 3월 1일, 서울에서 민족 대표들이 독립 선언식을 하며 3·1 운동이 시작되었습니다.

3 일제는 3·1 운동 당시 많은 사람을 잡아가고 학살하는 등 잔인하게 진압했습니다.

4 1919년 9월에 중국 상하이에서 대한민국 임시 정부가 수립됐습니다.

채점 기준	상	국내외에서 임시 정부가 만들어졌고, 힘을 하나로 모으기 위해 통합 정부를 수립하려고 노력했다고 쓴 경우
	중	힘을 하나로 모으기 위해 통합 정부를 수립하려고 노력했다고만 쓴 경우

5 ⑤ 토지 조사 사업은 일제가 추진한 사업입니다. 대한민국 임시 정부는 비밀 연락망 조직, 독립 자금 모금, 한인 애국단 조직, 한국광복군 창설 등 다양한 활동을 했습니다.

6 윤봉길은 일본 왕의 생일을 기념하는 행사가 열린 상하이 훙커우 공원에서 폭탄을 던지는 의거를 실행했습니다.

7 ㉠은 홍범도가 활약한 봉오동 전투, ㉡은 김좌진과 홍범도가 활약한 청산리 대첩입니다.

8 제시된 설명은 광주 학생 항일 운동에 대한 설명입니다.

9 ㉢ 일제는 한국인의 이름을 일본식으로 바꾸게 했습니다.

10 일본군 '위안부'는 일본군이 침략 전쟁을 일으킨 이후 일본군과 일본 정부에 의해 전쟁터에 강제로 동원돼 지속적으로 성폭력과 인권 침해를 당한 여성을 가리킵니다.

11 조선어 학회는 사전을 편찬하려 했으나 일제의 방해로 성공하지 못했습니다.

채점 기준	상	한글 보급과 사전 편찬에 힘썼다고 쓴 경우
	중	한글 보급, 사전 편찬 중 한 가지만 쓴 경우

12 신채호는 우리 민족의 우수성을 알리고자 여러 역사책을 썼습니다. 한용운, 이육사, 윤동주 등은 독립 정신과 광복에 대한 소망을 작품에 담아 식민 통치에 저항하는 의지를 드러냈습니다.

자료 다시보기

민족정신과 문화를 지키기 위한 다양한 노력

역사서 편찬	신채호는 우리 민족의 우수성을 알리고자 『조선상고사』를 비롯한 여러 역사책을 썼으며, 을지문덕, 이순신과 같은 훌륭한 인물의 이야기를 책으로 펴냈음.
우리말 연구	조선어 학회는 한글을 보급하는 데 힘썼고, 사전을 편찬하려 했으나 일제의 방해로 성공하지 못했음.
항일 문학 창작	한용운, 이육사, 윤동주 등은 독립 정신과 광복에 대한 소망을 작품에 담아 식민 통치에 저항하는 의지를 드러냈음.

3 대한민국 정부의 수립과 6·25 전쟁 (1)

79쪽 기본 개념 문제

1 광복 2 × 3 유엔 4 5·10 5 이승만

80쪽~81쪽 문제 학습

1 예 국내외 독립운동가들의 노력이 있었기 때문입니다. 제2차 세계 대전에서 연합국이 승리했기 때문입니다. 2 김구 3 ③ 4 ② 5 모스크바 3국 외상 회의 6 ①, ④ 7 미소 공동 위원회 8 (1) ㉡ (2) ㉠ 9 예 소련이 38도선 북쪽으로 유엔의 한국 임시 위원단을 들어오지 못하게 했기 때문입니다. 10 ㉡ → ㉠ → ㉢ → ㉣ 11 ⑤ 12 수지, 창민

1 독립운동가들의 노력과 제2차 세계 대전에서 연합국의 승리로 우리나라는 1945년 8월 15일에 광복을 맞이했습니다.

채점 기준	상	제시된 예시 답안 중 한 가지를 알맞게 쓴 경우
	중	일본이 세계 대전에서 졌다고만 쓴 경우

2 광복 직후 해외에서 활동하던 이승만, 김구 등이 국내로 돌아왔습니다.

3 ③은 1930년대의 모습입니다.

4 일본의 항복 이후 일본군의 무장 해제를 위해 38도선을 경계로 남쪽에는 미군이, 북쪽에는 소련군이 각자 주둔했습니다.

5 제시된 글에서 설명하는 회의는 모스크바 3국 외상 회의입니다.

자료 다시보기

신탁 통치를 둘러싼 대립
- 미국, 영국, 소련의 외무 장관은 모스크바에 모여 한반도의 문제를 어떻게 처리할지 회의했습니다.
- 한반도에 임시 정부를 수립하고, 정부가 수립되기 전에 최대 5년간 신탁 통치를 실시하는 내용이 결정되었습니다.
- 우리나라에서는 신탁 통치에 반대하는 사람들과 모스크바 3국 외상 회의 결정에 찬성하는 사람들 간에 갈등이 일어났습니다.
- 임시 정부 구성 방법을 논의하기 위해 미소 공동 위원회가 열렸지만 두 나라 간의 서로 다른 입장으로 합의를 이루지 못했습니다.
- 미국은 한국의 문제를 유엔(국제 연합)에 넘겼습니다.

6 모스크바 3국 외상 회의에서는 한반도에 임시 정부를 수립하고, 정부가 수립되기 전에 최대 5년간 신탁 통치를 실시하는 내용이 결정되었습니다.

7 모스크바 3국 외상 회의의 결과를 바탕으로 한국 문제를 해결하기 위해 미소 공동 위원회가 열렸으나 양측의 의견이 모아지지 않아 회의가 무산되었습니다.

8 이승만은 단독 정부 수립을, 김구는 통일 정부 수립을 주장했습니다.

9 유엔은 남북한 총선거를 위해 한국 임시 위원단을 보냈으나, 소련이 이들의 방북을 거절하자 남한만의 총선거를 결정했습니다.

채점 tip 소련이 38도선 북쪽으로 한국 임시 위원단을 들어오지 못하게 했기 때문이라는 내용을 썼으면 정답으로 합니다.

10 대한민국 정부 수립 과정은 '㉡ 5·10 총선거 실시 → ㉠ 제헌 헌법 공포 → ㉢ 초대 대통령 선출 → ㉣ 대한민국 정부 수립'의 순서로 일어났습니다.

자료 다시보기

대한민국 정부 수립 과정에서 나온 서로 다른 주장

이제 무기한 연기된 회의가 재개될 기색도 보이지 않으며 통일 정부를 몹시 기다리지만 잘되지 않으니, 우리 남쪽만이라도 임시 정부 혹은 위원회 같은 것을 조직해 38 이북에서 소련이 물러나도록 세계의 여론에 호소해야 한다.

이승만

한국이 있어야 한국 사람이 있고 민주주의도 공산주의도 또 무슨 단체도 있을 수 있는 것이다. 그러면 자주독립적 통일 정부를 수립해야 하는 이때에 어찌 개인이나 자기 집단의 욕심을 탐해 국가 민족의 백 년 계획을 그르칠 사람이 있으랴.

김구

- 이승만은 남한만의 단독 정부 수립을 주장했고, 김구는 통일 정부 수립을 주장했습니다.

11 ⑤ 북한에서는 1948년 9월에 조선 민주주의 인민 공화국이라는 이름으로 별도의 정권이 세워졌습니다.

12 대한민국 정부 수립은 대한민국 임시 정부의 전통을 이었으며, 우리 민족의 오랜 염원이었던 독립 정부를 수립했다는 점에서 역사적 의미가 있습니다.

자료 다시보기

대한민국 정부 수립
이승만 대통령은 1948년 8월 15일에 대한민국 정부 수립을 선포했습니다.

❸ 대한민국 정부의 수립과 6·25 전쟁 (2)

83쪽 　기본 개념 문제

1 ○　**2** 인천　**3** 정전 협상　**4** ×　**5** 이산가족

84쪽~85쪽 　문제 학습

1 ⑴ ⓛ　⑵ ㉠　**2** 유엔(국제 연합)　**3** ⓔ 국군과 유엔군은 인천 상륙 작전을 계기로 전세를 역전하고 서울을 되찾았습니다.　**4** ㉠ → ㉢ → ㉢ → ㉡ **5** ⓔ 북한군은 남한을 무력으로 통일하고자 했기 때문입니다.　**6** ㉢　**7** ②　**8** ③　**9** 휴전선　**10** 이산가족　**11** ⑴ ○ ⑵ × ⑶ ○　**12** 찬우

1 6·25 전쟁이 시작될 당시 전쟁에 대비하지 못한 국군은 북한군의 침략에 맞섰으나, 소련에게 무기 공급 등의 지원을 받은 북한군의 공격을 이겨내지 못하고 낙동강 이남까지 후퇴했습니다.

> **자료 다시보기**
>
> **6·25 전쟁의 전개 과정**
>
> | **1** 북한군의 남침 | **2** 국군과 유엔군의 반격 |
> |---|---|
> |  | 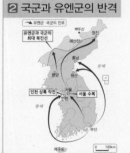 |
> | 소련의 군사 지원을 받은 북한군은 전차를 앞세워 3일 만에 서울을 차지했음. | 국군과 유엔군은 인천 상륙 작전을 펼쳐 전세를 뒤집었음. |
> | **3** 중국군의 개입 | **4** 정전 협정 체결 |
> |  |  |
> | 중국군이 전쟁에 개입하여 전세가 불리해지자, 국군과 유엔군은 피란민과 함께 흥남 항구를 통해 철수했음. | 정전 회담이 시작된 지 2년 만에 정전 협정이 체결되었고, 휴전 상태로 오늘날에 이르렀음. |

2 6·25 전쟁이 일어나자 유엔(국제 연합)이 우리나라에 도움을 주었습니다.

3 인천 상륙 작전의 성공으로 6·25 전쟁의 전세가 국군과 유엔군에 유리해졌습니다.

> **채점 tip** 국군과 유엔군이 전세를 역전했다는 내용을 썼으면 정답으로 합니다.

4 6·25 전쟁은 '㉠ 북한군의 남침 → ㉢ 국군과 유엔군의 반격 → ㉢ 중국군의 개입 → ㉡ 정전 협정 체결'의 순서로 전개되었습니다.

5 북한군은 남한을 무력으로 통일하고자 6·25 전쟁을 일으켰습니다.

> **채점 tip** 남한을 무력으로 통일하고자 했다고 썼으면 정답으로 합니다.

6 중국군이 전쟁에 개입하여 전세가 불리해지자, 국군과 유엔군은 피란민과 함께 흥남 항구를 통해 철수하였습니다.

7 1953년 7월에 휴전이 결정되었고, 맞서 싸우던 자리는 휴전선이 되어 남북은 다시 둘로 나누어졌습니다.

8 ③ 38도선은 광복 이후 6·25 전쟁이 일어나기 전에 설치되었습니다.

9 정전 협정이 체결되면서 250㎞에 달하는 휴전선이 설정되었습니다.

10 6·25 전쟁으로 인해 가족이 서로 헤어져 만나지 못하는 이산가족이 수없이 생겨났습니다.

11 ⑵ 국군과 유엔군뿐만 아니라 많은 민간인이 다치거나 죽었습니다.

12 6·25 전쟁으로 인적·물적 피해를 많이 입어 경제가 어려워졌고 사람들이 살기 어려웠습니다.

86쪽~87쪽 　교과서 통합 핵심 개념

1 수원 화성　**2** 실학　**3** 전봉준　**4** 외교권　**5** 한국광복군　**6** 5·10　**7** 인천 상륙　**8** 38도선

1 ③　2 판소리　3 ①　4 ①　5 예 조선 정부와 협상해 개혁안을 약속받고 전주성에서 물러났습니다.
6 ④　7 ④　8 ⑴ 안중근 ⑵ 이회영　9 ⓛ, ⓒ, ⓔ
10 ③　11 영곤, 승현　12 ⓔ → ⓖ → ⓒ → ⓛ
13 예 대한민국 임시 정부의 전통을 이었으며, 우리 민족의 오랜 염원이었던 독립 정부를 수립했다는 점에서 역사적 의미가 있습니다.　14 중국　15 ⑤

1 영조는 탕평책을 실시하여 왕권을 강화하고 정치를 안정시키고자 했습니다.

2 판소리는 이야기를 노래 형식으로 표현한 예술로, 서민과 양반 모두에게 큰 호응을 얻었습니다.

3 ① 흥선 대원군은 세금을 내지 않으면서 재산을 쌓던 서원을 일부만 남기고 정리했습니다.

4 ① 갑신정변을 일으킨 사람들은 청에 대한 조공을 없애려 했습니다.

> **자료 다시보기**
>
> **갑신정변의 개혁안**
>
> > 1. 청에 바치던 조공을 없앨 것
> > 2. 모든 사람이 평등한 권리를 갖도록 하고, 능력에 따라 관리를 임명할 것
> > 3. 세금 제도를 개혁하여 관리의 부정을 막고 백성을 보호하며, 재정을 넉넉하게 할 것
>
> • 갑신정변은 새로운 국가를 만들려는 개혁 시도였으나, 많은 사람들의 지지를 받지 못하여 실패로 끝났습니다.

5 외국 군대의 개입을 막기 위해 동학 농민군은 스스로 해산했습니다.

　채점 tip 조선 정부와 협상해 개혁안을 약속받고 전주성에서 물러났다는 내용을 썼으면 정답으로 합니다.

6 ④ 조선 총독부는 대한 제국의 국권을 강제로 빼앗은 일제가 한국인들을 지배하고자 세운 통치 기구입니다.

7 ④ 강화도 조약 체결은 항일 의병 운동의 계기가 아닙니다.

8 안중근은 하얼빈역에서 이토 히로부미를 저격했습니다. 이회영이 세운 신흥 무관 학교에서는 주로 군사 교육을 했으며, 우리 역사와 국어, 지리 교육도 강조했습니다.

9 ⓖ 일제의 탄압에도 만세 시위는 전국적으로 퍼져 나갔고, 국외에서도 만세 시위가 일어났습니다.

10 ③ 봉오동 전투는 홍범도, 청산리 대첩은 김좌진과 홍범도가 이끌었습니다.

11 국내외 독립운동가들의 끊임없는 노력과 더불어 제2차 세계 대전에서 일본의 항복으로 연합국이 승리하면서 1945년 8월 15일에 우리나라는 광복을 맞이했습니다.

12 모스크바 3국 외상 회의에서 신탁 통치 방안이 결정되었고, 미소 공동 위원회가 열렸지만 두 나라 간의 서로 다른 입장으로 합의를 이루지 못하여 미국은 한국의 문제를 유엔에 넘겼습니다.

13 대한민국 정부 수립은 대한민국 임시 정부의 전통을 잇는 독립 정부가 수립되었다는 역사적 의미가 있습니다.

　채점 tip 제시된 예시 답안의 내용을 알맞게 썼으면 정답으로 합니다.

14 압록강까지 진격한 국군과 유엔군은 중국군이 전쟁에 개입하자 다시 후퇴했습니다(1·4 후퇴).

15 ⑤ 일본어로 된 교과서로 공부하게 되었다는 것은 6·25 전쟁으로 인한 피해로 알맞지 않습니다.

> **자료 다시보기**
>
> **국외 독립운동가의 활동**
>
> **안창호**
> 안창호는 민족의 실력을 양성하려고 노력한 독립운동가입니다. 그는 국권을 빼앗기기 이전 평양에 대성 학교를 설립했으며, 국권 피탈 이후 미국으로 건너간 그는 흥사단을 세워 한국인들의 실력 양성 운동에 앞장섰습니다.
>
> **이회영**
> 이회영은 명문가의 자손으로, 그의 집안은 조선에서 손꼽히는 부자였습니다. 이회영과 그의 형제들은 전 재산을 팔아 독립운동 자금을 마련하여 만주로 갔습니다. 만주로 간 이회영과 그의 형제들은 신흥 강습소(신흥 무관 학교)를 세워 독립군을 길러냈습니다.
>
> **최재형**
> 최재형은 연해주에서 부를 쌓아 자신의 재산을 독립운동에 바쳤습니다. 그는 안중근의 의거를 도왔습니다.

단원 평가 ❷회

1 ② 　2 『대동여지도』　3 ③ 　4 ①, ⑤ 　5 ⑤
6 을미사변 　7 ②, ⑤ 　8 ④ 　9 ② 　10 **예** 독립을
위한 힘을 하나로 모으기 위해 통합 정부를 수립하
려고 했기 때문이야. 　11 (1) ✕ (2) ○ 　12 ②, ⑤
13 ⑤ 　14 ㉢ → ㉡ → ㉣ → ㉠ 　15 **예** 6·25 전
쟁 중에 국군과 유엔군, 북한군과 중국군뿐만 아니
라 많은 민간인이 사망 또는 부상을 당하거나 실종
되었습니다.

1 ②는 흥선 대원군의 정책입니다.

2 『대동여지도』는 조선 후기에 만들어진 우리나라 전
도이며, 김정호가 제작하였습니다.

자료 다시보기

『대동여지도』

- 조선 후기에 만들어진 우리나라 전
도로 산, 강, 길 등이 자세히 표시되
어 있습니다.
- 『대동여지도』는 조선 시대의 여러
지도 중에서 가장 정확하고 상세하
다고 평가받고 있습니다.

3 '㉡ 병인양요 → ㉠ 신미양요 → ㉣ 척화비 건립 →
㉢ 강화도 조약 체결'의 순서로 전개되었습니다.

4 갑신정변은 새로운 국가를 만들려는 개혁 시도였으
나, 일본의 힘에 의지하고 준비가 부족한 상태에서
개혁을 시도한 점이 많은 사람의 지지를 받지 못하
여 실패로 끝났습니다.

5 제시된 글은 동학 농민군의 요구안입니다. 동학 농민
군은 외국 군대의 개입을 막으려고 조선 정부와 협상
해 개혁안을 약속받고 전주성에서 물러났습니다.

6 고종과 명성황후가 일본의 간섭에서 벗어나려 하자
일본은 경복궁을 습격해 명성황후를 시해하였으며,
이를 을미사변이라고 합니다.

7 고종이 헤이그에 특사를 파견해 을사늑약이 무효임
을 알리려고 노력했으나 이를 빌미로 일제는 고종
을 강제로 물러나게 하고, 대한 제국의 군대도 해산
시켰습니다.

8 ④ 안중근은 이토 히로부미가 무고한 한국인들을
학살한 죄를 지었다고 말했습니다.

9 나라를 잃어버린 우리 민족은 일제의 식민 통치를
겪게 되었습니다.

10 1919년 9월, 중국 상하이에서 여러 임시 정부를 통
합한 대한민국 임시 정부가 수립되었습니다.

채점 tip 독립을 위한 힘을 하나로 모으기 위해서라는 내용을 썼
으면 정답으로 합니다.

11 (1) 제2차 세계 대전에서 연합국이 승리하면서 우리
나라는 광복을 맞이할 수 있었습니다.

12 모스크바 3국 외상 회의에서는 임시 정부 수립, 정
부 수립 전 신탁 통치 실시가 결정되었습니다.

13 이승만은 선거가 가능한 남한만의 정부 수립을 주
장했습니다.

14 6·25 전쟁은 '㉢ 북한군의 남침 → ㉡ 인천 상륙 작
전(국군과 유엔군의 반격) → ㉣ 중국군 개입 → ㉠
정전 협정 체결'의 순서로 전개되었습니다.

자료 다시보기

6·25 전쟁의 전개 과정

1 북한군의 남침
- 1950년 6월 25일에 북한군이 남한을 무력으로 통일하
고자 38도선 전 지역에서 총공격을 시작했습니다.
- 전쟁에 대비하지 못한 국군은 북한군의 침략에 맞섰
으나, 공격을 이겨 내지 못하고 낙동강 이남까지 후퇴
했습니다.

2 국군과 유엔군의 반격
- 유엔이 북한에 침략 행위를 중지할 것을 요구했으나,
북한이 이를 거부하자 미국을 중심으로 16개국이 참
여한 유엔군을 남한에 파견했습니다.
- 국군과 유엔군은 인천 상륙 작전을 계기로 전세를 역
전하고 서울을 되찾았습니다.

3 중국군의 개입
- 북한군이 국군과 유엔군에 밀리자 중국군이 전쟁에
개입했습니다.
- 중국군이 개입하자 국군과 유엔군은 다시 한강 이남으
로 후퇴했습니다(1·4 후퇴).

4 정전 협정 체결
- 38도선을 중심으로 치열한 전투가 벌어졌고, 한편에
서는 전쟁을 멈추려고 정전 협상을 진행했습니다.
- 1953년 7월에 휴전이 결정되었고, 맞서 싸우던 자리는
휴전선이 되어 남북은 다시 둘로 나누어졌습니다.

BOOK ❶ 개념북

❷ 단원

15 6·25 전쟁으로 민간인 피해도 커서 남한에서 100만 명, 북한에서 150만 명이 사망 또는 부상을 당하거나 실종되었습니다.

채점 tip 군인뿐만 아니라 민간인이 사망 또는 부상을 당하거나 실종되었다는 내용을 썼으면 정답으로 합니다.

자료 다시 보기

6·25 전쟁의 피해

파괴된 수원의 장안문 전쟁으로 많은 문화재가 훼손되거나 불타 없어졌음.	**전쟁으로 폐허가 된 서울** 전쟁으로 많은 시설이 파괴되었고, 사람들은 삶의 터전을 잃었음.

전쟁고아 많은 어린이가 부모를 잃고 전쟁고아가 되었음.	**이산가족 문제** 전쟁 중에 가족이 서로 헤어져 생사조차 알 수 없었음.

94쪽   **수행 평가 ❶회**

1 ㉠ 청, ㉡ 일본인   2 ⑩ 강화도 조약은 조선이 다른 나라와 맺은 최초의 근대적 조약이었으나 불평등한 조약이었습니다.

1 조선은 일본의 압박을 받아 강화도 조약을 체결하고 개항했습니다.

2 강화도 조약은 조선에 일방적으로 불리한 조약이었기 때문에 이후 조선은 많은 어려움을 겪게 되었습니다.

채점 기준	상	최초의 근대적 조약이었으나 불평등한 조약이라고 알맞게 쓴 경우
	중	최초의 근대적 조약이라고만 썼거나, 불평등한 조약이라고만 쓴 경우

95쪽   **수행 평가 ❷회**

1 ㉠ 안창호, ㉡ 이회영   2 ㉮ 미국, ㉯ 만주
3 ⑩ 안중근은 을사늑약을 강제로 맺게 한 이토 히로부미를 하얼빈역에서 사살하였습니다.

1 ㉮는 안창호, ㉯는 이회영의 활동을 설명한 글입니다.

2 안창호는 미국에 흥사단을 세웠고, 이회영은 만주에 신흥 강습소(신흥 무관 학교)를 세웠습니다.

3 이토 히로부미가 만주에 온다는 소식을 들은 안중근은 1909년에 하얼빈역에서 그를 저격했습니다.

채점 기준	상	을사늑약을 강제로 맺게 한 이토 히로부미를 하얼빈역에서 사살하였다고 쓴 경우
	중	이토 히로부미를 저격했다고만 쓴 경우

96쪽   **수행 평가 ❸회**

1 ㉮ 이승만, ㉯ 김구   2 ⑩ 대한민국 정부가 대한민국 임시 정부를 계승하였다는 것을 알 수 있습니다.   3 ⑩ 대한민국 임시 정부의 전통을 이었으며, 우리 민족의 오랜 염원이었던 독립 정부를 수립했다는 점에서 역사적 의의가 있습니다.

1 이승만은 남한만의 단독 정부 수립을, 김구는 통일 정부 수립을 주장했습니다.

2 제헌 헌법은 대한민국 정부가 대한민국 임시 정부를 계승하였음을 보여 주고 있습니다.

채점 기준	상	대한민국 정부가 대한민국 임시 정부를 계승하였다는 것을 알 수 있다고 쓴 경우
	중	대한민국 정부는 독립 정신을 계승하였다는 것을 알 수 있다고만 쓴 경우

3 광복 3주년을 맞는 1948년 8월 15일에 대한민국 정부가 수립되었습니다.

채점 기준	상	제시된 예시 답안의 내용을 모두 알맞게 쓴 경우
	중	'대한민국 임시 정부의 전통 계승', '독립 정부 수립' 중 한 가지만 쓴 경우

자료 다시보기

대한민국 정부 수립의 역사적 의미
대한민국 임시 정부의 전통을 이었으며, 우리 민족의 오랜 염원이었던 독립 정부를 수립했다는 점에서 역사적 의미가 있습니다.

1. 옛사람들의 삶과 문화

① 나라의 등장과 발전

| 2쪽 | 묻고 답하기 ①회 |

1 고조선　2 비파형 동검　3 고구려　4 한강
5 근초고왕　6 당　7 발해　8 미륵사지　9 석굴암
10 발해

| 3쪽 | 묻고 답하기 ②회 |

1 단군왕검　2 고구려　3 온조　4 알　5 광개
토대왕　6 문무왕　7 해동성국　8 첨성대　9 철
10 통일 신라

| 4쪽~7쪽 | 중단원 평가 |

1 고조선　2 ①　3 ㉠ 여덟(8), ㉡ 세(3)　4 예 신
분 제도가 있었습니다. 화폐의 개념이 있었습니
다.　5 ①, ②, ④　6 ㉢　7 ㉢ → ㉡ → ㉠　8 ②,
④　9 ②　10 예 진흥왕은 정복한 지역 곳곳에 네
개의 순수비를 세웠습니다.　11 신라　12 ②　13
㉣　14 발해, 예 당의 역사서에 발해를 세운 대조영
은 고구려의 후예라고 기록되어 있습니다.　15 ④
16 ④　17 ②, ③　18 ⑵ ○　19 ④　20 예 발해
에서 불교문화가 발달했음을 알 수 있습니다.

1 청동기 시대 이후 지배 세력이 등장하고 집단 간의
전쟁으로 마을의 규모가 확대되면서 고조선이 등장
했습니다.

2 고조선 건국 이야기를 통해 당시 사람들이 농업을
중요하게 생각했음을 알 수 있습니다.

3 고조선의 8조법은 오늘날 세 개 조항만 전해지고 있
습니다.

4 고조선의 다른 법 조항을 통해 큰 죄는 법으로 엄
격하게 다스렸다는 것과 개인의 재산을 인정했다는
것을 알 수 있습니다.

채점 기준	상	신분 제도가 있고 화폐의 개념이 있었다고 모두 쓴 경우
	중	신분 제도와 화폐의 개념 중 한 가지만 포함하여 쓴 경우

5 고조선과 관련된 문화유산에는 탁자식 고인돌, 미송
리식 토기, 비파형 동검이 있으며 문화유산의 분포
를 바탕으로 고조선의 문화 범위를 알 수 있습니다.

6 백제는 온조, 고구려는 주몽, 신라는 박혁거세가 건
국했다고 전해집니다.

7 백제는 4세기 후반, 고구려는 5세기, 신라는 6세기
에 전성기를 맞이하였습니다.

8 광개토대왕은 서쪽으로는 요동 지역을 차지하고 남
쪽으로는 백제를 공격해 한강 북쪽을 차지했습니
다. 장수왕은 평양성으로 수도를 옮기고 백제를 공
격하여 한강 유역을 차지했습니다.

9 제시된 글은 신라의 전성기에 대한 설명입니다.

10 진흥왕은 비석을 세워 자신이 정복한 지역의 경계를
알리고자 했습니다.

채점 기준	상	'정복한 지역 곳곳에 네 개의 비석(순수비)를 세웠다.'라고 쓴 경우
	중	'신라의 영토 경계를 알리고자 했다.'라고 쓴 경우

11 신라는 한반도에 있던 여러 나라를 처음으로 통일
하였습니다.

12 당은 백제와 고구려가 멸망한 후 한반도 전체를 차
지하려고 했습니다.

13 ㉣ 신라는 당을 상대로 전쟁을 벌여 승리했고 문무
왕 때 삼국 통일을 이루었습니다.

14 일본은 발해에 보낸 일본 사신을 '견고려사(고구려
에 보낸 사신)'라고 불렀습니다. 발해가 일본에 보낸
외교 문서에 보면 발해의 왕을 '고려 국왕'이라고 칭
하였습니다.

채점 기준	상	국가 이름을 알맞게 쓰고, 발해의 역사가 우리나라의 역사인 이유를 구체적으로 알맞게 쓴 경우
	중	국가 이름을 알맞게 썼으나 발해의 역사가 우리나라의 역사인 이유를 다소 미흡하게 쓴 경우

15 ④는 고구려의 문화유산입니다. 무령왕릉은 무령왕
과 왕비의 무덤으로 백제의 문화유산 외에 중국, 일
본과 관련된 유물이 함께 발견되었습니다.

16 익산 미륵사지 석탑은 우리나라에 남아 있는 석탑
중에 가장 크고 오래된 석탑으로, 백제의 대표적인
문화유산입니다.

17 제시된 신라 문화유산으로 신라의 문화와 대외 관
계를 짐작해 볼 수 있습니다.

18 ⑵ 가야는 다른 나라와 활발히 교류하였습니다.

19 ④ 일제 강점기에 일본이 석굴암을 해체하고 복원
하는 과정에서 원래의 기능을 잃어버려 지금은 유
리로 내부를 막아두었습니다.

20 발해의 수도였던 상경과 그 주변 지역에서 불교와 관련된 문화유산이 많이 발견되는 것으로 보아, 발해의 높은 불교문화 수준을 짐작할 수 있습니다.

채점기준	상	'불교문화가 발달했음을 알 수 있다.'라고 쓴 경우
	중	'발해만의 독자적인 문화를 발전시켜 나갔음을 알 수 있다.'라고 쓴 경우

2 독창적 문화를 발전시킨 고려

8쪽 묻고 답하기 ❶회

1 후고구려 2 고려 3 강동 6주 4 천리장성 5 별무반 6 몽골 7 강화도 8 상감 9 팔만대장경(재조대장경) 10 금속 활자

9쪽 묻고 답하기 ❷회

1 후삼국 2 왕건 3 소손녕 4 귀주 대첩 5 동북 9성 6 삼별초 7 몽골 8 고려청자 9 팔만대장경판 10 『직지심체요절』

10쪽~13쪽 중단원 평가

1 ㉢ 2 ㉡ → ㉠ → ㉣ → ㉢ 3 ⓓ 궁예가 신하를 의심하고 죽이며 일부 호족들을 억압했기 때문입니다. 4 ④ 5 송, 거란 6 서희 7 ② 8 ⓓ 강감찬을 비롯한 고려군은 물러나는 거란군을 추격해 귀주에서 큰 승리를 거두었습니다. 9 ④ 10 ③ 11 ① 12 ② 13 ④ 14 ① 15 ③ 16 ㉠ 중국, ㉡ 상감 17 ④ 18 ⓓ 고려의 목판 제조술, 조각술, 인쇄술 등의 기술이 매우 뛰어났음을 알 수 있습니다. 19 ⑤ 20 ④

1 신라 말 귀족들의 왕위 다툼으로 정치가 혼란해지자, 지방에서는 호족들이 등장했습니다.

2 신라의 항복을 받은 고려는 견훤의 투항 이후 힘이 약해진 후백제를 공격하여 후삼국을 통일하였습니다.

3 왕건은 궁예를 몰아내고 고려를 세웠습니다.

> **채점 tip** 궁예가 신하를 죽이고 일부 호족을 억압했다는 내용을 썼으면 정답으로 합니다.

4 거란이 발해를 멸망시키자 태조 왕건은 발해 유민을 받아들였습니다.

5 거란이 고구려를 계승한 발해를 멸망시켰기 때문에 고려는 거란을 경계하였습니다.

6 거란의 1차 침입 때 서희는 거란의 장수 소손녕과 담판을 벌였습니다.

7 거란의 2차 침입 때 양규의 군대가 돌아가는 거란군을 공격하였습니다.

8 강감찬을 중심으로 전쟁에서 대비했던 고려는 거란과의 전투에서 승리하였고, 거란군은 군대를 철수하기 시작했습니다.

채점기준	상	강감찬이라는 이름을 포함하여 귀주에서 승리를 거두었다고 알맞게 쓴 경우
	중	귀주에서 거란군을 무찔렀다고만 쓴 경우

9 서희는 거란의 1차 침입 당시 적의 진영에 가서 담판을 벌였던 사람이고, 강감찬은 거란의 2~3차 침입 당시 활약했던 사람입니다.

10 「척경입비도」는 윤관이 동북 9성을 개척하는 모습을 그린 그림입니다.

11 몽골은 고려에도 사신을 보내 물자를 바칠 것을 무리하게 요구했습니다.

12 몽골의 1차 침입 이후 고려는 도읍을 개경에서 강화도로 옮기고 몽골과 싸웠습니다.

13 고려는 바다에 익숙하지 않은 몽골군을 막기 위해 강화도로 수도를 옮겼습니다.

14 ① 삼별초는 몽골에 끝까지 저항했으나 결국 실패했습니다.

15 ③ 고려청자는 만드는 것이 어려워 왕실과 귀족과 같은 지배층이 주로 사용했습니다.

16 고려 시대 사람들은 상감 기법을 활용하여 물고기, 학, 모란 등 다양한 무늬를 청자에 새겨 넣었습니다.

17 제시된 그림은 팔만대장경판을 만드는 과정 중 마지막으로 귀퉁이를 구리판으로 감싸고 옻칠을 해 보관하는 단계입니다.

18 팔만대장경판을 통해 고려의 뛰어난 기술을 알 수 있습니다.

> **채점 tip** 목판 제조술, 조각술, 인쇄술 중 한 가지를 알 수 있다는 내용이 있으면 정답으로 합니다.

19 ①, ② 목판 인쇄술은 보관하기 어려웠고 판을 새로 짤 수 없었습니다. ③, ④ 금속 활자는 금속으로 만들어서 쉽게 마모되지 않고 보관이 쉬웠습니다.

20 ④『직지심체요절』은 오늘날 전해지는 금속 활자 인쇄본 중 가장 오래된 것입니다.

3 민족 문화를 지켜 나간 조선

14쪽   묻고 답하기 ❶회

1 권문세족   2 유교   3 사직단   4 집현전
5 장영실   6『농사직설』   7 중인   8 임진왜란
9 후금   10 남한산성

15쪽   묻고 답하기 ❷회

1 신진 사대부   2 한양   3 종묘   4 훈민정음
5 자격루   6 신분   7『삼강행실도』   8 이순신
9 곽재우   10 청

16쪽~19쪽   중단원 평가

1 신진 사대부   2 ④   3 ①, ③, ④   4 ⑩ 한양은 한강이 흘러 교통이 편리하고, 물자를 옮기거나 농사짓고 생활하기에 좋았기 때문입니다.   5 유교
6 (2) ○   7 ⑩ 사람들은 시간과 계절을 정확히 알 수 있었고, 농사를 짓는 데 큰 도움을 받았습니다.
8 예나   9 ㉠ 4군, ㉡ 6진   10 ④   11 ③
12『삼강행실도』   13 ③   14 ⑤   15 학익진 전법
16 곽재우   17 ⑩ 명과 후금 사이에서 신중한 중립 외교를 펼치며 전쟁에 휘말리려 하지 않았습니다.
18 남한산성   19 ④, ⑤   20 ③

1 신진 사대부는 고려 말 등장한 새로운 정치 세력으로 성리학을 공부하고 과거 시험으로 관리가 된 사람들입니다.

2 ④는 조선 건국 후에 일어난 일입니다. 이성계를 중심으로 한 세력은 조선 건국 후 한양으로 도읍을 옮겼습니다.

3 정도전은 고려를 대신해 이성계를 중심으로 새로운 왕조를 세우고자 했습니다.

4 이 밖에도 한양은 산으로 둘러싸여 있어 외적을 막아 내기 유리하기 때문입니다.

채점 기준	상	한양을 도읍으로 정한 까닭을 구체적으로 알맞게 쓴 경우
	중	한양을 도읍으로 정한 까닭을 썼으나 다소 미흡하게 쓴 경우

5 조선은 백성을 나라의 근본으로 삼았으며 왕과 신하들은 백성을 위한 정치를 하려고 노력했습니다. 한양은 유교의 가르침을 실현하기 위한 도읍이었습니다.

6 한양의 사대문은 유교에서 강조하는 덕목에 따라 이름 붙였습니다. 숭례문은 사대문 중에서 남쪽 문으로 예의를 존중한다는 의미를 담았습니다.

7 앙부일구는 해의 그림자를 이용하여 시각을 읽는 기계, 혼천의는 별의 움직임을 관측하는 기구,『칠정산』은 한양을 기준으로 만든 우리나라의 역법서입니다.

채점 기준	상	시간과 계절을 정확히 알 수 있었고, 농사를 짓는 데 큰 도움을 받았다고 쓴 경우
	중	시간과 계절을 알 수 있었다고만 쓴 경우

8『농사직설』은 우리나라의 환경에 맞게 농사짓는 방법을 정리해 만든 책으로, 각 지역의 관리들에게 나눠 주었습니다.

9 세종은 북쪽으로 4군 6진을 개척해 조선의 국경을 압록강과 두만강까지 확대했습니다.

10 세종은 여진족이 끊임없이 국경을 넘어오자 장수들을 시켜 4군 6진을 개척하게 했습니다. ① 세종은 국방력 강화에 힘썼고, ② 고려 말에 비해 북쪽으로 국경이 확대됐으며, ③ 국경은 여진, 명과 인접해 있었고, ⑤ 북쪽으로 여진족, 남쪽으로 왜구가 침입했습니다.

11 조선 시대에 중인은 양반과 상민 사이에 있는 신분으로, 관청에서 일하거나 전문직에 종사했습니다.

12 제시된 글은『삼강행실도』에 대한 설명입니다.

13 율곡 이이의 어머니인 신사임당은 글과 시를 잘 썼으며 그림 실력도 매우 뛰어났습니다.

14 이순신이 이끄는 수군은 거북선, 화포 등의 발달한 무기를 이용해 일본군과의 전투에서 모두 승리했습니다.

15 학익진 전법으로 이순신은 크게 승리할 수 있었습니다.

16 제시된 설명은 곽재우에 대한 설명입니다. 의병은 고장의 익숙한 지리를 활용해 적은 병력으로 일본군에 큰 피해를 입혔습니다.

17 명이 쇠퇴하고 후금이 성장하는 상황에서 광해군은 중립 외교를 펼쳤습니다.

채점 기준	상	명과 후금 사이에서 중립 외교를 펼쳤다고 쓴 경우
	중	명과 후금 사이에서 신중한 외교를 펼쳤다고만 쓴 경우

자료 다시보기

광해군의 중립 외교 정책

명	세력이 약해져 가던 명은 임진왜란에 참여한 이후 더욱 힘이 약해졌음.
후금	누르하치가 여진을 하나로 통합해 후금을 세우고 명을 위협했음. → 명은 후금을 물리치려고 조선에 군사 지원을 요청했음.
조선	광해군은 세력이 약해진 명과 새롭게 강대국으로 성장한 후금 사이에서 신중한 중립 외교를 펼치며 전쟁에 휘말리지 않으려고 했음. → 일부 신하들은 중립 외교 정책이 명을 배신하는 것이라 여기며 이를 비판했음.

18 병자호란이 발생하자 인조는 남한산성으로 피신했습니다. 남한산성은 지형이 험준해서 적의 공격을 방어하는 데 유리하고, 넓은 분지가 형성되어 있어 전쟁시 대피해 머물 수 있었습니다.

19 ②는 인조가 청 태종에게 항복한 이후 일어난 사건입니다.

20 서울 삼전도비는 인조가 남한산성에서 내려와 청 태종에게 항복한 사실을 기록한 비석입니다.

20쪽~23쪽 대단원 평가

1 ④ **2** ㉠ 주몽, ㉡ 박혁거세 **3** ②, ⑤ **4** ③
5 발해 **6** ㉣ **7** ⑩ 백제가 중국, 일본과 교류했다는 것을 알 수 있습니다. **8** ④ **9** 서희 **10** ⑤
11 삼별초 **12** ⑩ 높은 온도를 견디는 흙과, 높은 온도로 일정하게 도자기를 구울 수 있는 가마, 비색을 내는 제작 기법이 필요합니다. **13** ⑤ **14** ③
15 ② **16** ① **17** ③ **18** ㉠, ㉢, ㉣ **19** 이순신
20 ⑩ 조선과 청은 신하와 임금의 관계를 맺었습니다.

1 ④ 남의 물건을 훔친 사람은 데려다 노비로 삼는다는 조항을 통해 고조선이 계급 사회였음을 알 수 있습니다.

2 (1)은 고구려의 건국 이야기, (2)는 신라의 건국 이야기입니다. 고구려는 부여에서 내려온 주몽이 압록강 근처 졸본에 세운 나라, 신라는 박혁거세가 지금의 경주 지역을 중심으로 세운 나라입니다.

자료 다시보기

고구려, 백제, 신라의 건국 이야기

고구려

알에서 태어난 주몽은 활을 잘 쏘았다고 전해집니다. 주몽 일행이 어려움을 피해 살던 곳에서 도망칠 때 자라와 물고기가 다리를 놓아주었다고 합니다. 이후 주몽 일행은 무사히 도망쳐서 고구려를 세웠습니다.

백제

주몽의 아들인 비류와 온조는 고구려를 떠나 각각 나라를 세웠습니다. 비류가 죽은 후 그 신하와 백성들이 온조에게 갔습니다. 온조는 이들을 받아들이고 나라 이름을 백제로 정했습니다.

신라

신라를 세운 박혁거세는 큰 알에서 태어났다고 전해집니다. 이를 신기하게 여긴 사람들은 박혁거세가 성장하자 임금으로 모셨고, 박혁거세는 이후 신라를 세웠습니다.

3 고구려는 수도를 국내성(지안)으로 옮기고 꾸준히 정복 활동을 벌여 광개토대왕과 장수왕 때 전성기를 맞았습니다.

4 백제와 고구려가 멸망하자 당은 동맹을 깨고 한반도를 차지하려고 했습니다. 신라는 당을 상대로 전쟁을 벌여 승리했습니다.

자료 다시보기

신라의 삼국 통일

1 신라와 당의 연합	• 신라의 김춘추(태종 무열왕)는 당과 동맹을 맺고 왕위에 오른 후 백제를 멸망시켰음. • 무열왕에 이어 왕이 된 문무왕은 당과 함께 고구려를 멸망시켰음.
2 신라와 당의 전쟁	• 백제와 고구려가 멸망하자 당은 동맹을 깨고 한반도 전체를 차지하려고 했음. • 신라는 당을 상대로 전쟁을 벌여 승리했음(매소성, 기벌포 전투).
3 신라의 삼국 통일	문무왕 때 신라는 삼국 통일을 이루었음.

5 제시된 글은 발해에 대한 설명입니다.

6 ㉠은 고구려, ㉡과 ㉢은 백제의 문화유산입니다. 첨성대는 신라의 문화유산으로 하늘의 해와 달, 별 등을 관찰하는 시설로 알려져 있습니다.

7 무령왕릉에서는 백제의 문화유산 외에 중국, 일본과 관련된 유물이 함께 발견되었습니다.

채점 tip 백제가 중국, 일본과 교류했다는 것을 알 수 있다고 썼으면 정답으로 합니다.

8 ④ 태조 왕건은 북쪽으로 점차 영토를 넓혀 나갔습니다.

9 서희는 거란의 침입 의도를 파악하고 거란의 장수 소손녕과 담판을 벌여 거란을 물러나게 했습니다.

10 고려에 온 몽골의 사신이 돌아가는 길에 죽자, 몽골은 이를 이유로 고려를 침입했습니다.

11 삼별초는 개경 환도에 반대하였으며, 근거지를 강화도에서 진도와 제주도로 옮겨 가며 고려 정부와 몽골에 맞서 싸웠으나 고려와 몽골 연합군의 공격으로 실패하였습니다.

12 고려청자는 고려 시대를 대표하는 예술품으로, 만드는 것이 어려워 왕실과 귀족 같은 지배층이 주로 사용했습니다.

채점 기준	상	흙, 가마, 제작 기법 세 가지 모두 서술한 경우
	중	흙, 가마, 제작 기법 중 두 가지만 서술한 경우

13 『직지심체요절』은 유럽에서 만든 금속 활자보다 70여 년 이상 앞서 제작되었습니다.

14 신진 사대부마다 고려 말의 어지러운 상황을 해결하고자 하는 방법이 달랐습니다. 정몽주는 고려 개혁파, 정도전은 조선 개국파입니다.

15 조선 시대에는 유교 사상에 따라 한양의 주요 건물의 위치와 이름을 정했습니다.

16 자격루는 세종 때에 만든 물시계입니다.

17 ③ 남쪽으로 백성에게 피해를 많이 주던 왜구를 물리치고자 쓰시마섬(대마도)을 정벌하도록 했습니다. 4군 6진은 북쪽 여진족의 침입을 막기 위해 설치하였습니다.

18 ㉡ 과거에 합격하여 나랏일에 참여하는 것은 양반의 생활 모습입니다.

19 이순신은 임진왜란이 일어나기 전부터 판옥선과 거북선을 만들고 식량과 무기를 준비하는 등 일본군의 침입에 대비했습니다.

20 인조는 남한산성에서 나와 삼전도에서 청 태종에게 항복했습니다.

채점 tip 제시된 예시 답안 중 한 가지를 알맞게 썼으면 정답으로 합니다.

> **이런 답도 가능해!**
> 소현 세자와 봉림 대군, 많은 대신과 백성이 청에 인질로 끌려갔습니다.

24쪽 수행 평가 ❶회

1 (1) ㉠, ㉢ (2) ㉡, ㉣ (3) ㉢, ㉤ **2** 불교 **3** 예 나라의 마음을 하나로 모으고 왕의 힘을 더 강하게 만들고자 했기 때문입니다.

1 고구려, 백제, 신라는 다양한 문화유산을 남겼습니다.

2 금동 연가 7년명 여래 입상, 익산 미륵사지 석탑, 황룡사 9층 목탑 모두 불교와 관련된 삼국의 문화유산입니다.

3 삼국 시대에 불교는 백성들의 마음을 하나로 모으거나 왕의 힘을 더 강하게 만들기 위해서 장려되었습니다.

채점 기준	상	나라의 마음을 하나로 모으고 왕의 힘을 더 강하게 만들려고 했기 때문이라고 쓴 경우
	중	왕의 권위를 세우기 위해서라고만 쓴 경우

25쪽 수행 평가 ❷회

1 『직지심체요절』 **2** 예 판을 새로 짤 수 있어 여러 종류의 책을 만들 수 있습니다. 금속으로 만들어져 부서지거나 휘어지지 않고, 보관이 쉽습니다.

1 『직지심체요절』은 유럽에서 만든 금속 활자보다 70여 년 앞서 제작되었습니다.

2 목판 인쇄술은 목판을 제작하는 데 시간이 오래 걸리고, 목판이 갈라지거나 휘어져서 보관하기가 어렵다는 단점이 있습니다. 고려 사람들은 목판 인쇄술의 단점을 해결하기 위해 세계 최초로 금속 활자를 만들었습니다.

채점 기준	상	제시된 예시 답안의 내용을 두 가지 모두 서술한 경우
	중	제시된 예시 답안의 내용 중 한 가지만 서술한 경우

2. 사회의 새로운 변화와 오늘날의 우리

1 새로운 사회를 향한 움직임

26쪽　묻고 답하기 ❶회

1 탕평책　2 실학　3 판소리　4 세도 정치　5 흥선
대원군　　6 병인양요　　7 척화비　　8 강화도
9 청　10 동학

27쪽　묻고 답하기 ❷회

1 규장각　　2 『대동여지도』　　3 민화　　4 정조
5 서원　6 신미양요　7 근대적　8 급진　9 갑신
정변　10 사발통문

28쪽～31쪽　중단원 평가

1 붕당　2 ④　3 (1) ⓒ (2) ㉠　4 ⑤　5 예 조선
후기에 농업 생산력이 높아지고 상공업이 발달하면
서 일반 백성도 참여할 수 있는 서민 문화가 발달하
게 되었습니다.　6 ③　7 ⓒ, ㉣　8 ①　9 예 경복
궁을 다시 지으려고 농사철에 백성들을 동원해 그들
의 생활을 힘들게 했기 때문입니다.　10 신미양요
11 ⑤　12 척화비　13 ⑤　14 ④　15 갑신정변
16 ①　17 예 새로운 국가를 만들려는 개혁 시도라
는 의의가 있으나, 일본의 힘에 의지하고 준비가 부
족한 상태에서 개혁을 시도한 점이 많은 사람의 지지
를 받지 못하여 실패로 끝났다는 점이 한계입니다.
18 ③　19 ⓒ　20 ①

1 조선 후기에는 붕당 정치로 사회가 혼란스러웠습
니다.

2 ④ 수원 화성 건설은 정조의 개혁 정책입니다.

3 정조는 규장각을 설치하여 관리를 길러냈으며, 수
원에 화성을 건설하여 정치, 군사, 상업의 중심지로
만들고자 했습니다.

4 실학자들은 백성의 생활을 안정시키고 나라의 힘을
기를 수 있는 다양한 방법을 연구했습니다.

5 서민 문화를 통해 당시 사람들의 생활 모습을 알 수
있습니다.

채점 tip 제시된 예시 답안의 내용을 알맞게 쓴 경우 정답으로 합
니다.

6 당시 사람들의 생활 모습을 담은 그림을 풍속화라
고 하며, 조선 후기의 대표적인 화가로는 김홍도와
신윤복이 있습니다.

7 탈놀이는 탈을 쓰고 하는 연극이나 춤으로, 백성의
생각이나 감정을 솔직하게 표현했습니다. ㉠은 판
소리, ⓒ은 민화에 대한 설명입니다.

8 흥선 대원군은 세도 정치의 잘못된 점을 고치고 왕
권을 강화하는 정책을 펼쳤습니다.

9 이 밖에도 경복궁을 다시 짓는 공사에 필요한 돈을
마련하려고 강제로 기부금을 걷는 등 무리한 정책
을 펼쳐 백성들의 불만이 점점 높아졌습니다.

채점 기준	상	구체적인 사례를 들어 백성들의 생활을 힘들게 했다고 쓴 경우
	중	백성들의 생활을 힘들게 했다고만 쓴 경우

10 제시된 사진은 미국이 군함을 이끌고 통상을 요구
하며 강화도를 침략한 신미양요와 관련된 사진입
니다.

11 강화도에서 물길을 따라 한양으로 접근하기 용이했
기 때문에 프랑스와 미국은 통상을 요구하며 강화
도를 침략했습니다.

12 병인양요와 신미양요 이후 흥선 대원군은 전국 각
지에 척화비를 세워 서양과 교류하지 않겠다는 의
지를 널리 알렸습니다.

13 하지만 조선이 더욱 발전하려면 다른 나라와 교류
해야 한다고 주장하는 사람이 점차 늘어나고 있었
습니다.

14 개항을 바라는 나라 안의 요구가 높아지고 있는 상
황에서 일본의 압박을 받게 되자 조선은 일본과 강
화도 조약을 맺고 개항했습니다. ④ 강화도 조약 체
결 이후 조선은 서양의 다른 나라들과도 조약을 맺
어 교류를 시작했습니다.

15 제시된 개혁안은 갑신정변의 개혁안입니다. 김옥균
을 중심으로 사람들은 새 정부를 조직하고 주요 개혁
정책을 발표했으나, 3일 만에 실패로 끝났습니다.

16 ① 김홍집을 비롯한 일부 사람들은 청과의 관계를 유지하면서, 조선의 법과 제도를 바탕으로 서양의 기술을 받아들여야 한다고 주장한 온건 개화파입니다. 갑신정변은 조선이 청의 간섭에서 벗어나야 하며, 제도와 사상 등 나라 전체를 개혁해야 한다고 주장하는 급진 개화파들이 주도했습니다.

자료 다시보기

갑신정변의 전개 과정

준비 과정	김옥균 등이 자신만의 힘으로 나라를 바꿀 수 없다고 생각해 일본에 도움을 요청했음. → 조선에서 영향력을 확대하려 했던 일본이 김옥균에게 군사 지원을 약속했음.
전개	김옥균을 중심으로 사람들은 우정총국의 개국 축하 잔치를 틈타 정변을 일으켰음. 이들은 새 정부를 조직하고 주요 개혁 정책을 발표했음.
결과	청 군대가 개입하면서 정변은 3일 만에 실패로 끝났음.

17 김옥균 등은 자신만의 힘으로 나라를 바꿀 수 없다고 생각해 일본에 도움을 요청했습니다.

채점 기준	상	갑신정변의 의의와 한계점을 두 가지 모두 알맞게 쓴 경우
	중	갑신정변의 의의와 한계점 중 한 가지만 알맞게 쓴 경우

18 제시된 사진은 우금치 전투에서 패배한 전봉준이 체포되는 모습입니다.

19 동학 농민 운동은 'ⓜ → ㉣ → ㉠ → ㉡ → ㉢'의 순서로 전개되었습니다.

20 '㉠ 병인양요 → ㉡ 신미양요 → ⓜ 강화도 조약 체결 → ㉢ 갑신정변 → ㉣ 동학 농민 운동'의 순서로 전개되었습니다.

❷ 일제의 침략과 광복을 위한 노력

32쪽 묻고 답하기 ❶ 회

1 을미사변 **2** 서재필 **3** 을사늑약 **4** 단발령 **5** 이토 히로부미 **6** 조선 총독부 **7** 흥사단 **8** 3·1 운동 **9** 윤봉길 **10** 한국광복군

33쪽 묻고 답하기 ❷ 회

1 독립문 **2** 대한 제국 **3** 헤이그 **4** 신돌석 **5** 대성 학교 **6** 토지 조사 사업 **7** 이회영 **8** 대한민국 임시 정부 **9** 6·10 만세 운동 **10** 조선어 학회

34쪽~37쪽 중단원 평가

1 ④ **2** ⓔ 조선에서 일본의 입지가 축소되었고, 러시아의 영향력이 커지게 되었습니다. **3** 『독립신문』 **4** ㉠, ㉡ **5** 환구단 **6** ② **7** ①, ③ **8** (1) ㉡ (2) ㉠ **9** 『대한매일신보』 **10** ㉡ **11** ③ **12** 토지 조사 사업 **13** ② **14** 3·1 운동 **15** ⓔ 윤봉길이 상하이 훙커우 공원에서 일본 왕의 생일을 기념하는 행사장에 폭탄을 던졌습니다. **16** ⑤ **17** ③, ④ **18** ⑤ **19** ⓔ 우리말 대신 일본어를 쓰도록 강요했습니다. 학교에서 우리 역사 교육이 금지되었습니다. **20** ③

1 을미사변 이후 고종이 러시아 공사관으로 피신한 사건을 아관파천이라고 합니다.

2 고종이 러시아 공사관으로 거처를 옮긴 이후 러시아의 영향력이 커졌고, 서양의 여러 나라들이 조선에 간섭했습니다.

채점 기준	상	'일본의 입지 축소', '러시아의 영향력 확대' 두 가지 모두 서술한 경우
	중	'일본의 입지 축소', '러시아의 영향력 확대' 중 한 가지만 서술한 경우

3 『독립신문』은 한글 신문으로 누구나 읽기 쉽도록 만들었습니다.

4 독립 협회는 자주독립 의식을 고취하고자 청의 사신을 맞이하던 영은문이 있던 자리 부근에 독립문을 세웠고, 만민 공동회를 열어 누구나 사회 문제에 대해 자신의 생각을 말할 수 있게 했습니다. ㉢과 ㉣은 고종이 한 일입니다.

5 고종은 환구단에서 황제로 즉위했으며, 대한 제국을 선포했습니다.

6 을사늑약은 대한 제국의 외교권을 빼앗는 조약이었습니다.

7 을미사변과 단발령 실시로 일어난 항일 의병 운동은 고종의 해산 명령에 따라 해산했습니다.

8 국권 피탈 이전 안창호는 국권을 찾는 데 필요한 인재를 기르기 위해 대성 학교를 설립했고, 이승훈은 오산 학교를 세워 우리글, 우리 역사 등을 가르쳤습니다.

9 제시된 글은 『대한매일신보』에 대한 설명입니다. 민족 지도자들은 민족의 실력을 키워 나라를 지키자는 애국 계몽 운동을 펼쳤습니다.

10 제시된 글은 안중근의 의거와 재판에 대한 설명입니다.

11 나라를 잃어버린 우리 민족은 조선 총독부를 앞세운 일제의 식민 통치를 겪게 되었습니다.

> **자료 다시보기**
>
> **일제의 식민 통치**
> - 대한 제국의 국권을 강제로 빼앗은(1910년) 일제는 한국인들을 지배하고자 조선 총독부라는 통치 기구를 만들었습니다.
> - 군대에서의 경찰인 헌병들에게 경찰의 임무를 주어 한국인들을 감시하게 하고 독립운동을 탄압하기 시작했습니다.
> - 조선 총독부는 토지의 소유자를 확인한다는 명분으로 토지 조사 사업을 실시했고, 이 사업으로 농민은 땅을 잃기도 했습니다.
> - 일제의 탄압과 수탈이 계속되자 만주와 연해주 등 국외로 떠나는 사람들이 늘어났고, 국내 활동이 어려워진 독립운동가들 역시 다른 나라로 건너가 활동을 이어 나갔습니다.

12 제시된 글과 그림은 일제가 우리나라의 토지를 빼앗으려고 벌인 대규모 토지 사업인 토지 조사 사업에 대한 설명입니다.

13 안창호는 미국으로 건너가 흥사단을 세웠으며, 이회영과 그의 형제들은 신흥 강습소(신흥 무관 학교)를 세워 독립군을 길러냈습니다. 최재형은 연해주에서 부를 쌓아 자신의 재산을 독립 운동에 바친 인물입니다.

14 일제의 탄압에도 만세 시위는 전국적으로 퍼졌으며 국외에서도 만세 시위가 일어났습니다.

15 한인 애국단은 무력으로 일제에 저항해 광복 의지를 세계에 알리고자 했습니다.

> **채점 tip** 윤봉길의 활동에 대한 내용을 알맞게 썼으면 정답으로 합니다.

16 ⑤ 대한민국 임시 정부는 3·1 운동의 영향을 받아 수립되었습니다.

17 홍범도는 봉오동 전투를 이끌었고, 김좌진과 홍범도 등이 이끈 독립군 부대는 청산리 대첩에서 크게 승리했습니다.

18 제시된 글은 광주 학생 항일 운동에 대한 설명으로 전국의 많은 학생이 시위에 참여했습니다.

19 이 밖에도 전국에 세워진 신사에 강제로 참배하고 이름도 바꿔야 했습니다. 수많은 우리나라 사람을 노동자나 군인으로 끌고 가 전쟁에 강제로 동원했는데, 여성들은 일본군 '위안부'로 끌려가 고통을 당했습니다.

채점 기준	상	일제의 민족 말살 정책을 두 가지 모두 알맞게 서술한 경우
	중	일제의 민족 말살 정책을 한 가지만 서술한 경우

20 신채호는 역사서를 편찬하여 우리 민족정신을 지키고 나라를 되찾기 위한 노력을 계속했습니다.

③ 대한민국 정부의 수립과 6·25 전쟁

> **38쪽** **묻고 답하기 ❶회**
>
> **1** 광복 **2** 38도선 **3** 모스크바 **4** 미소 공동 위원회 **5** 대한민국 정부 **6** 6·25 전쟁 **7** 유엔군 **8** 중국군 **9** 휴전 **10** 이산가족

> **39쪽** **묻고 답하기 ❷회**
>
> **1** 연합국 **2** 모스크바 3국 외상 회의 **3** 남한 **4** 5·10 총선거 **5** 이승만 **6** 남침 **7** 인천 상륙 작전 **8** 흥남 **9** 정전 **10** 고아

> **40쪽~41쪽** **중단원 평가**
>
> **1** ㉠, ㉡ **2** ㉠ 미군, ㉡ 소련군 **3** 민하 **4** 예 미국과 소련 두 나라 간의 서로 다른 입장으로 합의를 이루지 못했기 때문입니다. **5** 이승만 **6** ㉠, ㉢ **7** (다) → (나) → (라) → (가) **8** 인천 상륙 작전 **9** 예 중국군이 전쟁에 개입했기 때문입니다. **10** 정전 협상 **11** 이산가족 **12** 경민, 연준

1 우리 민족의 독립을 위한 노력과 제2차 세계 대전에서 일본의 항복으로 연합국이 승리하면서 1945년 8월 15일에 우리나라는 광복을 맞이했습니다.

2 일본의 항복 이후 한반도의 남쪽에는 미군이, 북쪽에는 소련군이 각각 들어왔습니다.

3 모스크바 3국 외상 회의에서 한반도에 임시 정부를 수립하고, 정부가 수립되기 전에 최대 5년간 신탁 통치를 실시하는 내용이 결정되었습니다.

4 미소 공동 위원회가 무산되자 미국은 한국의 문제를 유엔(국제 연합)에 넘겼습니다.

채점 tip 미국과 소련이 합의를 이루지 못했다는 내용을 썼으면 정답으로 합니다.

5 김구는 통일 정부 수립을 주장했고, 이승만은 남한 만의 단독 정부 수립을 주장했습니다.

6 5·10 총선거의 결과 구성된 제헌 국회는 헌정 사상 최초로 구성된 의회로서 헌법을 제정했기 때문에 제헌 국회라고 합니다.

7 6·25 전쟁은 '북한군의 남침 → 국군과 유엔군의 반격 → 중국군의 개입 → 정전 협정 체결'의 순서로 전개되었습니다.

8 국군과 유엔군은 인천 상륙 작전을 계기로 전세를 역전하고 서울을 되찾았습니다.

9 중국군이 전쟁에 개입하자 국군과 유엔군은 다시 후퇴했습니다.

채점 tip 중국군이 전쟁에 개입했다는 내용을 썼으면 정답으로 합니다.

10 정전 협상의 결과 휴전선이 설정되어 남북이 다시 둘로 나누어졌습니다.

11 남북 분단 등의 사정으로 이리저리 흩어져서 서로 소식을 모르는 가족을 이산가족이라고 합니다.

12 6·25 전쟁 중에 국군과 유엔군뿐만 아니라 많은 민간인이 죽거나 다쳤습니다.

42쪽~45쪽 **대단원 평가**

1 예 붕당과 상관없이 나랏일을 할 인재를 골고루 뽑아 쓰겠다는 탕평책의 내용을 알 수 있습니다. **2** ① **3** 서민 **4** ⑤ **5** ③ **6** ③ **7** ⑤ **8** ① **9** 예 일제는 고종을 강제로 물러나게 했습니다. 대한 제국의 군대를 해산하였습니다. **10** ⑶ ○ **11** 안중근 **12** ④ **13** ⑤ **14** ㉢ **15** ㉠ → ㉤ → ㉢ → ㉣ → ㉡ **16** ③ **17** 김구 **18** 예 대한민국 임시 정부의 전통을 이었습니다. 우리 민족의 오랜 염원이었던 독립 정부를 수립했습니다. **19** ㉣ **20** ④

---

1 영조는 탕평책을 실시하여 왕권을 강화하고 정치를 안정시키고자 했습니다.

채점 tip 제시된 예시 답안의 내용을 알맞게 썼으면 정답으로 합니다.

2 조선 후기 박지원, 박제가와 같은 실학자는 청의 문물을 받아들여 상공업을 발전시켜야 한다고 주장했습니다.

> **자료 다시보기**
>
> **실학자들의 주장과 활동**
>
> | | |
> |---|---|
> | 유형원, 정약용 | 토지 제도를 개혁하여 백성들도 땅을 가질 수 있도록 해야 한다고 주장했음. |
> | 박지원, 박제가 | 청의 문물을 받아들여 상공업을 발전시키고, 백성의 삶을 풍요롭게 해야 한다고 주장했음. |
> | 유득공 | 발해의 역사를 연구하여 발해가 고구려를 계승한 나라임을 밝혔음. |
> | 김정호 | 우리나라의 지도인 『대동여지도』를 제작했음. |

3 조선 후기에 농업 생산력이 높아지고 상공업이 발달하면서 일반 백성도 참여할 수 있는 서민 문화가 발달했습니다.

4 흥선 대원군이 경복궁을 다시 지으려고 농사철에 백성들을 동원하고 강제로 기부금을 걷어 백성들의 불만이 점점 높아졌습니다.

5 강화도에서 물길을 따라 한양으로 접근하기 용이했기 때문에 프랑스와 미국은 강화도를 침략했습니다.

6 갑신정변 참가자들이 정변을 일으켜 정권을 잡자 청군이 개입했고, 이에 따라 갑신정변은 3일 만에 실패로 끝났습니다.

7 동학 농민군은 외국 군대의 개입을 막기 위해 조선 정부와 협상 후 전주성에서 물러났습니다.

8 ① 독립문을 세운 것은 독립 협회의 활동입니다.

9 고종은 네덜란드 헤이그에 특사를 파견해 을사늑약이 무효임을 국제 사회에 알리고자 노력했으나 성과를 거두지 못했습니다.

채점 기준	상	'고종 강제 퇴위', '대한 제국 군대 해산' 두 가지 모두 알맞게 서술한 경우
	중	'고종 강제 퇴위', '대한 제국 군대 해산' 중 한가지만 서술한 경우

10 안중근은 이토 히로부미를 하얼빈역에서 사살하였습니다.

11 안중근은 우리나라를 빼앗는 데 앞장선 이토 히로 부미를 사살하는 일이 중요하다고 생각해 의거를 준비하고 실행했습니다.

12 이회영은 명문가의 자손으로 그의 집안은 조선에서 손꼽히는 부자였습니다. 만주로 간 이회영과 그의 형제들은 신흥 강습소(신흥 무관 학교)를 세워 독립 군을 길러냈습니다.

13 제1차 세계 대전이 끝나고 전쟁에서 진 나라들의 식 민지들이 독립하게 되었고 한국인들은 이러한 상황 을 독립의 좋은 기회로 삼고자 했습니다.

	자료 다시보기
3·1 운동	
전개 과정	• 종교계 인사들을 중심으로 한 민족 대표들은 독립 선언서를 작성하고 만세 시위를 준비했음. • 1919년 3월 1일, 서울에서 독립 선언서에 서명 한 민족 대표들은 독립 선언식을 했음. • 같은 시각 학생들과 시민들은 탑골 공원에 모 여 독립 선언서를 낭독하고 태극기를 흔들면서 만세 시위를 벌였음. • 일제의 탄압에도 만세 시위는 전국적으로 퍼졌음.
일제의 탄압	• 일제는 전국에서 발생한 만세 시위를 잔인하 게 진압했음. • 만세 시위에 참여했던 경기도 화성 제암리에 서는 군인들이 주민들을 교회에 모아 놓고 무 자비하게 학살했음.

14 이회영은 만주에 신흥 강습소를 세워 많은 독립운 동가와 항일 독립군을 키워 냈습니다.

15 '㉠ 8·15 광복 → ㉢ 모스크바 3국 외상 회의 개최 → ㉣ 5·10 총선거 → ㉤ 대한민국 정부 수립 → ㉡ 6·25 전쟁'의 순서로 전개되었습니다.

16 미소 공동 위원회가 무산되자 미국은 한국의 문제 를 유엔(국제 연합)으로 넘겼습니다.

17 김구는 민족의 분단을 막기 위한 통일 정부 수립을 주장했습니다.

18 광복 3주년을 맞는 1948년 8월 15일에 대한민국 정 부가 수립되었습니다.

　　채점 tip 대한민국 정부 수립의 역사적 의미를 한 가지 이상 썼으 면 정답으로 합니다.

19 1953년 7월에 휴전이 결정되었고, 맞서 싸우던 자 리는 휴전선이 되어 남북은 다시 둘로 나누어졌습 니다.

20 6·25 전쟁으로 인해 식량과 생필품도 부족해져 많 은 사람의 생활이 어려워졌습니다.

46쪽	수행 평가 ❶회

> **1** ㉠ 전봉준, ㉡ 전주성　**2** 예 갑신정변 이후에도 양반과 지방관리의 횡포는 여전히 심했고, 농민들 사이에서는 동학이라는 새로운 종교가 널리 퍼지기 시작했습니다. **3** 예 동학 농민 운동은 실패로 돌아 갔지만, 부패를 없애고 외세에 저항하려는 운동이었 습니다.

1 전봉준은 동학 농민 운동의 지도자였으며 농민군은 외국 군대가 들어온다는 소식을 듣고 전주성에서 정부와 협상하고 해산하였습니다.

2 양반과 지방관리의 횡포에 시달리던 농민들 사이에 서 동학은 빠르게 퍼지기 시작했습니다.

채점 기준	상	양반과 지방관리의 횡포가 심했고, 농민들 사이에서 동학 이라는 종교가 널리 퍼지기 시작했다고 알맞게 쓴 경우
	중	동학이라는 종교가 널리 퍼지기 시작했다고만 쓴 경우

3 동학 농민 운동은 청과 일본의 개입으로 결국 실패 하였지만, 농민 주도의 부패를 없애고 외세에 저항 하려는 운동이었습니다.

채점 기준	상	부패를 없애고 외세에 저항하려는 운동이었다고 알맞게 쓴 경우
	중	부패를 없애려는 운동 혹은 외세에 저항하려는 운동 중 한 가지만 쓴 경우

47쪽	수행 평가 ❷회

> **1** ㉢ → ㉠ → ㉣ → ㉡　**2** ⑦ 민간인도 큰 피해를 입었습니다. ㉯ 전쟁고아 ㉰ 이산 가족

1 6·25 전쟁은 북한의 남한 공격으로 시작해 정전 협 정 체결로 끝이 났습니다.

2 6·25 전쟁으로 인해 식량과 생필품도 부족해져 많 은 사람의 생활이 어려워졌습니다.

채점 기준	상	⑦, ㉯, ㉰에 들어갈 내용을 모두 알맞게 쓴 경우
	중	⑦, ㉯, ㉰에 들어갈 내용을 두 가지만 알맞게 쓴 경우
	중	⑦, ㉯, ㉰에 들어갈 내용을 한 가지만 알맞게 쓴 경우